二二八反抗運動

台灣爭取民主之路

二二八事件75週年增訂版

黃惠君　著

目次

自序 重返榮耀

歷史如此晦暗難明，掩蓋的檔案一層、政治色彩的塗抹一層，時空的隔離好幾層，我們始終無法觸摸到真實跳動的歷史主體。

從家屬或當事人身上，我們有個別的記憶，卻欠缺整體的圖像；從學者的研究中，我們如頭戴採照燈進入地底採礦，卻難說成一個故事，我自己一樣突破不了。一次演講完，年輕人直接問我，你讓我們看了很多圖片，知道一些事，但如果我想告訴別人二二八是什麼？我還是不知道怎麼說。

這成為不斷考驗我的問題。

年年二二八一到，現實就變得相當惱人。太陽花學運後，興起一波對台灣歷史的探索，受邀演講時我問年輕人能不能說出二二八受難者的名字，一個就好，全場鴉雀無聲。我們國家的故事、我們自己的臉孔，不認得；誰為我們犧牲，不知道。二二八年年放假，但二二八是什麼？大部分的人說不清楚。就連國小五年級的學生都能懂得，如果只是緝菸血案的話，台灣菁英是不會被大規模屠殺的，但教科書還是這樣寫。更怪誕的是總統每年道歉，但政府到底哪裡錯了，講不清楚；每個政治人物都說要做轉型正義，卻不知道要轉到哪裡去。我在這巨大荒謬感的襲擊下，開始寫作，一寫，兩年，從跑百米的人變成跑馬拉松。

在這之前，我是紀念館的策展人，我寫展覽的文史腳本，跟藝術家一起工作。展覽無疑是更為視覺的，檔案、照片、新聞、日記、書信，我都必須尋尋覓覓且親眼看見，因我的工作是把這些承載著歷史流動、仍有溫度的物件帶到大眾目光下，讓人們藉此感知歷史。這種視覺的必須，變得很難去複製既有的看法或說法，也會對史料的輕重，產生不一樣的感知。

一場有靈魂的抗爭

二〇〇六年在撰寫台南二二八的文史腳本時，看到一則剪報，是二二八事發第三天《中華日報》的號外，頭版頭題寫著：台南市民大會要求立即實施市長民選。

對許多人而言，這是輕輕擦過的一則訊息，但我停留下來了。

我意識到群眾的力量，也看到清楚的民主訴求，我知道這是有靈魂的一場抗爭，而不是如過往所聽到的：「我父親什麼都沒做，就被抓走了……。」有這樣的生命嗎？有的，軍隊殘殺下確實很多。但我更想知道的是那跳動的歷史主體，那敢將生命燃燒獻祭給台灣的人，如果他們承受難忍之痛，讓子彈穿過胸膛，他們到底身處一個什麼樣的時代，面臨什麼樣的困境，想改變的又是什麼？

十年來我潛入歷史，找尋何以二二八時人人躍起。白色恐怖黑幕一片，今天五十歲以上的人，都曾有過某種程度的不敢喘息、不敢揚聲，竟也不敢想像那黑幕降臨前，二二八世代曾有過的民主響動，激烈、熱情、鋪天蓋地。

而必須突破的還在統治者長年以光復之姿斷開的日本時代，對二二八世代的人而言，是同一本未撕完的日曆，沒有一天斷開過。所以我們必須重返，否則如何能了解他們的集體心緒，何以歡迎曲變了調，而以全面的反抗終結。我以兩個時代的掙扎，做為本書的序曲。

走過日本時代的自治運動，二戰一結束，一步跨過來，這些人還活著，對平等的渴求、對民主的追尋、對自由的嚮往，沒有不同，只有更加強烈。打開當時的報紙，你會看到面對政治惡劣，人民沒有噤聲，二二八世代的人全面反擊。

拆解統治者面具

而統治者的面貌必須被拆解，面具必須被摘下，我將當年的報紙，與民主化後才能看到的公文檔案，天天並列，你會清楚看見統治者如何張著兩張臉孔，一方面透過媒體說著人民想聽的甜言蜜語，但回到辦公室，他立即發電報請兵。何為轉型正義，就在揭露專制統治者的罪行，當時張著兩張面孔的，不是只有一個人，而是整個軍政高層。歷史留下清楚記錄。

如果統治者的謊言，在今天看來昭然若揭，這一切並非庸常，而是革命所得，且以生命為代價。官方媒體《台灣新生報》的日文版總編輯吳金鍊及總經理阮朝日，即是因策動報社改組，全面報導二二八反抗運動，不讓媒體受制於官方才受難的。

誰被強迫失蹤

而統治者到底在恐懼什麼？他的恐懼如此之大，竟以強迫失蹤的方式帶走二二八世代的領袖。

到底誰被強迫失蹤？是媒體、類反對黨及法律界的領袖。這份暗殺名單，陳儀親手一個一個寫下，是目前可以看到的第一份二二八受難者名單，也是家屬口中在三月十日到十二日間，被帶走後一去無回的名單。今天民主國家的人都知道，這三類人代表什麼？民主血液澄清與否，他們扮演重要角色，他們也是有能力監督政府，甚至取而代之的人，但是卻遭專制統治者暗殺，至今不知遺體何在。

誰沒有父親，要承受這樣的痛苦，不知忌日何時，再又無墳可拜。更重要的是，他們是當時為我們爭取平等與民主自由的人，是國家要迎靈祭拜的對象，是轉型正義要恢復其榮耀的對象。但國家既無對其民主貢獻的肯定，也從未正視此一嚴重違反人道的罪責。

我不否認，讓我有動力往前走的，是對其犧牲未受重視的難忍。

民主的進擊是我原先的研究理路，但心裡的遺憾是，我始終未能把當年武裝抗爭者的靈魂寫出來。一九九七年我在研究美麗島事件時訪問施明德先生，他一直提到他親眼看到學生軍拿槍與政府軍作戰，前面的倒下，後面的沒在怕，繼續往前衝。他用他的記憶對抗「冤魂論」，每見到一個二二八學者或受難家屬，他就抗議。我一直將這件事情放在心上，卻始終沒有能力處理。

在長達兩年的寫作路程上，我不停絆倒，只知有犧牲的和平使節，每每隨著他們的遺書掉淚，卻不知武裝抗爭的嚴烈。因為沒有看到一手史料，我不敢下筆。但史料一直存在，只是我沒有走向它。直到有一天終於鼓起勇氣打給素未謀面的江榮森先生，他在電話那頭，跟我從暮色昏昏講到黑夜襲來，講到飢腸轆轆，一一為我解答七十年前《和平日報》記者張岳楊的新聞手稿，那些僅以代號註記的人名，究竟是誰。我終於聽見潘木枝、盧鈵欽及陳澄波等人，殉難前站在人民立場講話的聲音，我手捧當年的新聞手稿，顫抖不已，終於懂得潘木枝的遺書「為市民而死，身雖死猶榮」，是在怎樣的一個時空飄搖下，讓我得以完成「戰鬥曲」以及「殉難之愛」的篇章。

而雲嘉南地區武裝犧牲之烈，我以「亡者之姿」紀念他們不屈的身影。

武裝對抗逼出民主承諾

至於當時全台灣連成一氣要求縣市長民選，以此改換接收如「劫收」的統治集團，但同時又有武裝抗爭，這當中沒有關聯嗎？長年以地域為主體的研究及呈現確實切斷了某些可能的聯繫，我嘗試突破。

而嘉義的突破，是整體的突破，也才能大膽下筆，以軍事對抗逼出民主承諾，並非不存在於二二八事件中。嘉義的武裝抗爭確實對陳儀產生巨大壓力，迫使他在三月六日晚間宣布「台灣省政治建設協會」與他談判的條件：長官公署改為省政府、各廳處長盡量任用本省人、縣市長訂七月一日民選。

所以請不要再說台灣的民主是沒有經過流血的，三十二條要求中一條又一條、一條又一條寫著「任用本省人」，要的不是平等是什麼？傾全台之力要求縣市長民選，不是爭民主，是爭什麼？

民主運動的魂魄

本書於二〇一七年出版，二〇二二年增訂。由於我的關懷始終聚焦於遭密裁（暗殺）的受難者，所以進一步研究了「台灣省政治建設協會」，而有第三章「民主奏鳴曲」的增補。此章改寫自我二〇二一年出版的著作《二二八消失的政黨》，主要是闡明日本時代台灣解放運動與自治運動者，戰後以準政黨之姿，在二二八事件發生前半年，發動爭普選運動，他們藉中華民國憲法通過之機，順風吹火，捲起民主運動浪潮，乃至與當局交鋒於二二八。

此一研究，更確立二二八事件為大規模的爭普選運動。所以，如果不是蔣介石派兵鎮壓，二二八的反抗運動已經成功，官派的、貪腐的縣市首長，終需下台。而陳儀及其所派縣市首長在事件後密裁與槍殺人民領袖，其實是專制統治者在憲法通過的時刻，仍不願還政於民的作為，其轉型正義的罪責，是殺害民主運動領袖，是殺害各地可能當選的縣市長候選人，這是台灣人民領袖遭到屠殺的重要原因。

一份密裁名單，透露二二八事件民主運動的訊息，更道出他們受難的原因。一步步努力著，盼台灣有一天還給二二八事件民主運動的魂魄。

這本書在二二八過往研究者所點起的燭光下前進，書籍最後的參考材料，應該是他們頭上的桂冠。最後感謝我的母親白美珠女士，讓我始終可以自由地做自己覺得有意義的事，沒有她，我不敢說自己有能力把現實擋在門外。

而我所有的努力，只有一個心意，希望二二八受難者重返榮耀。

第一章 兩個時代的掙扎

歷經二二八事件的台灣人，究竟身處一個什麼樣的時代？事實上，自一九三七年中日戰爭開打，到一九四七年二二八事件發生，這十年當中，台灣人民歷經了相當激烈的歷史變化。

中、日作為戰場上的敵對之軍，對台灣人而言，卻是交錯而來的兩個政權。一九四五年八月十五日二次大戰結束，前一天台灣人叫作日本人，後一天台灣人得叫作中國人。戰前台灣人的國語是日語，戰後台灣人的國語是中文，一天之差，天旋地轉。戰後所迎接的「祖國」，在二戰結束的前一天，甚且還是敵國。當時的台灣人，要如何面對這樣的國家更替、語言斷裂，乃至認同的驟然轉變？

一九三七年日本政府開啟「皇民化運動」，一九四六年初國民政府發動「漢奸總檢舉」，兩個政權，都企圖重新校對台灣人的政治忠誠。日本擔心台灣人在戰場上傾向中國，要求台灣人改日本姓氏、棄母語說日文，以台灣人渴求的平等為誘餌，推行「同化」、「皇民化」；而戰後新臨的陳儀政府，則雷厲風行想要洗去台灣人身上的日本成分，再把台灣人「中國化」。

歷經二二八事件的人，是歷經兩個時代的人，兩種語言、兩種國旗、兩種身分認同，甚至兩種國家暴力，皆以無可迴避的壓力加諸在他們身上。

二次大戰改變了無數人的命運，對台灣而言更是一場激烈無比的變化。身處戰前、戰後兩個不同的政權與文化，台灣人民如何自處？而往後開展出的歷史脈動，與對台灣主體的追求，又有多少是被這特殊的歷史經驗所擠壓出的結果。二二八事件，在國民政府來台一年多後爆發，某種程度留下台灣人在兩個時代中掙扎的面容。

在二二八受難者的家庭照中，可以看到他們身處兩個時代，戰前戰後手執不同國旗。
葉秋木（屏東市參議會副議長）家庭照（葉俊雄提供）

在二二八受難者的家庭照中，可以看到他們身處兩個時代，戰前戰後手執不同國旗。
陳金能（高雄市律師）家庭照（陳木晉提供）

漢奸總檢舉

1-1-1

二次大戰結束，台灣脫離日本殖民統治，此時是否真如《民報》社長林茂生所說的：台灣人所身處的社會及國家，終於可以不再是對立的；台灣人的人格，也可以不再是分裂的？

台灣行政長官陳儀，上任未久即發動「漢奸總檢舉」，這讓歷經戰時高壓、無法不聽命於日本政府的台灣人，顫慄不已。台灣人在日本統治下，不僅得對日本完糧納稅，甚至得赴戰區與日軍並肩作戰，若照此定義，台灣人不全成了漢奸？

1-1-2

南京國民政府在戰後，清理中日戰爭期間出賣國家利益的人，以漢奸罪論處。但台灣是日本殖民地，同樣的「漢奸罪」是否適用，引發極大爭議。台灣省警備總司令部仍在一九四六年一月十六日到二十九日這兩週裡，舉行漢奸總檢舉，「望民眾儘量告發，過去日寇統治台灣時，所有御用漢奸之罪惡」，截至該月底共收到三三五件。

台灣人心惟危，到底當局是怎麼定義漢奸的？又是誰被逮捕？台灣議會設置請願運動的領袖林獻堂先生，日記裡留有政權轉換之際的折磨：

> 五弟來，遂將熊徵、陳炘等被拘留之事告之，他默默不能發言，惟有長嘆而已。……以莫須有之事虐待紳士，台灣統治之黑暗從此更甚矣。

1-1-3

林熊徵是林本源製糖株式會社的創辦人，陳炘則是突破日本經濟壟斷、創辦大東信託的本土

全省漢奸總檢舉
望民衆盡量告發

爲舉行全省漢奸總檢舉、台灣省警備總司令部公報第五十六號發表如下：本部奉陸軍總司令何令、全國各地舉行[illegible]本部[illegible]發過去日寇統治台灣時所有御用漢奸之罪惡、幷叙明漢奸之姓名、籍貫、現在住址、經歷及其罪行之事實、證據等[illegible]

本省學生入學之機會更多綜上所述、私立中學自無改爲省立之必要幷聞私立中等學校立案辦法正草擬中、不久即可公佈云

━ 1-1-1

戰前有皇民化運動，戰後有漢奸總檢舉，對台灣人造成精神壓迫。

左：日本推動同化政策「國語家庭」門牌（台北二二八紀念館提供）

右：台灣省警備總司令部推動漢奸總檢舉，《民報》1946.01.17 一版。（國立公共資訊圖書館提供）

━ 1-1-2

林獻堂（霧峯林家花園明台高中林獻堂文物館林方應）

━ 1-1-3

陳炘（吳三連台灣史料基金會提供）

金融家。他們遭陳儀政府以欲和日本人成立「台灣自治委員會」為名，以漢奸罪逮捕。陳炘在獄中留下詩作，寫的是個人際遇，亦是那一代人的心緒起伏：

平生暗淚故山河，光復如今感慨多；一籲三台齊奮起，歡呼聲裡入新牢。

陳炘在戰後主動籌組歡迎國民政府委員會，荒謬的是，他竟被自己熱切期待的政府捕入大牢；自認心向祖國「平生暗淚故山河」，卻被當成「漢奸」。

此時全台風聲鶴唳，監察委員丘念台透露，尚有百人在逮捕名單中。林獻堂作為民間重要領袖，急急請國民黨台灣省黨部主委李翼中及官方媒體《台灣新生報》社長李萬居，勸告陳儀長官，「勿擴大範圍，勿無理追究。」

其實司法院早在一九四六年一月二十五日就發布〈院解字第三零七八號函〉，指出「**凡台人被迫應徵、隨敵作戰、或供職各地敵偽組織者，應受國際法之裁判，不適用漢奸懲治條例。**」但陳儀至二月二十四日止，還是以漢奸嫌疑逮捕了四十一人，其中不乏台灣知名人物。

台灣即便獲得法律的保障，也有各界的聲援，但「漢奸」這頂帽子，是否真能去得掉，不再作為精神壓迫與取走自由的理由？

被檢查的認同

省參議員的選舉即將在一九四六年四月十五日到來，台灣人如大旱之望雲霓，引頸期盼，畢竟在日本統治下，政治參與實在是封禁得太久了。另外也因陳儀緊抓行政統治權，民意代表成了投身公共事務的有限機會，所以省參議員應選三十名，候選人卻達一千一百八十位。對比一九五一年，應選五十五名，候選人僅一百四十名，懸殊之大，可知當時蜂擁參政的盛況。沒想到就在選舉熱烈展開之際，民政處長周一鶚卻在投票前一個禮拜跟記者說：「已複審合格的甲種候選人，仍需由各地方政府查明，有無被檢舉漢奸和在皇民奉公會中擔任重要工作，始能適用。」

他發言的這一天是四月七日，是選完縣市參議員的日子，而省參議員的選舉即將在四月十五日由各縣市參議員投票產生。

此話一出，立即衝擊台灣本地最高民意代表——省參議員的候選人資格，連領導台灣議會設置請願運動的林獻堂，都要因：「**余曾為奉公會參與及事務長，恐不能及格。**」而忐忑不安。如果連林獻堂皆無參選資格，問題不可不謂嚴重。這對被迫捲入戰爭體制的台灣人而言，無異在戰後剝除其參政的基本權利。甫遭日本政府強化忠誠的社會領袖，再次承受新政權的政治檢查。而法律所保障人民的參選權，又豈是行政命令可以擅自摘除的！林獻堂能否成為候選人，竟是得問過台中縣長劉存忠：「**七時餘以電話囑大屯區長黃周，詢問劉存忠縣長如以上之事可否立候補。過午，始答已得周處長（周一鶚）諒解矣，但未言明奉公會之事，余頗為不安。**」

有人因為這樣退選嗎？查無「漢奸」實證，被釋放的林熊徵，已通過省參議員候選人資格，看到這一命令，主動在投票前三天——四月十二日以業務繁忙為由，退出選舉。

林獻堂之後在選舉人六十六票中獲三十九票，過半數當選，一度問鼎議長，但也因陳儀堅持

1-1-4

戰後首任省參議員，暢談如何建立民主台灣。（《台灣新生報》1946.05.01 五版）

由黃朝琴出任，林獻堂乃在選舉當日，以年邁為由，主動起立聲明「勿選余為議長」。

台灣戰後首次的民意代表選舉，政治干預的斧鑿，赤裸裸刻在驟變的時刻。

政治核爆

戰時參與「皇民奉公會」，是台籍菁英在光復後的原罪嗎？是新臨中國政府對日本尚存疑懼的投射嗎？或者它只是權力重新競逐分配時的鬥爭工具，何以每一場選舉都有它的影子？

1-1-5

一九四六年是參選爆炸的一年，參政會是國民大會成立前的最高民意機關，雖然只是過渡性質，台灣人還是抱持最大熱情參選。也由於屬於中央層級，台灣一流人才盡出。但八月十六日的這場選舉，卻爆發嚴重爭議。主張「聯省自治」的廖文毅原本是當選的，執政當局卻說一張票有汙漬，判為廢票，變成只能與同票數的人抽籤決定；而楊肇嘉的選票，有張「肇」字多一畫，被判為「不明票」，導致落選。

其實票要投給誰是很清楚的，政府如此判定，不只當事人難以接受，更掀起莫大爭論。結果就在爭議甚囂塵上，五位同票數的人林茂生、杜聰明、吳鴻森、陳逸松、廖文毅必須抽籤決定時，陳儀卻在此時投下更大的震撼彈，他在八月二十一日公布《台灣省停止公權人登記規則》，再一次點名擔任「皇民奉公會」的工作者，必須停止公權。

1-1-6

這表示在日本統治時代，凡參與過皇民奉公會的人，不得在戰後擔任任何公職，不得為公職候選人、亦不得為公務人員。這影響層面實在是太大了，監察委員丘念台認為此一規則，**「將使台省人才無一可用，各機關非全用外省人不可。」**此事非同小可，媒體紛紛以「核爆」、「原

參議員公務員等 都做不得了
公私行動皆受限制

【本報訊】省署已制頒車時刻與二水車站本線停止公權人登記規則，開車時刻不連絡，惹起不日當積極推行此項工不便，於廿九日會選該

皇民奉公會工作者等 決定停止其公權
省署制頒登記辦法

【本報訊】本省光復以集並請高等法院轉知所莫不期待依照陳情書實後，爲加緊實施地方自國法院，先將本省光復施，再利用此機懇褻鐵治，各級民意機關爲已後依法應停止公權之人路管理委會對集集線增

1-1-5
《民報》1946.09.04 二版（國立公共資訊圖書館提供）

1-1-6
林茂生，《民報》社長、台大文學院代理院長
（吳三連台灣史料基金會提供）

1-1-7
林茂生辭去甫當選的國民參政員
（《民報》1946.09.08 二版）

林茂生氏提出辭呈
昨日發表聲明書

【本報訊】在選舉中，得同票數之參政員候選人五名之抽籤，已於六日上午十時，在省參議會會址舉行。其結果林茂生，杜聰明，吳鴻森，陳逸松四名獲選，此已誌本報 緣因林茂生氏，曾於抽籤前夜，對省參議會秘書處提出申明書，自動放棄參加抽籤權利，然因當局方面，以此爲手續不完備，致不予考慮 依照預定舉行抽籤。然當選後，林氏再愼重考慮結果，決定不改初衷 特於昨日再對有關當局，提出辭呈，並發表聲明書如左，由此本問題，已見結束。

鄙人於參政員選舉抽籤決定前，已對民報同人發表辭退決心，即向省參議會提出文書。後參議會以爲手續不完備 不容辭退，於是參加抽籤竟得當選。但鄙人不改初衷 愼重考慮之結果，當選後即提出辭任手續。特此聲明。林茂生

子彈突如其來」形容此一衝擊。

如果皇民奉公會，是日本政府企圖將台灣各界領導菁英整編入內，以收民間領袖動員之效，是一次對在日本統治底下奮鬥有成菁英的整編收納。那陳儀所發布的「停止公權規則」，無異於終結那一代人未來參與台灣公共事務的出路。

走過日本殖民統治的台灣人，原以為如林茂生所說，可以復歸為人，而其所處的社會與國家，終於可以不再是對立的，但新的對立卻不斷出現。在陳儀這一波「停止公權規則」下，林茂生辭去甫當選的國民參政員，因他也如同時代的許多仕紳一樣，曾是皇民奉公會幹部。

而楊肇嘉在「皇民化運動」中出走，以逃避更換日本姓氏的壓力，途中被日本政府捕入大牢；光復後他參選國民參政員，在《人民導報》公布的民意調查中，居第二高票，後卻以「不明票」判他落選；九月底，又因「漢奸嫌疑」在上海被逮捕，拘禁於提籃橋監獄。

身處兩個時代的台灣人，光復歡聲尚未遠揚，卻已籠罩於黯影。

語言的清洗

台灣一脫離日本統治，作家楊雲萍即發表〈奪還我們的語言〉，鏗鏘有力地抨擊了日本時代的語言政策。文中提到，人民在社會生活中，因不會說日語而被歧視，在學校裡因說了台灣話，而被記過或體罰。日漸高壓的語言政策，甚至使孩童連母語都不大會說。

在公學校中，不得使用台灣話，偶一不慎即遭記過或受肉體制裁，甚至有製作「犯罪章」叫兒童掛在胸前羞辱的老師……不僅在學校，社會教育也是以普及日語為最高目標，千百所日語講習所，這是昭和八年（一九三三年）之情形。……至於社會上，因不會說日語，而受了非適的待遇，我想不論哪一位小百姓，沒有不飽嚐的……甚且使許多兒童青年忘記他們的「母語」，最少是忘記一部分。

這篇文章發表於一九四五年十月二十三日，第一次光復節前夕，楊雲萍帶著回歸漢文化的期待——〈奪還我們的語言〉，描述了殖民地人民的語言創傷。此文聲音未遠，沒想到新臨的政府竟踩著同樣的鐵蹄而來，若把文中的日語置換為北京話，人民的處境竟然一模一樣。

戰後台灣人最直接受挫的，莫過於語言問題。誰不因在學校講了台灣話，而被罰錢或羞辱的；

1-2-1

戰前，台灣總督府在全島大量增設「國語講習所」，全面推行日語運動。（林洪焰提供）

1-2-3

國民政府領台一年，決定於光復節廢止報章雜誌日文版。（《民報》1946.08.02 二版）

發揮祖國愛，快學中文

報紙雜誌日文版

當局決於十月廿五廢止

【本報訊】本省各報紙雜誌刊行日文版問題，光復以來受各方人士之重視，並討論其有無繼續刊行之必要，省當局爲念本省淪陷五十年，固有文化備受摧殘，大多數同胞于祖國文字殊欠諒解，頓行廢止日文版，對于宣揚國策及社教推行，影響至鉅，爲權宜計，故除中文版外仍准暫延續印行日文版一年，此項決定經誌各

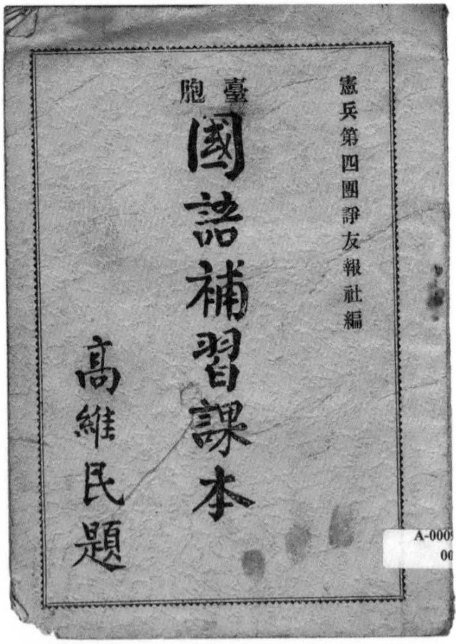

1-2-2

戰後學習北京話，軍方憲兵第四團所屬機構也編起國語補習課本。（台北二二八紀念館提供）

誰不因講不好北京話，而受譏笑或不平對待的。相距未久，兩個政權的政策暴力，就這樣紛沓而來。

二次大戰結束那一天，豈只是日曆翻過一頁？時代遠比我們想像的更為激烈，且令人不知所措。日本戰敗，台灣換了國家，也換了語言，國語從日文改成中文，如果你我生活在那個時代，人生正要奮起，不管是準備國家考試，公務人員或律師，此時新臨的政權是否會體恤台灣人，給予學習語言的時間？或如果你在日本時代以文字維生，是編輯、是作家、是記者，處境之難，何以為繼？

政策的鐵蹄聲

其實學中文的風潮，一開始是熱烈展開的，伴隨著對新政權的期待，人人牙牙學語，勾起脖子發三聲（ˇ）。廟門口不時傳來學唱國歌的聲音，這是當時人們聚在一起，便有的特殊活動。自動自發學中文，確實是一九四五年底的社會景象，當時最炙手可熱的人才，就是懂中文的人，鄉里中要是有人懂得，很快便成為大家圍繞的對象。

台灣人學習中文的熱情無庸置疑，而執政者希望加速普及，自不待言。只是落實過程卻碰到重重困難，首先是師資缺乏的問題，而且各省口音不同，學生上課時一頭霧水，竟以為：怎麼國語有好幾種？

學習語言本來就需要時間，台灣受日本統治五十一年，日語普及率達百分之七十五，因此戰後報紙大多採取中、日文並列的方式，以利有效溝通。陳儀原本訂定以四年時間，完成國語、國文的教授工作，協助台灣人全面過渡到中文系統。沒想到，卻在光復一週年時，悍然宣布廢止報章雜誌日文版，此舉無異使台灣人在一夕間變成文盲或半文盲。

日本政府在領台四十二年後，一直到一九三七年七七事變發生，中日進入戰爭狀態，才廢止報紙漢文版。但陳儀在治台一年後，就廢止報紙的日文版。二者比較起來，陳儀的語言政策，顯然激烈很多。

只是為何把時間壓縮得這麼短，為何不給台灣人多些學習時間？語言對統治者而言又是什麼？陳儀來台之前，就提出一份治台綱領——「首重國語國文」。他認為台灣長期使用日文，思想已遭奴化，必須厲行國語國文，才能「廓清奴化思想」，才能「清除日人思想餘毒」。濃濃的政治清洗味瀰漫著，我們彷彿聽見語言政策的鐵蹄聲。民政局長周一鶚的發言，更道出統治者的基本心態，他說：「**國語國文，實為民族思想與國家觀念。**」

所以台灣人尚不會說中文或說不好中文，是欠缺民族思想？是沒有國家觀念？這話引起民間相當大的反彈。陳儀政府似乎沒弄清楚，大多數的台灣人是說閩南語的，而閩南語是中國的方言，台灣人並非只說日語或都說日語。

《民報》原本是支持政府一年就廢止報紙日文版的，此時也駁斥這種立論，且盼政府勿在語言上做文章，以免喚起台灣人曾被殖民的感受：

要學會說標準語的中國話，是應該的，誰都喜歡學。但是各地方有各地方的方言，總不能夠以方言之故，而否認它不是中國話。台灣話不折不扣地，是一種中國話，並不是外國語。有以「中國人不懂中國話，便不配做中國百姓」的論法來責備台灣人。……當時日人動員了大批的御用紳士，提倡「不懂日語的，不配做日本國民」的標語來相呼召。不配做日本國民，本省人固不足以為恥辱，唯被加上三字「非國民」的頭銜，世間就站不穩了。對於好似驚弓之鳥的本省人，幸莫再用這種地說話，來挑動起舊時的感想。

走過皇民化運動，被禁止使用中文、禁止說母語閩南話的台灣人，不到十年，再一次歷經統治者，以語言屈辱自尊、以語言區分優劣敵我，並重立社會位階。

台灣人曾經很長的時間，啞掉，或說我們一直在牙牙學語。但若年歲稍長，卻還牙牙學語，反比較像口吃的人。口吃的人，看起來應該是不體面的吧；口吃的人，也常被歧視。與其像口吃的人，那我們不說話了。台灣人的父祖輩，總是沉默寡言，甚至拒絕說中文，這不全然是性格，更多是政權轉換的傷痕，與對國家暴力的無聲反抗。

台籍律師罷考事件

學習語言需要一定時間，但陳儀顯然未對台籍人士多所體諒，反而是以語言為門檻，不論學識、不辨專業，將自幼受日文教育的台籍人士，摒棄在政府用人之外。情況之嚴重，省參議員郭國基質詢時砲轟：「**絕不容以台胞不解國語國文為理由，拒絕登用台省人，此種看法不僅無理由，且侮辱台胞莫過於此。**」

一九四六年初國家高等考試舉行在即，民間不斷陳情，希望至少有五年的緩衝期，切莫以中文為唯一應試語言。但陳儀表明：「**希望文官考試以日文考試，這一點是辦不到的。文官考試必須用國文，但如果目前因國文程度不好，文不達意，變通辦法，可於卷後附加日文，**

以免閱卷者誤解其意。……對於國文，我希望我們要剛性的推行，不能稍有柔性。」

意思是還是得以中文答題，此種立足點不平等的國家考試，引發高度民怨，一九四六年底爆發台灣辯護士集體罷考事件。

台灣在地法律人才已通過層層淬鍊，實非同一時期之中國可以相比，但此時仍不諳中文，此種非經筆試不可的認定方式，無異將衝擊其職業生涯。日本與中華民國同屬歐陸法系統，相去不大，在大陸多採取學經歷檢覈的寬鬆認定，但中央卻作出「台灣仍須考試」的決定。

試想一個終身奮鬥有成的法律人，歷經嚴格篩練，在日人體制中脫穎而出，成為法律專業圈的一員。他們多出身仕紳家庭，到日本首屈一指的法政大學就讀，通過困難的司法科高等考試後，歷二年專業實習，方能取得律師資格。但現在卻要這些學有專精的辯護士，特別是已執業多年的律師，用他尚不熟悉的中文，重新參加資格認定，其困難度幾乎等同是拒絕他繼續執業，或讓剛自日本取得的證照成為廢紙。

這不只關涉其終身成就、社會位階，甚至危及生存所賴的憑藉，反彈之大，可想而知。一九四六年九月一日，台籍律師集結中山堂召開大會，作出「會員不應試」的強烈意見書。要求「領有日本或台灣前總督府辯護士證書者」、「經日本高等文官考試、司法科考試及格，或經日本辯護士及格領有證書者」，應核准免試。但中央態度，毫無軟化。

國府還是決定透過考試，重新決定日治時期辯護士的律師資格。這場考試在一九四六年十一月一日舉行，共二十七人應試，只有一人通過。當時全台總計六十六位辯護士，已執業者四十六位，一九四六年取得資格返台者二十位，表示確有一半以上的律師罷考。而參與考試的二十七位，僅一人通過，如此結果，說著新臨政權的蠻橫與殘忍。

1-2-4

這僅是律師的例子而已，還有多少領有專業證照的行業，需經國家考試認定，亦將出現同樣問題。此一語言政策影響之大，是一整個世代的台灣人，在日本統治時代所累積成果的消滅與下降。特別是在日本時代奮鬥有成的知識菁英，將因語言之故，出現由上掉落的處境。

這是一次人才的重新沖刷，以語言為高牆。

失語的作家

語言政策的受難者，無疑更是作家。台灣在殖民統治下，一直無法以自己的母語創作，必須學習他人的語言文字，且因政治上多所禁忌，創作題材亦受限制。文學博士王育德曾嘆，台灣文學如承受惡意的詛咒，陷入雙重被剝奪的困境。

而殖民地作家所受的雙重剝奪，在所謂「回歸祖國」後，是否就此卸下？還是甫剛跨過的語言困境，再次到來。創作自由與否，從來都無關民族，而是關乎民主，不是嗎？回歸祖國的歡呼聲，只是愈來愈刺耳。

作家龍瑛宗，生於一九一一年，跨越自己的母語客語，二十六歲以日文小說《植有木瓜樹的小鎮》，獲日本左派《改造》雜誌文學獎。作家葉山嘉樹的評語是：「**這不是唱著台灣人的悲哀，是唱著這個地球上被虐待階級的悲哀。這種精神共通於普希金，共通於高爾基，共通於魯迅，也共通於日本的普羅作家。**」

戰後他受邀到台南，主持《中華日報》日文欄，開設「知性之窗」。他是如此崇尚西方文藝復興，認為個人的幸福及社會的幸福，沒有知性之橋是過不去的。

▬ 1-2-4
1935 年日治時期台灣出身辯護士合影，他們在戰後面臨需以中文考試重新認定律師資格。
前排左一許乃邦、二排左一李瑞漢、左三陳逸松、右二吳鴻麒（楊毛治提供）

▬ 1-2-5
龍瑛宗（1911-1999）（龍瑛宗文學藝術教育基金會提供）

一個左手寫評論，右手寫詩、寫小說的知識份子，透過日文接引西方，想為台灣注入文明前進的動力，但陳儀這一剛性的語言政策，無異是迫其封筆。一個充滿人道關懷的作家，就此沉寂。此時他三十五歲，失去過往生命志趣投放之處，再有中文小說發表，已是另一個三十五年後，在一九八〇年。

日文欄廢止前夕，龍瑛宗的〈心情告白〉寫出作家的失語狀態。此時，需要告白什麼?詩人已因無法駕馭新語言，而幾成啞巴了，但這個政權要我們交心，高呼「我是中國人」，但我們竟只發得出異國的聲調。何其諷刺又悲愴，卻是人民的處境。

以異國的曲調
唱著歌

我是
真正的中國人
真正的中國人

我
在心裡哭泣
為了老百姓
為了老百姓

兩個政權先後而至的暴力，只是不斷擠壓出台灣的主體性。而龍瑛宗所牢牢握住的價值——知性的解放，他怎會不知「如果社會不民主化是不能實現的」。在〈台灣何去何從〉中，他清楚覺知：「**如果本省人沒有主動創造歷史的意志與力量，台灣將不時被外來者改造，必須服從外來者。雖然我們人類常常被歷史改造。但請諸位不要忘記，人類同時也常常在改造歷史。**」這是他就此沉寂前的聲音。

失語症（aphasia），源於希臘語 aphatos，意指無法說話。由於特定腦區損傷，因此喪失了產生或了解語言的能力；發音功能正常，卻無法說出有意義的話。

此時，台灣人如患了失語症，但我們的腦部沒有受傷，我們出現表達障礙，是因為政治。語言被附上政治清洗的使命，作為區隔認同的符號，剛性推動下，使我們頓挫失語。我們發音功能正常，但那一時代人，許久、許久說不出話。這不是時代的必然悲劇，而是統治者的政策暴力。

台灣人明明在自己的鄉土上，卻如同到了異鄉……

反擊奴化說

……阮是開拓者，不是憨奴才，台灣全島快自治，公事阮掌才應該。……百般義務咱都盡，自治權利應當享。

日本或想奴化台灣，但蔡培火在牢裡頭，是以《台灣自治歌》這樣告訴他們的。彼時一九二五年（大正十四年），推動台灣議會設置請願運動的名士，蔣渭水、蔡惠如、林呈祿等二十餘人，因「治警事件」身陷囹圄。

台灣人在日本時代有過的努力，足跡鮮明，二〇年代就已開啟的自治運動，爭平等也倡民權。台灣人不願屈做二等公民，只繳稅，卻無決定公共事務的權利；盡義務，卻無法享權利，日本為立憲政體，沒有道理不給台灣人參政權。我們跟他做法理論辯，也以社會運動集結民力，給執政者無可迴避的壓力。

「**張燈結彩喜洋洋，勝利歌兒大家唱。**」不是傻傻地唱著，殖民餘痛猶在，回歸祖國，對台灣人而言，意味的就是差別待遇的泯除，復歸為平等之人；不變的更是，拿回自治權，做自己的主人。

但這樣根植於歷史的心緒，似乎很難被理解與尊重。陳儀政府先入為主地認為，台灣遭日本

1-3-1
為爭取自治無所畏懼，台灣議會請願運動參與者在獄前留影。脫帽者為出獄人，戴帽者為前來迎接者。
（蔣渭水文化基金會提供）

1-3-2
「爭平等、倡民權」，是 1926 年台灣議會請願團前往東京的訴求，超過六百人在新竹火車站歡送。（蔣渭水文化基金會提供）

統治五十年之久，「**已遭日敵奴化**」，語言奴化、思想奴化，若不經「中國化」的再造過程，便不具備參與公共事務的資格。

這樣的邏輯，聽來何其熟悉，日本人來時叫台灣人「清國奴」，中國人來時說台灣人「奴化」。二二八世代的台灣人，在屈辱中站起，日本時代走過的戰鬥，在國民政府統治下，再來一遍。

皇民化與中國化

日本統治下有「皇民化」三字，使台胞非常頭痛，光復後有「奴化」兩字不斷地壓迫著我們。台省現在的指導者諸公，開口就說台胞「奴化」……好像不說台胞奴化，就不成台灣的指導者，而似有損為政者的資格一樣。

一九四六年一月，文化界人士王白淵首先發難，赤裸裸地指出「奴化說」喚起人們重被殖民的壓迫。

陳儀政府始終未能明瞭，日人的優越感與差別待遇，是台人最感難受的。日本政府知道台灣人最在乎的就是一視同仁，發動戰爭後，為了籠絡民心，便以此為誘餌，推行「同化」、「皇民化」。但背後的邏輯卻是，不經「皇民化」就不能享有與日本人一樣的待遇，所以現在透過「皇民化」讓你們「升格」為日本人。陳儀政府的「奴化說」是一樣的邏輯，先是鄙薄台灣人，而後認為不經「中國化」，就不能享有與中國各省人民一樣的待遇。

這潑澆了興高采烈擁抱祖國的人，王白淵續在《政經報》上以〈告外省人諸公〉，尖銳揚聲。

只是何以點名外省人呢？「奴化說」既是統治者先入為主的成見，與一般外省人何干？

一九四五年十二月二十八日，陳儀甫派定各地方縣長，名單一出，台灣譁然。因為率皆以外省籍人士擔任，僅有的二位台籍人士，亦為半山（有大陸經驗者）。此時陳儀的統治結構，人事安排已大致底定，一如掌有最高行政統治權的長官公署，高階管理者盡為外省籍人士。人們心中一沉，原來台人登用的機會「渺如星辰」。

> 許多外省人開口就說台胞受過日人奴化五十年之久，思想歪曲，似乎以為不能當權之口吻。……只以為不能操漂亮國語，不能寫十分流利的國文就是奴化，那麼，其見解未免太過淺薄，過於欺人。……外省人諸公，若是以為發奇財而來台，或是以裙帶人事為上策者，當然奴化這個名詞，可以做護身符亦說不定。

充滿省籍偏差的用人政策，與「奴化說」交纏後，知識份子憤怒地質疑：那陳儀政府是以「奴化說」，要台灣人只能繼續淪為被統治者嗎？是以此認為台灣人都不能當權嗎？是跟日本人一樣，行政治歧視與差別待遇嗎？

記者吳濁流認為，這無異要台灣人自認低人一等，所以只配當被統治者、只能當被統治者。「本省人受了奴化教育，既然受了奴化教育，便多多少少有奴隸精神，既然有奴隸精神，在精神上難免有缺陷而不能跟祖國人士一般看待，因此在一段時期只好忍耐於被統治者的地位。」

「奴化說」讓知識份子身陷再殖民的焦慮，而這樣的統治心態，會著火，或引出更大的事端嗎？

省籍對立

戰後，官員及外省人士不時將台人奴化掛在嘴邊，所流露的優越感與日本人一樣，使台灣人相當不舒服。台灣人身上有日本文化習染的部分，穿木屐、喝味噌湯、說話夾雜日語……但剛從二次大戰殺戮戰場回魂的外省人，看到台灣人身上的日本化，渾身不舒服，出現非理性的怒視，斥之為奴化，且充滿驕霸之氣。「常以八年抗戰之功相詩示，更有以奴化相鄙薄，此即本省人之所難受也。」《政經報》的編輯後記，更道出人民相處時所造成的問題：

台灣光復後不到五個月就惹出本省人和外省人的種種糾紛，使本省人和外省人無意中發生感情的隔閡……從來本省人最痛恨的，是日人的優越感，日人侮辱本省人的時候，他們都慣用「清國奴」這句名詞。現在本省人最感不快的，亦是某種外省人的優越感，這些外省人時常說本省人是「奴化」，把奴化這個名詞當作「台灣人」的代名詞。

遭日本殖民的屈辱，此時再次出現。察覺到這股隱隱然擴散的省籍問題，《民報》社論以〈台灣未嘗「奴化」〉急急呼籲，盼外省人別再使用刺戳本省人的字眼。

在日本殖民統治下，台灣人雖深受經濟榨取，但絕對不是過著奴隸的生活。本省人若深受奴化的毒素，今日就不會對政府的措施有非難了……盼望外省人諸君，慎莫使用刺戳本省人的語言和文字，而本省人也應該本於同胞互愛之義，不可因反感遂生排除外省人的心情！

1-3-3

1-3-4

一九四六年初這一波密集的輿論反應，似乎未能觸動當局神經。五月一日《民報》報導教育處長范壽康在演講中放言：「**台胞完全奴化了**」。台人受辱的感覺，在此時爆發開來，不僅與會者提出抗議書，社會憤怒聲更直入省參議會，要求介入調查並追究責任。

這場演講上，范壽康還同時批評台灣人有獨立思想、有「以台治台」的觀念。這就令人聽不懂了，「奴化」與「以台治台」是互相矛盾的，一個是僕人，一個是做自己命運的主人。而會把「以台治台」斥為不合理要求，背後的統治心態還是想壟斷權位，以至於把不與台灣人分享權力視為理所當然。省參議員郭國基在質詢時，遂也直接批駁：「以台治台的理想，是本省人應該負擔的義務。」

「台人已遭奴化」既是統治者的偏見，也成為其治理的論述，從而衍生出政策面的偏差。人事任用排除台籍人士是一部分，更嚴重的是，竟出現「台灣不必然與內地同一時間施行憲法」的論調。

這無疑地是踩到地雷了，民主、自治是從日本時代以來台灣人奮鬥所求之事，這時，竟有把台灣排除在外的聲音。

1-3-5

日本時代台灣民眾黨幹部，後轉往中國發展的謝南光（謝春木），意識到問題的嚴重性，不斷提出警語：「現在還有人反對台灣與祖國同時實施憲政，所持理由是奴化教育毒害太深，不經一番消毒不行……日本帝國主義已經給台胞的民權，我們絕對不要想把他收回……祖國什麼時候實施憲政，我們也可以同時實施，如此才不使台胞失望，一旦使台胞失望就是政治的破局……」

本省人完全奴化了

"哲學"處長如是"認識"

團員憤慨決嚴重抗議

（本報訊）台灣省行政幹部訓練團員，因日昨省署范教育處長壽康，在該團演講中放言謂：

一、台胞有抱着獨立思想

二、排擊外省工作人員

三、有以台治台之觀念

四、台胞完全奴化

五、台胞對于本省諸工作表示傍觀態度　云云、

對此，荒謬謠言、和中傷言辭，全體團員莫不抱着憤怒而熱烈反對，爲要矯正其荒唐和輕薄並喚起全省民衆之注意起見，該團員，決定於本一日，在該團講堂開團員大會，將提出抗議書要求范某釋明演講內容云。

（又訊）對范某此次侮辱台胞之謠言謬論，一般省民聞之，莫不大爲憤慨，論議紛紛，將見有所表示，並希望開會中之省參議會對此事情，嚴重調查，徹底追究責任之所在云。

1-3-4

《民報》1946.05.01 二版

（國立公共資訊圖書館提供）

社論

台灣未嘗「奴化」

凡每一個人應具有自主的人格，以享受天賦的自由權，倘若自由受了束縛和限制，自己的行動須受另一階級的人們支配的時候，就要被稱爲奴隸，別無人格之可言。昔日美

1-3-3

《民報》1946.04.07 一版

（國立公共資訊圖書館提供）

要求重用本省人材

郭國基大聲疾呼黃議長專制

郭議員詢問

過去十幾代日人總督，一到臺灣，一張嘴卽喊「一視同仁」而未曾有過實施。今日臺省光復，內地過來之人亦一張嘴就說好話，而事實却未曾實現過，今日吾等對過去之事不擬再談。擬稀少）。現在臺灣自行政長官以下各處長各縣長各市長之中，僅臺北市長，新竹縣長，高雄縣長三人，爲臺胞外，其餘二十多人全爲外省人」言至此，議長宣布五分鐘已滿，禁止再言，郭議員不服

黃議員　全體議員未曾同意限制時間制，議長不可獨裁，（黃因之繼續發言少許便坐）

葛秘書長答　人材登用可用書面答覆，

秘書長施政總報告說；「臺灣調查委員會根據陳儀長官十年前遊臺視察的心得經過詳細的研究，才向中央建議了現在的辦法，使之新舊銜接，互相配合，依次接收各項原有機構，以減少阻碍和困難，中央採納了這一建議，叫我們獲致相當良好的結果，接收工作得以順利完成，並無混亂脫節的現象發生，各項政務繼續進行，人民生活免了許多驚擾，還算得到相當的安定，我們明白了這種事實，就不會對中央的

各審查會開始審

1-3-5

省參議員郭國基要求政府重用本省人才。（《台灣新生報》1946.05.03）

被擠壓誕生的主體

前後兩個政權，都是先屈辱台灣人，之後再行不平等對待。這種統治的優越感，再次灼傷滿心期待脫離日本殖民統治的人，更刺痛戰後歡喜迎接祖國的人。

新臨的統治者不懂台灣人、屈辱台灣人，但台灣人卻不能不看清楚自己。帶著受挫的尊嚴，知識菁英重新凝視自己身上的「日本化」與「中國化」。熱烈奔向祖國道路的人，停下來了，沉澱思考自身所欲追尋的價值為何，並對鋪天蓋地而來的「中國化」設下界線。

一九四六年九月十一日，《民報》社論跟當局議論「中國化的真精神」：

> 光復後的台灣必須中國化，這是可明白的事。……但國內的習俗思想未必可為模範，如陳長官自己所說的揩油、撒謊、懶惰等習慣。而日人統治有違三民主義必須剪除，但有些卻是法治國所必須及文明社會的必備條件，如守法的精神及公德心……如果把台灣人守法排隊，以此為是日人奴化政策的結果，而加以否認，則我們是絕對反對的。我們不但不要「中國化」，而且積極要求外省人士來個「台灣化」。

日本的統治有東洋文化的習染，也有近代法治國家的養成。台灣人清楚地知道，我們不會讓進步的「現代化」，退位給中國尚未趕上的部分。

短短十年內，先有「皇民化」，要清除台灣人身上的漢文化；接著是「中國化」，要掃除台灣人身上的日本成分。戰前台灣人要被「洗腦」，戰後要被「掃毒」（日人思想餘毒），這兩股力量要在台灣人身上打一架嗎？他們各自標榜純粹性，並極力要清洗對方，但我們要讓自己的人格繼續分裂下去嗎？這種精神壓迫，要隨著外來統治者，一而再、再而三地壓迫不同世代的台灣人嗎？

如何躍出？二二八世代，在承受自身命運不斷受外來改造的痛苦中，發展出以吸納世界各國文化優點，作為滋養自身富強的論述，並企圖以此抵禦，帶著統治者驕姿及文化歧視的中國化政策。

我們的生活改進目標應當是，如何達到富強的國家，若是配合這個目標，無論他是英美的，或者是日本的，都應當攝取而活用之。若是違背這個目標，無論他是數千年來的道地中國傳統，也必須把它打破剷除。

台灣人的主體性從模糊到清晰，是在歷史的擠壓中漸次形成的。國民政府剛來時，沒有人會旗幟鮮明地反對「中國化」，但「中國化」政策背後所立基的「奴化說」，卻把台灣人的心傷透了，更陷入重被殖民的憂慮。光復時，王白淵的詩作寫的是：「小兒離開了母親，夜裡不斷的哭著。兒在險暗殘暴裡，慈母為兒斷心腸。求不得，見不得，暗中相呼五十年。夜來風雨而已散，一陽來復到光明。啊！光復，我父母之邦。」

但熱騰騰的心在日日的相處中崩碎，不到半年，他在〈告外省人諸公〉的結語是：「我們以為台胞該負起歷史的使命，不可將自己的命運送給外省人，在以台治台的原則上共同奮鬥，才有一天可以像人……建設一個不可凌辱的新台灣。」

讓台灣人可以像個人，建設不可凌辱的新台灣，這話聽來沉重，卻是那時代人的心情，也是二二八之所以人人躍起的心緒。這時認清陳儀政權的本質，台籍知識份子在駁斥「奴化說」的同時，「以台治台」成為眾人奮進的目標，企圖為困頓的時局尋找出路。

第二章
變調的歡迎曲

台灣民間以極大欣喜慶祝台灣光復，到處是華麗牌樓，高掛激動顫語，但當時人民想不到的是，鞭炮聲換成了槍聲，國軍來了，手中的槍竟威脅著人民，成為生活裡不可承受之重。

而與人民生活更為緊密的警察呢？何以二二八事件一發生，各地警察局遭包圍，何以代表人民集體意志的三十二條要求，提出「各縣市警察局長應由本省人擔任」。

台灣人以為脫離日本殖民統治是解放、是當家作主，但歷史輪軸卻未往這樣的方向運轉。一九四五年底，長官公署上層官員名單一發布，幾乎清一色為外省籍人士；全台十七個官派縣市長，亦同樣傾斜。日本時代，民族及血緣像一道永遠無法翻越的高牆，堵住人才晉升的管道。戰後的歡迎曲，若有拔高的小號吹奏，映襯那踏步而來的新政權，有一部分絕對是待解放的平等權。

而統治階層來台接收如劫收，貪腐成為人心憤怒的助燃器，怎堪官員走私米糧而人民餓斃街頭？躁動已非隱然，而是在引爆邊緣。

2-1-1
日本敗戰，民眾夾道歡迎來台的國民政府軍隊。（國史館台灣文獻館提供）

鞭炮聲與槍聲

萬人空巷，何其喜悅，迎接國民政府來台。翻看此一時期的回憶錄，出現最多的是乍見國軍登岸的那一幕：挑扁擔、穿草鞋，肩上掛著鍋和傘，既無雄赳赳，也無氣昂昂。人民難掩失望，但不想給日本人笑，我們為國軍編了一套神話：傘能飛天、鍋能擋子彈……

官方報紙《台灣新生報》以〈相同血液的吶喊〉，給了不一樣的描述：

> 不知是從容自在且面無表情的緣故，感到非常的有大陸味。特別是背著行囊的緣故，傘與紅色的花樣熱水瓶，令人莞爾。鍋子、柴火、青菜、臉盆、竹凳等掛在扁擔兩端，看他們特意前來準備得如此周到，真讓人不知該如何是好。……

2-1-1

也是捨不得，戰爭一定吃了很多苦。二二八罹難的屏東市副議長葉秋木，也趕去迎接國軍，回來時目眶紅紅地告訴妻子：「讓國軍替我們抗戰這麼久……」。

沒有威風凜凜、沒有壯盛的軍容，都沒有關係。台灣民間以極大欣喜，慶祝台灣光復，到處是華麗的牌樓，高掛激動的顫語：「恭迎祖國政府，歡喜歡狂且恨遇斯人之晚，迎接不暇也知援吾手而來。」但當時人民想不到的是，鞭炮聲換成了槍聲，國軍來了，但手中的槍竟威脅

2-1-2

著人民，成為日常生活裡不可承受之重。

「本省人愛國心很重，所以會對外省人發生反感的原因，皆由國軍而來，國軍有一部分（一）坐車不打票，（二）越等坐火車，（三）爭先搶坐，不肯排列。（四）持武器肇事，（五）不維持治安反擾民，（六）米一斤一元向農民購買，卻賣出十五元。」省參議員馬有岳言簡意賅，質詢參謀總長柯遠芬時，說出令民間困擾的國軍行徑。家住高雄的施明德，總是氣憤的說，當時軍人吃飯不給錢，司空見慣，若商家不滿，軍人便大吼：「是我們解放你們的，知不知道！」這種心態、這種作風，不是微小，而是巨大。它微小到是日常生活中與人民的摩擦，但它也巨大到是一種統治心態，甚至刺激出全面性的反抗。

而保家衛民的國軍，是戰後台灣社會治安混亂的源頭嗎？

國軍強買強賣的行徑時有所聞，當米價騰昂時，軍人以一斤一元向農民購買，卻以一斤十五元賣出，國軍還可以做生意！而糖價飆漲時，不知軍人哪來的糖，卻意圖強賣商家，老闆不從竟遭擊斃。

2-1-3

《民報》一九四六年七月二十六日報導：

岡山區岡山鎮前峯米商劉林氏之宅，昨二十三日下午十時突來三人，身著軍人制服欲賣食糖，遇主人劉林氏不在，由其妻女說不賣買（不買賣）後，三人退出其宅。到了二十四日上午二時夜深，三位凶漢各持短槍摧破門戶，潛入其宅，睡眠中之主人劉林氏驚醒跳（逃）出，忽聞槍聲連發，……胸部中彈數個即死，……次男劉萬得隨後出來亦中（彈）。

2-1-4

2-1-2

宜蘭羅東地區，搭起三層樓高的歡迎牌樓。（林洪焰提供）

越法士兵嚴重處罰
本省軍事費由中央

十一點三十五分繼續詢問

馬有岳：「本省人愛國心很重，所以會對外省人發生反感的原因，皆由國軍而來，國軍有一部分(一)坐車不打票，(二)越等坐火車，(三)爭先搶坐，不肯排列，(四)持武器鬧事，(五)不維持治安反擾民心，(六)米一斤一元向農民購買，卻賣出十五元，又臺東國軍開槍來驚高山族同胞事參謀長以為如何？

柯參謀長：國軍士兵，因多不受教育，十人之中，識字的不到一人，故素質不好，無可諱言，不過在抗戰期中未曾發生過整個部隊降敵的事情，這點卻很光榮，因多是鄉下的傻瓜，有的連衣服都不會穿整齊，那裏還知道其他，惟比較日軍在我國的姦淫擄掠，還算好些，又日軍都是假仁假義，這點我們也不學他。至于軍紀不正的事，希望全民衆時時監視他，隨時報告本部。一個官長當不能時時到外頭知道他們的事的。臺東國軍驚高山族事，因那時日軍還在，接收該地時下戒嚴令，該高山族同胞因語言不通，喊口令，不答，遂被誤會驚。

劉濶才：官兵待遇若是提高，他們生活安定，對于紀律的遵守必有幫助。

柯參謀長：這點固然不錯，不過軍人以捍衛國家為主要任務，對于待遇之事，自己不能開

軍事報告中之柯參謀長

2-1-3

馬有岳質詢柯遠芬，言軍人持武器肇事，是民眾反感之因。
（《台灣新生報》1946.05.04）

一等兵謝如江開槍
打死老百姓二名
高雄自保委會活動調停

【高雄訊】高雄港務局附屬機關港灣工程事務所之員工張明陽（市內前鎮二十三歲），林天才（右沖二十三歲），黃愁（前鎮五十七歲）三名，於二十日上午八點，[illegible]是加害者謝如江由友人之國軍；槍借，對被害者試擊，但是試擊當時，加害者謝如江，不知槍中裝置有彈，過失開槍，子彈飛入張明陽之口頭，貫通口頭後之子彈，[illegible]頭部

八毛六系，四，農戶登記省公署為推行土地政策，剷除中間人承租轉佃之剝削行為起見，決定將接管日人之公私有土地直接放租於自為耕作之農戶，即舉並現耕公有土地農戶登記，以

2-1-4

《民報》1947.01.22 四版

槍響，對一個文明的社會而言，何其沉重。若開槍肇事的又是國軍，人民生命財產何所保障？高雄地區因駐軍多，人民顯然更受威脅：「左營海軍軍人，又以手銃威嚇區長」、「一等兵謝如江開槍，打死老百姓兩名」、「左營士兵殺民案，乃以彈槽擊斃。」

日本時代軍人與人民社會生活少有交涉，入市區則是配刀不帶槍，但新臨的國民政府卻讓軍人帶槍橫行。恐懼難以承受，憤怒就這樣埋藏在人民心中。

而國軍坐車不排隊、不買票，從車窗跳進去，只是讓人感覺蠻橫而已嗎？歷史確實走出更為血腥的畫面。

槍，開槍，碰到查票不滿，開槍。「**我是打敗日本鬼子的國軍，你們算什麼？**」只因火車激烈搖晃，憲兵不明就裡就把駕駛員打到吐血。事件此起彼落，每月均有數起，司機的人身安全飽受威脅，終致釀成台北市公車司機集體罷工。

二二八事件期間，人民的不滿噴出，成為一股熱流趨向四方，向來蠻橫的軍人在此時踢到鐵板了。一九四七年三月一日福隆海防守備隊到基隆採購，又是同樣的惡形惡狀，這次人民不再吞忍，群起反抗，把素行不良的軍人趕下車。正在八堵車站等車的民眾，看見軍人抱頭鼠竄，繼續追打，軍人宛若過街老鼠。

但為政者從不令軍人收斂其惡行，甚且任其開槍報復。一九四七年三月十一日澳底砲台台長史國華帶軍隊入車站，在眾目睽睽下射殺工作人員，當場五人死亡，站長李丹修等十一人被強押帶走。而國軍究竟將他們載往何處？是否被凌虐致死？又是否被處決？遺體又在哪裡？至今政府無一說明。

這是浸泡在血泊中的「八堵車站事件」。

怎堪司法崩潰

國軍的槍桿子飛舞在民間，而與人民相處更為緊密的警察呢？何以二二八事件一發生，各地警察局遭包圍？何以不少地區要求撤換警察局長？何以代表台灣人民集體意志的三十二條要求，會提出「各縣市警察局長應由本省人擔任」？

「福州出身警官特務長，穿制服堂堂打劫」、「前警局分局長楊錦楓，濫用職權舞弊數百萬」、「警員開槍恐嚇，誤中無辜鄉民，布袋鄉防疫發生糾紛」、「台中縣警察集團行動，打死執行任務之法警」……。該維持治安的警察，搶劫、貪汙、開槍傷民。執行公權力的警察，行如盜匪，人民瞠目結舌。

台灣在日本時代已進入成熟的法治社會，此時何其折磨，要面對這樣的混亂，若司法崩潰，我們豈不背對文明，回到野蠻之境？警察該是治安的第一道防線，該是法治的守護者，怎堪逆向而行？

一九四六年十一月十一日所爆發的「員林事件」（員林當時屬台中縣），將社會的憂慮推至高點。因執行法院命令的法警，到警察局拘提肇事員警時，不僅遭開槍打成重傷，還被扣押起來。台灣社會震驚異常，這讓法律界人士群起力抗，站到第一線，傾全力也要堵住這潰堤的司法權。

事件源自鹿港醫師施江西，控告員警許宗喜等人非法傷害，台中法院鑑於許宗喜屢次拒傳不到，便派法警及看守前往拘提，不料竟遭該局員警開槍。

2-1-5

2-1-6

中華民國三十五年十一月十三日

非法·暴虐極矣！

臺中縣警察集團行動

打死執行任務之法警

警察局變成阿修羅世界

人心戰戰陷落恐怖深淵

▬ 2-1-5

台中縣警察打死執行任務之法警，震驚社會，稱「員林事件」。

（《民報》1946.11.13 三版）

▬ 2-1-6

《民報》1946.11.13 一版（國立公共資訊圖書館提供）

社論

豈容警察反抗法律

如今天本報第三版所登、十一月十一日在臺中縣警察局所發生「恐怖、慘絕、暴虐而無人道的消息，使人們聽了，幾疑爲惡魔邪怪巢穴中。或許看得見的場面，總不該在人類棲息中的社會，能够出現的事象。如果是在野蠻未開化的地方，或者稍可以原諒，今竟發生於將建設模範省的臺灣，老實是令

▬ 2-1-8

台中縣警察局長以縣長不在不能作主為由，違抗法官吳鴻麒要求釋放台中地院法警與看守的命令。（《民報》1946.11.18 三版）

中華民國三十五年十一月十八日

釋放命令被拒絕

法官們憤怒異常

江局長說：「縣長不在不能作主

劉縣長說：局長意見不能忽視

台中縣警察局毆打殺傷及扣留台中地方法院法警及看守之事件，高等法院已特派吳推事及毛檢官帶同台中地方法院饒院長維岳，陳首席檢察官及警務處特派員兩名，於十四日上午八時二十分由台中搭車先往彰化基督教醫院，探訪死傷者檢驗及查問眞相之後，轉往員林台中縣警察局，而晤劉縣長存忠時，因縣長不在，直接面會江警察局長風，及審查事件發生當時之實情後，吳推事及毛檢察官要求警察局長江風馬上將現在扣留中之法警及看守十餘

視事件演變，對此各團體紛紛表明態度，台中律師公會，于十五日上午召開臨時會議，對該

度量衡

▬ 2-1-7

吳鴻麒任員林事件承審法官（吳三連台灣史料基金會提供）

受命調查的法官吳鴻麒，在日記中難掩憤怒：

先至彰化基督教醫院，審問負傷法警二人、看守一人。訊問後同往員林，在警察局訊問猶被禁於同局內之法警一、看守十，至晚始完。欲全員放出，在法律上，亦是該當。然該局長不從，真令人髮指……

2-1-7

吳鴻麒法官要求警察局長，釋放被囚禁的法警及看守，警察局長竟然拒絕，理由是：「**縣長不在，無法作主**」。

2-1-8

台灣並非野蠻、失智之地，豈容警察反抗法律！

「員林事件」牽動社會很深的危機感，各界紛紛站出來表態，台中、台北兩地齊發。以律師公會為首，再加上人權團體「人民自由保障委員會」、政治壓力團體「台灣省政治建設協會」，及扮演第四權的媒體「省記者公會」。律師、媒體、反對黨及人權團體大整合，集所有管道發聲，步步進逼，要求當權者必須確立法治政治，必須捍衛「司法尊嚴」。

從來都是政府要求人民必須守法，但戰後的台灣，卻是守法的人民面對不守法的統治者。這波強大的社會聲浪及輿論批評，終於迫使行政長官陳儀以「另有任用」名義，調換台中縣長劉存忠。

司法權獨立，讓統治者害怕嗎?有多害怕?

二二八事件期間，這股司法改革的力量，要求陳儀長官撤換司法系統人事，任用在地法律人才及台籍警察局長。但在事後的整肅中，陳儀卻以「彼等聯名接收高等法院」為名，祕密逮捕並暗殺法律界領袖。

餓得不得了

在人民的日常生活裡，感受最深的是什麼？戰後的台灣竟然飢餓不已。

一九四六年從元旦開始，法官吳鴻麒的日記便浮著擔憂：「**因食糧缺乏，社會有不安空氣，為政者不可不講究對策也。**」不少地區陷入飢饉，台南及台北萬華都傳出缺食自殺的消息。

台灣曾被喻為東亞的米倉，年有多餘糧食出口，何以此時竟落得無米可吃？

戰爭導致稻米減產固是原因，但為政者無能解決米糧問題，更增人民愁苦。戰後百業待興，人民只有等待、只有懷抱希望，盼能度過戰爭餘震，但大半年過去了，米價仍居高不下，眼看著新年即將到來，迎接新春，卻無欣喜：「**近日米貴至十四元，米珠薪桂，一般人實難生活。政府全無對策耶，令人不解。**」

陳儀政府並非全無措施，只是所有政策盡皆失靈。一九四五年十月三十一日長官公署頒布「管理糧食臨時辦法」，沿用日人在戰時的米糧配給制度：總收購、總配給。但卻碰到農民不願意把米交出來，因政府收購價格過低，農民貧困至極，血汗結晶再交出去，就什麼都沒有了。而台灣光復，卻踏襲日本剝削農民、強徵米糧的制度，亦招致批評及抵制。

此法走不通，一九四六年一月十一日陳儀政府放棄配給制，准許糧食自由買賣。但卻因無配套措施，先是引起農民包圍，因斷然取消配給，農民餘糧已上繳，自己反而無米可吃。民眾也騷然不安，因停配前有人領到，有人尚未領到。

就在政策換軌、青黃不接之際，米價開始攀飛。又逢天不雨，在預期稻米減產的心理下，糧食恐慌竟像瘟疫般蔓延。

缺糧之際，那現有米倉內的存糧，會如何處置呢？政府下令封存各縣市米倉，這是陳儀慣行的統制經濟：將物資都握在手上。結果是負責米糧配給的官員，監守自盜、圖謀巨利。這讓飢餓邊緣的人民，更難忍受。

悲觀的氣氛瀰漫著，一九四六年四月十八日作家吳新榮日記提到的還是餓：

雨而不降，風而直吹，番薯及不大，百姓即直餓，福而不到，禍而直來。

人民生活之苦，熬過了戰爭，卻未稍減。

政府搶米

霧峰林家自十九世紀中期以來，即擁有中台灣大量田地，林獻堂日記裡短短記著個人境遇：

「蔡繼琨命軍隊二十餘名，各持短鎗來包圍農倉，欲取米粟。士英使人來問如何對付，囑其不可抵抗，一任其自由搶奪。」

這事發生在一九四六年三月十四日，中部警備司令部蔡繼琨少將，帶軍隊將霧峰農會的存米搬運一空。

米糧配給斷然停止後，黑市米價飛漲，此時被政府封存的米，各地都來請願要求配額，霧峰地區雖已取得縣長劉存忠允諾，但仍遭軍方強行搬走。

▬ 2-2-1
人民無米可吃，連被捕的強盜都骨瘦如柴。（《新新》1946.03.20 第三期）

▬ 2-2-2
諷刺官員吞錢過日的漫畫
（《新新》1946.08.12 第六期）

幾天後，林獻堂日記記著：「鄉公所三時開樹薯籤粉配給會議，因農業會之米被蔡繼琨盡數取去，無可配給，非代用食不可也。由鄉長為代表，對農業會借出二十萬円，買籤仔粉三萬斤，每斤六円五角也，配給貧民，僅收半價。」

米被軍方強行搶去，大家只能吃樹薯籤，被視為民間領袖的林獻堂，竟如此無奈。

而此事尚未告一段落，軍方認定，林獻堂手上必定還有餘糧，再次逼迫，情緒向來十分內斂平穩的林獻堂直言：「政府搬去的米糧皆是老百姓的伙食米，他們現在都是（買）黑市米維持生活，但因糧價飛漲，困苦異常，正在籲請發還前所運去的米以抒困境。政府若沒有米可還老百姓，亦應結價給予價款，假使現在不能立即給發，亦應指定日期償還。政府一味向老百姓要米，而拿去之米分文不給錢，如此作法，不但老百姓無法維持生活，政府也無法維持威信。……」

據陪同在旁的葉榮鐘所述，聽到林獻堂這席話，與蔡繼琨偕同前往的警備總司令部熊少將怒氣滿面：「『今日之事，只看林先生答不答應，若不答應，就請您老先生同我們上台北去。』……同時用手向桌面一拍……四個憲兵拿著上刺刀的步槍，排闥而入……」。

林獻堂後來因為這件事，受到警備總部調查。而政府搶米不付錢，農民只能向黑市買米，會激起什麼樣的憤慨，可想而知。

人造米荒

米價盪呀盪地，時高時低，人民像在走鋼索，不安一直懸宕著，不知下一刻會如何。直到六月中旬，米價終於回落到十塊左右，大家鬆了口氣。這時《民報》社論提醒當局〈防止米糧私運出口〉：

> 在此米價下跌之時，我們抱一個杞憂……每斤十元上下的米價，於全國中或許是最便宜的，只懂自私自利的商人們，凡有賺錢機會，趨之唯恐不速，哪裡顧得台胞的飽與餓？政府雖有不許移出的禁令，但商人走私的巧妙、殆有防不勝防之處。在貪汙醜事疊出不窮的今天，何處能得秉公無私嚴厲從事取締的官吏？

這擔憂不假，二二八前夕所查獲的米糖走私，確實就源自米價下跌時。據岡山警察所調查：「蘇基諒、李犇兩名，利用村長之地位，自去年六月至本年二月，前後四回，指揮部下走私數百包之白米及糖，獲得不少之橫財。」

事實上，一九四六年第二季台灣的產米量就恢復正常了，且尚有餘糧。既然如此，何以米價仍一日高過一日，甚至在一九四七年初出現激烈漲風？

已是戰後第二個新年了，人民維生的米，並未因豐產而減價。「米價既爆騰，斤二十七元之高矣。諸物價自舊曆新年以來，日高一日。庶民階級如何生活耶？社會皆感不安。」

政府一再表示，台灣米的生產量是足夠的，且尚有餘裕，米價飛漲是囤戶操縱使然。那問題就來了，何以政府竟處理不了人為的操縱？處理不了商人居奇囤貨？處理不了官商勾結？

政府不許米穀移出，公權力可以抓走私。但若公權力收賄、放行走私，或甚至自己就是走私的源頭呢？

〈大員走私〉的新聞在米價上揚之際，欲發戳刺著社會。台中縣水產課長楊國耀走私米糖卻未能捕獲，花蓮縣長張文成走私四大船稻米被發現，其中三條船，一被高雄海關，二被駐日盟軍、三被花蓮民眾發現而扣留。

首長貪腐，當然是民生惡化的源頭。一九四七年二月十八日《民報》載「花蓮米糧直升，一家三口自縊」，花蓮的米價更居全台之冠。

米價受此波動，人民生活窘迫困苦，恐怕是在二次大戰期間都未曾經歷的。台灣社會已不能安靜了，不少地區民眾上街、遊行請願，要求政府解決米荒。台北街頭出現一份署名「台灣民眾反對抬高米價行動團」傳單，揚言搶米：「本團為生活之驅使，為全台民眾之生命抗爭，……決定於三日後，率導民眾實行搶米運動，並制裁囤積魁首，以申正義……」

這不見得能發生，但卻是另一種表達忍無可忍的抗議文。

2-2-3

2-2-4

國共內戰海嘯襲來

「請保護台灣這片淨土」，讓台灣與中國內戰切割，是戰後不管中國大陸或台灣有識之士一致的看法，但當中國風雲變色、大浪翻高時，卻是脆弱的台灣難以承受的。

二戰結束，美國杜魯門總統派馬歇爾將軍來華，調解國共軍事衝突，以杜絕爆發全面內戰的可能，最後卻以失敗收場。一九四七年一月馬歇爾在鬱悶中離開，回美就任國務卿，相關單位軍調部（北平軍事調處執行部）亦隨之裁撤。這表示和平已無希望，眼看戰火將至，人民對政府失去信心，法幣崩跌，出現蒐購黃金潮。結果金價起帶頭作用，領導百物騰揚，米價亦跟著

— 2-2-3
「台中號」走私案，要犯台中縣水產課長楊國耀已潛逃。
（《民報》1947.02.02 三版）

某大員走私
運米糖往日本琉球
臺中號輪走私發覺

【中央社訊】頃自可靠方面獲悉：前台中某大員在任期間，串某豪港，憑藉地位，曾透次利用「台中」號機船私運大批米糖前往琉球及日本出售獲利甚豐。「台中」號走私案已發，駐台中憲兵隊並已協助地院檢察處進行偵查，聞已獲有重要線索，惟要犯之一楊國耀畏罪潛逃。

— 2-2-4
《民報》1947.02.18 三版

花蓮港米糧漲
一家三口自縊

【中央社花蓮港十七日電】黃金管制聲中，花

中華民國三十六年二月十二日

物價起空前巨浪
店鋪多關門歇業
黃金領導，米價同漲，百物飛奔
商店不賣，老百姓叫苦連天。

【本報訊】今天老百姓的最大痛苦是甚麼？不消說，就是始無底止的物價不斷飛漲和失業。這嚴重而又深刻的燃眉問題，究竟會解決不會？上海經濟界日益紊亂，物價暴漲跳躍是駭人聽聞，上海的遠大波巨浪竟向本省襲擊來了。這二，三天來一般物價漲至五，六成，原因是人爲及心理的而作用所釀成的，弊害是很明白，致使老百姓對貨幣價值抱了懷疑，都往采物資爭先採購黃金及其他物資，因此，一部份商店關門休業不做生意，這種奇怪現象是空前未曾有的。人心惶惶不安，當然望着刻刻向上直爬的物價生嘆「叫苦連天」，在這異常時候，爲民爲國服務的爲政者若不切實實施緊急對策，恐怕這寧靜的台灣會變成了黑暗社會，新中國新台灣建設之首在民生，民生是要安定的，對此，凡有官民都應一心一德共同協力，抑平物價，而打開目前的危機，並阻過經濟崩壞」。

— 2-2-5
《民報》1947.02.12 三版

狂飆。但百貨及奢侈品可不用，米能不吃嗎？

一九四七年二月十二日報載：「物價起空前巨浪，店鋪多關門歇業，米價回漲，百物飛奔。」吳鴻麒日記載：「**物價再狂漲，金價達兩千六餘，實夢不到的。食米皆不肯賣出，至鬧米荒，實有難收拾之現象。**」

買不到米，有錢也買不到米，怎會不生恐慌？任何一個關心時局的人，大概都嗅到壓力鍋快爆炸了。一九四七年二月十三日吳鴻麒日記留下：「**台灣物價扶搖直上，不知所止，大有發暴動之憂。**」這一天，米價一日三跳，且創歷史新高，達三十六元。

此時公署毫無實際的規定米價一斤二十二至二十四元，但卻遏止不了商人居奇囤貨，黑市米價仍居高不下。而官商勾結，趁此大發糧食財的奸商及大官小官，更加成為人民憤怒的對象。報紙逐漸出現一些駭人聽聞的報導：「高雄餓莩倒斃街頭」、「無米為炊，全家自縊」、「餓民僵斃路上，令人慘不忍睹」。若政府失能、官員貪腐就是引起米荒及人民陷入飢饉的源頭，那推翻政府的想法，勢必會被實踐。

「**大屯山一帶報降雪，寒氣全不稍減。報全國被寒波所襲，各地方感覺奇寒。……米在黑市斤三十五．六五元云。小民階級可謂飢寒交迫、不得聊生。**」這是吳鴻麒一九四七年二月二十二日所記。

台灣確實走進了嚴冬，人民生活的愁苦，不知所終。此時離二二八事件爆發，僅一個禮拜。

2-2-5

用人的省籍偏差

台灣光復，對許多人而言是「享受治理自己國度的歡欣」，如花蓮醫師張七郎所言，因此他催促在中國東北開設醫院的長子張宗仁，快快返台。也如畫家陳澄波在日記所抒：「總想著要做大事，心裡才有溫暖的感覺」，戰後他投入嘉義市參議員的選舉。任職京都裁判所的檢察官王育霖，也束裝返台，財富官位不是他所在乎，回鄉，他要同自己的國家奮起。許多人浸潤在新生的喜悅中。

但享受治理自己國度的歡欣，卻像是祖國歡迎曲中錯彈的音符，也像是猛然踩住了弱音踏板，上揚的樂音竟悶住了。

一九四五年底，長官公署上層官員名單一發布，清一色為外省籍人士，二十一名首長中，僅教育處副處長宋斐如為台灣人。全台十七個縣市長中，僅有台北市長游彌堅、新竹縣長劉啟光、高雄縣長謝東閔、高雄市長黃仲圖四位為台灣人。但上述這五個人，盡皆為半山（有大陸經驗的台灣人）。

上層的統治結構如此，那其他領域呢？這是單一的差池，還是普遍的現象？是僅部分權位有省籍偏差，還是人事派定的全面傾斜？

如前所述，日本時代引進西方法律體制，歷經嚴格篩練的台籍辯護士與司法官，所具法治素養，原是建設民主台灣不可或缺的人才，但卻未受國府青睞。戰後僅吳鴻麒、施炳訓兩位律師參與接收工作。

台籍辯護士也曾召開大會，集團體之力發聲，希望有機會為政府服務，但後來中央派定各地法院院長時，還是沒有台籍人士的蹤影。僅有在原定人員因為交通梗阻無法到任的時候，才出現由台籍法曹暫代的情形。

在無邊傾斜的過程中，仍是奮力想要有所突破。台灣最高民意殿堂省參議會被媒體捧為「六百萬人民的播音機」，一九四六年五月一開議，登用台灣人才的呼聲鳴動議場。

林連宗質詢高等法院院長楊鵬，不斷爭取「本省司法人員宜加錄用」；而戰後治安不如日本時代，怨聲已溢街頭，如何改善？質詢警務處長胡福相時，林連宗言：「**加強警察力量，最好的辦法是警察高級幹部，要採用本省人。蓋本省人人地熟識處事自易，倘用年輕外省青年，經驗不足且人地生疏，處理警務，焉能應付裕如呢？**」

語言當然是問題，若非這則質詢，我們恐怕也沒有辦法想像，當時竟然會以年輕的、語言不通的員警為主管。二二八事件發生，陳炘與陳儀會面，不是為他自己的金融事業說話，而是建議陳儀要解台灣民怨，就需先撤換警務處長、起用本地人才。

那其他領域呢？黃純青在質詢台大校長羅宗洛時觸及，希望能研究台灣歷史，並登用有為的本省籍教授：「**本省人在日人統治下只有杜聰明博士當教授，希望今後多多採用本省有為青年當教授。……希望台灣大學對台灣過去的歷史和文學等要有新意的研究。**」

這些質詢內容，提供了當時社會的片段，聲音背後，是國家重新啟動過程中對任用本省專才的期待。日本時代，台灣人再怎麼努力、再怎樣秀異，終因非日本人，難有擔任主管的機會，

2-3-1
「要求發言的巨手林立」，省參議會議事之熱烈，媒體以漫畫呈現。
（《台灣新生報》1946.05.03 四版）

議場變爲法庭
開幕以來最精彩之一齣
林日高審問葉檢驗局長

2-3-2
議場變法庭，林日高質問農林處檢驗局局長，是否用姨太太任技正，將老技師免職。
（《台灣新生報》1946.05.09 五版）

物價狂騰生活苦
咸望急速完成地方自治
須要盡量登用台灣人材
省參議會招待京滬記者團員時所提出意見

2-3-3
劉明朝省參議員呼籲要盡量登用台灣人才（《民報》1946.10.20 三版）

本省公務人員數
台灣籍二一四七一四名
但大多數爲下級職員

【本報訊】登用本省人材的呼聲呼喚已久了。到底本省人材的登用情形怎樣？據省署當道公佈，本省公務人員上自長官下至雇員共計三萬九千八百二名中，台灣籍佔二萬四千七百十四名（約六成二），外省籍佔七千九百四十名（約二成），外國籍（即日人）佔七千二十七名（約一成七六）。由此數字看好像台灣籍登用人數佔着相當高度的比率。但是事實怎樣？讓數字的魔術來說明吧。省署九處公務人員，上自長官下至辦事員中，各職別台灣籍及外省籍人員的數目，在下列表中明顯地表示人材登用的矛盾即是最下級的主管人員也不敢登用台胞的事實。據表中沒有包括雇員故容易推測，省署公佈的台胞登用人數中，其大部份是最下級，最下層的雇員們。（此表係根據長官公署人事室編，本年七月發行之台灣省各機關職員錄）

第一表

職任	外省籍	台灣籍
長官	一	
秘書長	一	
處長	八	〇
副處長	二	一
主任秘書	八	〇
共計	二〇	一

2-3-4
1946 年底在台灣省行政長官公署上層 21 名官員，只有一名台籍人士，且為半山。
（《民報》1946.11.08 三版）

民族及血緣像一道永遠無法翻越的高牆，堵住人才晉升的管道。戰後的歡迎曲中，若有拔高的小號吹揚，旗正飄飄，映襯那踏步而來的新政權，有一部分絕對是待解放的平等權，心裡至深的渴望，是敲碎差別待遇。

人事醜聞

議場中溫和的盼望有之，尖銳的批判亦揭露牽親引戚的惡風。林日高披露農林處檢驗局局長葉聲鐘，上任後將資深的台籍技師免職，用自己江蘇籍的姨太太填補職缺。此般人事醜聞，橫吹各公務機關，不時登上新聞版面。

陳儀對各機關主管人員，安插自己人，引起民間責難，不是不知事態嚴重，也曾明令禁止：「各機關主管人員不得任用自己之家族或親戚（兄弟、姊妹、妻子、子女、女婿及妻之兄弟）。余在重慶時，業已通知過，但最近聞知仍有不遵守該項通知之機關，為工作效率計，希各主管人員均嚴格遵守。」

輿論更起身批判這種家族式政治是，「封建政治的殘粕、政治腐敗的根底，將使民主政治變為專制政治或祕密政治。」但，腐蝕政治的惡風有因陳儀之令停歇嗎？

「台中法院之大部分職員，則清一色為該院長之親戚，即院長妻舅之子三人、妻舅之女婿一人、再其弟一人、妻舅之外孫一人、及其遠近親戚二十餘人，占全法院約五十人之過半數。又花蓮港法院院長之妻，現任該院錄事；花蓮港監獄長之岳父，任該監獄之教誨師，其妻舅亦任職獄內……」

這是陳儀手令下達後，一個半月後刊出的新聞，可見長官禁令根本無用。台中法院竟有一半職員為院長親戚，需要公正廉明的司法機關發生這樣的事，更讓人瞠目結舌。

政府用人的省籍偏差

一九四六年十月，省參議會招待京滬記者團時，劉明朝省參議員（台南縣選出）坦言：「**通貨膨脹嚴重，戰前十五元、戰中四十五元、戰後五百元，失業係當前最嚴重問題。現在公務員上級多由外省人獨占，下級工作始由台灣人服務，需要儘量登用台灣人才！**」

2-3-3

高層人事的省籍偏差，到底有多嚴重呢？

一九四六年十一月，台灣省行政長官公署發表公務人員統計數字：簡任和簡任待遇以上的高級官員，共三二七人，外省籍達百分之九十九點一八；薦任和薦任待遇的中級官員，共二六三九人，外省籍佔九十三點三七。這樣的統治結構，使台灣人發出不平之鳴，認為此何異於日本殖民統治，台灣人只能一再淪為被統治者嗎？

2-3-4

外省人獨占政經上層的現象，使台灣人並無擔任政府、公司及工廠高級主管的機會。這與原先期待日本人離去後，各機關的主管位置可由台灣人升任的想像完全不同。而如果又出現內、外省人同工不同酬的狀況，怎堪殖民統治的差別待遇再次出現呢？

任職於《台灣新生報》的吳濁流在《無花果》一書中，描述當時的情況：

台灣新報也被接收而改為新生報了……台籍的日文記者仍然留用，但中文的編輯則交給外

省籍……日文的編輯和中文編輯，各自分開，不過新進的中文記者的薪水幾乎比日文記者多一倍……至於這種新的俸給制度的差別，不僅是新生報，就是其他政府機關也有相同的情形。

在日據時代，嚐過那種比日本籍要低六成的可憐的差別待遇的記者，光復後又同樣要接受這種命運，那當然要比日據時代感到更痛苦了。……

這種差別待遇，正是台灣人最難忍受的。省籍對立的形成，往往導源自統治者的政策偏差。而若裁員也出現內、外省人的差別，在一增一裁間，必然引發生存的危機感。一九四六年十月高雄縣長調動，由半山謝東閔，改為外省籍的黃達平，結果高雄縣政府外省籍職員新派四十七名，本省籍則裁去四十五名。雖說新人新政，但接二連三的牽親引戚與省籍偏用，都引發不平聲浪。

到一九四六年十月為止，有近一萬九千名台籍文官因裁員而失去工作。固然因新政府接手，公務員較總督府時期大為縮減，但卻新聘近萬名外省籍人員，且大多數居中、高級職位。如此傾斜的統治結構，再與不斷爆發的貪汙醜聞合在一起，省籍裂痕，只是日益加劇。

戰後台灣人以為脫離殖民統治是解放、是當家作主，但歷史的輪軸卻未往這樣的方向運轉。悶住的豈止是歡迎曲？悶住的更是人心。

經濟的反動

島國台灣，資源有限，對外貿易是維持經濟命脈的繩索。自由、開放、破除人為限制方是真精神、良政策。今日各國引以為傲的自由港政策，如上海、新加坡、香港，迭創世界貨櫃吞吐量高峰。遠在一九四六年時，《民報》社論就已提出基隆、高雄兩地「設置自由港」的見解，他們深知港口方是台灣國力發展的泉源。

但別說先進的政策不採納，倒退的是陳儀不僅承襲日本時代的專賣制度，更進一步設置貿易局，由政府統攝進出口貿易及配銷事宜。人們原本期待戰爭結束，可以自由做生意，一切經濟事業可以開放人民參與，但顯然不是這麼一回事。

2-4-1 戰後商賈寸步難行，民間遂越過公署，於一九四六年一月十日向行政院請願：「**要求中央明令取消與民爭利的貿易公司，及類似性質的各種中間剝削機構，以疏民困。**」

2-4-2 貿易局以官方身分做生意，不只與民爭利，更成貪腐溫床。

一九四六年二月出現米荒，米價騰漲，無產階級難以維生。此時貿易局進口了麵粉十萬包，但卻不是透過合作社，以合理價格配售給人民，而是讓擁有資金的大商賈以量制價，低價取得、高價賣出。街有餓莩，政府不思安定民生，反讓商人居奇營利。

2-4-3 省參議會中砲聲隆隆，質疑官僚商人朋比為奸。省參議員王添灯爆料，商人要捧鉅款，才能

2-4-1
緊抓貪官汙吏，是人民對議會的期待。
（《台灣新生報》1946.05.05 五版）

2-4-3
王添灯質詢素描（《台灣新生報》1946.05.07 五版）

2-4-4
郭國基質詢素描（《台灣新生報》1946.05.03）

2-4-2
老百姓的眼中，官員大魚大肉。
（《新新》1947.01.05 第二卷第一期）

見到貿易局長：「**貿易局局長、副局長、主任祕書壟斷貿易、作風祕密，有人託本人以介紹，約必報以鉅金，可見其結幫獨占……**」

顏欽賢認為，政府與民爭奪生意，政治哪能如此？應裁撤貿易局。郭國基更批評：「**貿易局為政兼商，其惡影響極大，產生貪官汙吏奸商等種種弊害，現省民需要時米最急，貿易局只辦麵粉、布匹，不辦米，如此無用機關應撤廢！**」

一九四六年六月十日，省參議會由林獻堂領銜，二十七名議員連署，提案撤銷貿易局，理由是：「**創設以來，徒予奸商舞弊機會，於國於民有害無利。**」

震耳欲聾的民意，也撼動不了當局。陳儀高舉孫文的民生主義，以此作為決策受挑戰的盾牌，說這是發展國家資本、節制民間資本，利益可為全民所共享。但他卻忽略了人的因素，常是經營者不明大局、只圖私利，讓國營事業成了貪官汙吏的製造所。

2-4-4

一九四六年初，日本人所遺留的事業，政府大都已接管了。接管不就應該開始生產了嗎？但卻出現負責人遲遲沒有決定，以致工廠無法正常營運的狀況。民間相當焦躁不安，認為日本人已離開，為什麼不登用原先工廠中的台籍人士呢？

大半年過去了，政府還在等由中國內地或日本來的技師，民間忿忿不平，怎不先問問「台灣技術協會」中等待就業的人？

人才的問題是重點，但何以工廠竟至停頓下來？

「**將所接收的重要原材料，處理或相賣分散，因之工廠不能繼續開工，其例更僕難數……**」。原來不時有接收人員，盜賣工廠機械五金及原物料。

而所接收工廠無法復工，乃至必須解散，到底嚴重到什麼程度？

一九四六年二月長官公署工礦處接收台拓（台灣拓殖株式會社）嘉義化學廠，即傳出拍賣廠內的白糖及番薯籤，圖利特定人士。

事實上這是台拓生產酒精汽油的原料。甘蔗、番薯因富含醣類及澱粉，可提煉做酒精汽油，即今天所謂的生質能，是替代能源的一種。二戰期間，美國對日實施石油禁運，台拓因此擔負供給能源的角色。

台拓嘉義廠雇用三千二百多名員工，支撐嘉義近五分之一人口的生計，是當時全世界規模最大的發酵式有機溶劑化學工廠。日本統治台灣五十年，視台灣為永久補給站，因此力拓產業，部分工業已入世界先進之林。

而廠區在二戰時遭美軍轟炸，已是百廢待舉，但政府對化學工廠的復工，顯然專業不足，對溶劑的需求和產銷也欠缺管道。可想像的是，此工業若停頓下來，嘉義地區必然陷入極大的失業潮。

台灣拓殖株式會社，總員工五千餘名，家眷達兩萬五千名以上，一九四六年五月政府還決定繼續經營，九月卻宣布解散，說這是支撐帝國侵略的「邪惡產業」。

二二八事件，嘉義是全台最動盪，反抗最激烈的地區，經濟民生是否即為導火線？

也由於日產接收，弊端叢生，一九四六年八月二十二日監察委員劉文島來台調查，林獻堂告訴他：「**接收多有不正行為，陳長官雖勤勉，但其所用之人，殊不適當。以致凡所接收之工廠，多中止作業。此後務須整理，若政府要者留之，不要者或貸、或賣與人民，以免生產停頓。**」

日本人遺留下極為龐大的事業，林獻堂一再要求，政府要經營的就拿走，政府不用的就賣給

— 2-4-5
1945 年 4 月 8 日，美國第五航空軍第三轟炸大隊轟炸台拓嘉義化學廠。（Nara via Fold3.com）

民間，或與民間共同經營。這才能幫助工商復甦，增加就業機會，但政府就是握在手中不放。

本土金融家陳炘，於一九四六年成立大公信託，集資五千萬元，但所欲經營的項目，如打撈沉船業，至他在二二八事件罹難前，始終都未能取得政府核可的執照。原因無它，因這門生意，政府打算自己做。

工業不啟動，經濟難發展。這使原先在工廠上班的，現因工廠停頓，無工可作；而原先失業的，也因生產停頓找不到工作，失業者滿街道，是要生出治安問題了。

接收—劫收

一九四六年七月十日，《民報》社論已提出警語：「要預防經濟的反動」。

自去年末開始接收的各種工廠，復興至今尚未上軌道，大半依然停頓，不能開始操作。殘存在省內的物資多被搬出省外，譬如食糖、五金原料及各種機械類等。重要物資的流出，是使各工廠的恢復更加困難。而且負責的管理人員多屬無經驗者，此亦恢復遲延之一因。

重要物資不斷被搬離台灣，到底是怎麼回事？只是不肖官員貪汙，還是另有其他問題？為何讓有識者擔憂，足以引起「反動」？

在諸多程度不同的事件中，最引起社會怒視的當屬「十五萬噸食糖事件」。

一九四六年四月，行政院長宋子文一個命令，就要台灣將接收的食糖，全數運到上海。量有

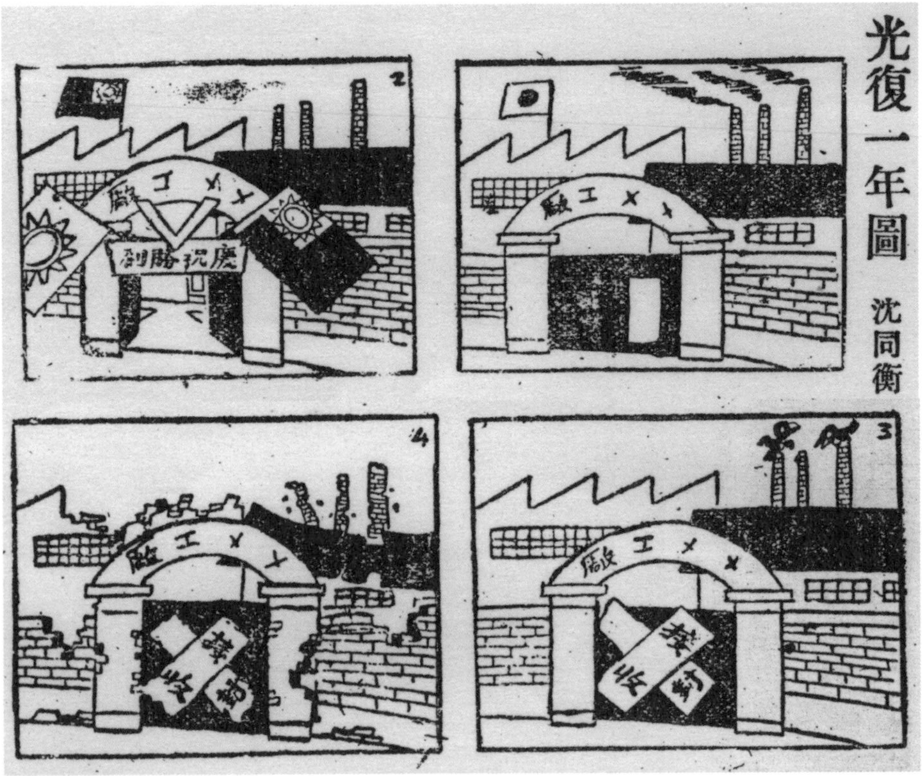

━ 2-4-6
光復一年，工廠從炊煙裊裊變成關門歇業。
（《新知識》1946.08.15 第一期）

━ 2-4-7
左：不能再咬了！（繪者：範凡）
右：台灣遭蠹蟲腐蝕（《時與文》1947.03.28）

多大？依糖業接管委員會的說法是：「所接收之糖如果按照目前數量運送，則非至一年以上不可」。量之龐大，連高雄碼頭倉庫都容納不下。

六月貿易局長于百溪自上海歸來：「所接收食糖受中央命令，無代價，要運出十五萬噸，交中央。」七月九日法官吳鴻麒日記載：「**糖起大價，斤四十元，無產階級食糖亦不容易也。產糖名地尚且如此，其他地方不堪設想也。**」

日本時代說，「**第一憨，種甘蔗給會社磅**」，一句諺語道出台灣蔗農受日本壓榨的心聲。此時政府所接收的十五萬噸白糖，是日本政府自台灣農民身上剝削所得，這時卻必須無償搬運到上海。

宋子文欲以台灣糖平抑上海物價，但卻造成台灣物價劇烈波動。而這不只是人民生活冷熱而已，更影響到台灣能否自戰後的廢墟中站起。因糖是重要物資，是可以出口幫國家賺外匯的。二戰期間，台灣遭美軍轟炸，電力設施、鐵路交通、重要工廠皆遭破壞，戰後發電量僅剩十分之一，這都需要自國外購買機械零件，讓設備重新啟動，這時如果沒有外匯，如何向國外採購？宋子文此一決策，無異掏空台灣，更加深民間接收無異於是「劫收」的感受。

二二八事件動盪喧騰，處理委員會向政府提出的《四十二條處理大綱》，最後一條即是「**送與中央食糖十五萬噸，要求中央依法估價，撥歸台灣省**」。

糖給國民政府搬走了，起碼要付錢給台灣。

許許多多的決策，讓政府來台「接收」，變成有如「劫收」。媒體以祖國如蠹蟲啃蝕台灣的漫畫，呈現人民感受。國共內戰如土石流般，急遽崩動，牽連台灣。一九四七年二月，台灣出現激烈通貨膨脹，百物飆漲、路有餓莩、民不聊生；同一時間，上海報紙報導台灣糖在該市開始廉價配給，請問這時台灣人民作何感受？

二二八事件一發生，當起事者在街頭招募前往水上機場作戰的人時，他們呼喊：「**有人要來搶咱台灣，來喔，咱來顧台灣……**」，會引起群眾共鳴，而讓那一時代的青年，走上戰場，付出他們的生命與長年的牢獄之災。

第三章 民主奏鳴曲

二二八事件期間，縣市長直接民選的訴求，像野火般燒遍全台，是希望之火，在各地的示威中燃動，她給反抗者希望，也給執政者無可迴避的壓力。因為中華民國憲法已在一九四七年一月一日公佈，只要憲法實施，縣市長就可交付民選；只要縣市長直接民選，就有機會改變貪腐的統治結構及用人的省籍偏差。

民主之根深埋於台灣歷史，一點點光都是她昂然蔓生的養分。這時的台灣，已走過一八九五年乙未割台時，東方最早的「台灣民主國」；也走過日本統治時代，歷時十四年、達十五次的台灣議會設置請願運動，餘光猶在，昔日台灣民眾黨深入各地為平等、民主自由而戰的工運、農運，牢牢紮根於土地。這並非知識份子的狂想曲，而是在一次次的反抗運動中，由大眾起身而行，是台灣社會由頭到腳都已串流過的民主脈動。這些都發生在國民政府來到台灣之前。

縣市長之民選
台灣可即時實施
憲政推行座談會記錄

台灣民主運動的先覺者，一步踏過去，從日本統治走進中華民國，面對專制政體，他們並未噤聲，而是化身「台灣省政治建設協會」繼續戰鬥。他們大步組織化，以準政黨之姿，發動普選運動，希能突破政治僵局。

黯影籠罩下的台灣，即便只有一點點光，都要撐開民主最大的可能，更何況一九四六年底憲法——民主國家的根本大法——即將公佈實施，這可不是從縫隙透出的微光，而是歷史暗夜中，有史以來最強的光束。所以一九四六年底佔據舞台中心的，絕對是憲法即將公布實施與台灣要求縣市長立即民選，這兩件大事。

首次的衝撞

日本時代台灣的解放運動者及自治運動者，因曾對抗日本政府，所以戰後只對中國懷抱民族主義式的情懷嗎？還是他們比誰都更敏於專制統治，當歷史命運再次降臨時，他們是否起身轉而展開民主戰鬥？

為求台灣人的平等自由，他們一次次走入日人的大牢，對新政府的期待恐怕比誰都熱烈。一九四五年二戰一結束，「台灣民眾黨籌備處」的招牌已在延平北路掛起，蔣渭川（蔣渭水之弟，工友總聯盟要角）迫不及待號召舊同志重組政黨。過往被日本政府剝除的參政自由、組黨自由，乃至決定自己公共事務的權利，都盼能隨著日本統治結束，得以再生。但一九四五年十一月國民黨台灣省黨部主委李翼中即告知蔣渭川：「不准組黨。」

專制統治者的壓制方式，對這群人而言，太熟悉了，他們就是不斷與日本政府周旋著過來的。此時政府不但不允組黨，還要求台灣原有人民團體暫時停止活動，靜候調查。但歷史經驗告訴他們，唯有集結人民力量，才有改變契機。

組織化的目標不變，台灣民眾黨不只以「台灣民眾協會」重出江湖，更擴大整合了過往分裂的新文協與農民組合，並納入中國的「台灣革命黨」，於一九四六年一月六日盛大成立。《民報》以二版三分之一的篇幅報導，在尚只有兩個版面的時期，等於是用了整份報紙六分之一的版面，可見其重要性。因有過往民眾黨的基礎，全台十七縣市中，十四縣市快速選出擔綱的執、監委，總計七十七人，名字由北而南一字排開，皆是各地知名的民眾黨、文化協會成員，以及長期為台灣人奮戰的工運、農運領袖，在台灣陷入困頓的時刻，這確實是一份給人希望的名單。

3-1-2
3-1-3

3-1-1
日本時代台灣人已有組黨經驗，於 1927 年成立「台灣民眾黨」。戰後廖進平（前排左 2）、李友三（前排左 4）、張晴川（三排左 1）、白成枝（圈內右 2），皆為政建協會要角。（蔣渭水文化基金會 提供）

一場華麗的民主戰鬥

但這股本地根生的政治力量集結起來，能幫人民做事嗎?他們有對抗日本政府的「基因」，戰後清算認同時，他們是新政府首欲結合的對象，還是根本忌諱他們帶動人民，形成政治上的反對力量?他們的處境究竟如何?

就蔣渭川所言，要見陳儀見不到，政策建言也是有去無回。即便民怨四起，當局顯然並不想聽台灣人的聲音，這樣的困境該如何突破?一九四六年二月，中央政府主席蔣介石派宣慰使李文範訪台，民眾協會審度籌劃著，如何不讓「宣慰」只是大官表演的舞台，而能借力使力，突破陳儀罔顧民意的局面。

來辦李文範歡迎會吧，二千多人擠滿第一劇場，既是歡迎，人越多越好，且所發出的聲音，都要能見到無法忽視的民意強度。通常大官在的場合，總是行禮如儀，致詞貴賓一個個登場，但就在李文範致詞後，卻「突然」有聽眾上台演講陳情，報載「會場頗呈緊張」。跟大官遞陳情書，應該是頭一遭吧，果然引爆媒體關注，《民報》以標題「參與者陳述疾苦」凸顯；《人民導報》亦在社論提及市民有此舉動，乃米價飆漲失速使然，「其情可憫」，政府需有方策解決。

民眾協會所安排的「插曲」顯然有效，讓媒體可以借題發揮，且隔日社論，不管《民報》或《人民導報》皆題為「歡迎李宣慰特使」，內容卻是重砲抨擊政府。《民報》言：「在三民主義號召下，日本帝國主義之遺味仍然橫行，掛起計畫經濟之招牌，戰時統制辦法，還是繼承存在，把整個已上軌道之台灣，辦得亂七八糟。」

3-1-2
三民書局位於山水亭一樓（台北市太平町三丁目 159 號），政建協會本部設於此。（謝里法 提供）

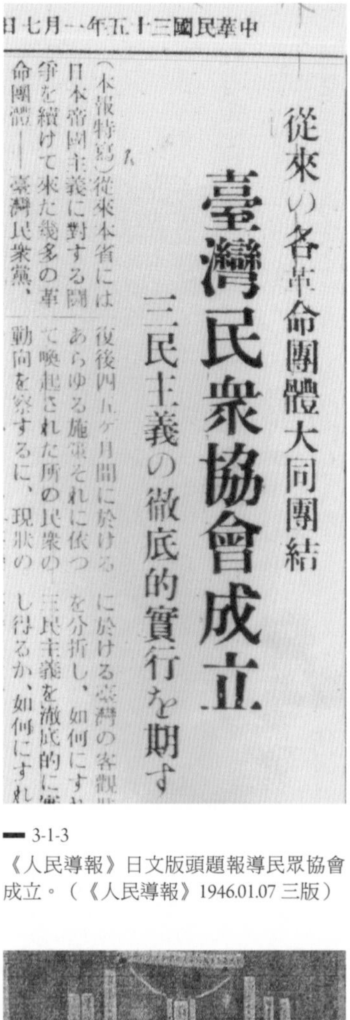

中華民國三十五年一月七日

從來の各革命團體大同團結
臺灣民衆協會成立
三民主義の徹底的實行を期す

（本報特寫）從來本省には日本帝國主義に對する闘爭を續けて來た幾多の革命團體——臺灣民衆黨、
復後四五ケ月間に於けるあらゆる施策それに依つて喚起された所の民衆の動向を察するに、現狀の
に於ける臺灣の客觀を分折し、如何にすれ三民主義を徹底的に實し得るか、如何にすれ

3-1-3
《人民導報》日文版頭題報導民眾協會成立。（《人民導報》1946.01.07 三版）

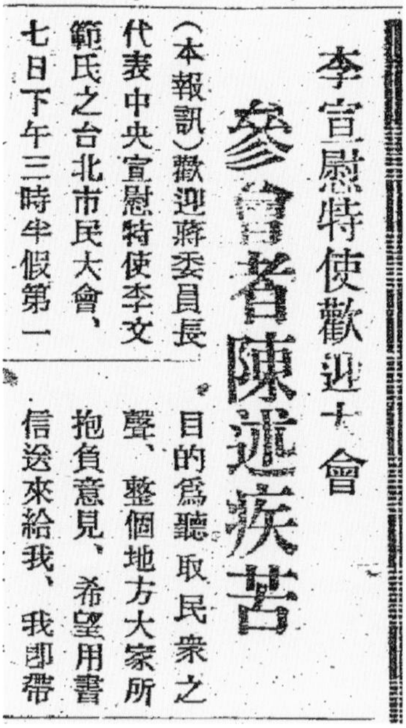

李宣慰特使歡迎大會
參會者陳述疾苦

（本報訊）歡迎蔣委員長代表中央宣慰特使李文範氏之台北市民大會、七日下午三時半假第一
目的為聽取民衆之聲、整個地方大家所抱負意見、希望用書信送來給我、我即帶

3-1-5
民眾協會主辦之「李宣慰特使歡迎大會」，民眾上台陳述疾苦。（《民報》1946.02.08 一版）

3-1-4
一場劍指施政弊端的市民大會，藉李文範宣慰使抵台登場。（《台灣新生報》1946.02.08 二版）

《人民導報》則提出米價飆漲是現下最嚴重的問題，台灣為產米之地，並非無米，卻因商人居奇囤貨及政府糧食政策失靈，演變至一發不可收，甚至生出人民餓而自縊的悲劇。台灣經濟之所以陷入一灘死水，出在政府權力一把抓，民間雖有資本卻苦無參與機會，只剩官營企業一枝獨秀。兩大報的社論都批判政府採行統制經濟，導致台灣陷入僵凍狀態。

李文範一起床，想必看到兩大報歡迎他的社論了，今天表定行程是到中山堂與五十多位仕紳開座談會。這原是場閉門會議，沒想到兩千多名群眾圍了過來，直接在中山堂外開市民大會，並提出決議事項，要向李文範陳情。

既是宣慰使，焉能無視民意？李文範下樓安撫民眾，但大家沒散去，怕目的不能達成，又上樓圍著會場、注目旁聽。此時，座談會內部由民眾協會的張晴川接棒，主導議程，押著大家聚焦討論市民大會所提出的要求。如此內外夾擊的態勢，讓李文範不得不接招，承諾會與陳儀磋商、促其實現。台灣狀況之嚴峻，已不容官員們口惠而不實了。

有能力帶領群眾的是這些本地根生的社會運動家，這內外夾擊的攻略，有著民眾協會擘劃的痕跡。而且行動一波波，翌日他們再提出「台灣應興應革二十一事項」，《民報》也踩同一陣線，以頭版刊登全文。這其實是台灣戰後第一部政治診斷書，比二二八事件所提出的「三十二條要求」，整整早了一年。其中第一條就是「對台胞之歧視應予消除」，原來省籍裂痕比想像中的更早烙下。第二條是：「關于本省最高行政組織應予改正」，因長官公署制形同台灣總督，使台灣身陷再被殖民的處境。一九四六年二月五日媒體披露，全國政治協商會議議決國民大會將於五月五日召開，其職權為制定憲法，同時公布台灣與東北新增區域代表一百五十名，看來結束訓政時期有望，民主立憲已在一步之遙。但大家不免憂心，會不會因為特殊的長官公署制，而將台灣排除在實施憲法之外？這是萬萬不能發生的事，一定要傾全力要求廢除長官公署制，改為與其他省份一樣的省政府制，確保台灣一體適用憲法。而廢止專賣、貿易兩局，不是二二八事件才提出的訴求，也不是四月份省參議會開議後才有的質詢內容，而是第一時間便由民眾協會提出，為民意之所趨。民眾協會作為台灣本地根生的政治工作者，政治該怎麼改，才可以為台灣人訂做一件合身的衣服，他們在第一時間站出來引導民意，希望形成改變的政治壓力。

但政治壓力如何形成，沒有一個政黨來推動是不行的，最重要的還是全台的組織化工作。民眾協會腳步沒停，這兩天又在台北、基隆兩地成立分會。即便尚未能取得合法備案，但更要集結人民力量，撐開民主的空間。只是在第一波的衝撞過後，民眾協會已陷入未知的危險中。

官方的掣肘

首先是主席張邦傑在歡迎會隔日，便遭公署解除參議職位，甚至在軟禁數十天後解送福州。這等於是一個黨的黨主席被關、被押且遭流放。另外則是民眾協會仍拿不到合法備案，還在「受調查中」，未來命運風雨飄搖。

其實陳儀原本是想要關掉民眾協會的，就國民黨台灣省黨部主委李翼中所述：「**協會會員多為前民眾黨份子，無慮數萬人，頗為活躍，致為長官陳儀所注意，欲將之解散。以余未能同意，又欲余善為勸喻。**」介入協調的李翼中，這時處理了兩件事，一是要求民眾協會修改章程，二是令其改名。

民眾協會原以「**集中人民一切力量，建設新台灣**」為宗旨，這有強烈的組織動員色彩，現改為只能「**研究政治，建設新台灣**」。其組織原是五層架構，如微血管般網狀密佈各地方，且為中央集權；現則改為中央、地方二層，且由地方分權。另章程中所有與革命相關的字眼都必須拿掉，民眾協會標舉自己是抗日的革命團體，但對統治者而言，革命兩個字是非常刺眼的，不免想說你們會反抗日本政府，也有可能會反抗我。此外不只章程要改，連承繼自民眾黨的民眾協會，都不能用了，只能改為「台灣省政治建設協會」（簡稱「政建協會」）。其實不論是修改章程或改名，統治者所為無非在澆滅、弱化其組黨的意圖。

台灣民眾協會承繼自台灣民眾黨，這當中有脈絡、有記憶、有傳承，且不言而明。統治者要求改名，它的影響甚至是在未來，這讓你在前行之後，不知來處，甚至切斷脈絡，數世代之後，你將不知自己源自何處。國民政府要求民眾協會改名是成功的，今天確實多數人不知政建協會，即是脫胎自日本時代的台灣民眾黨。

改名之事確實讓同志陷入困頓，丘念台出面勸說大家以合法備案為要：「**不要固執名義上的變換，須切實為民眾做工，實事求是，勿姑托空名。**」這些在日本時代歷經不斷鬥爭、分裂的社會運動家，此時重新反省二十年前的社會運動，如若以往一般將好不容易成立的組織讓與激進者，但大家一樣都面對專制統治，結果是組織毀滅，出走者也只是歸於沉寂。此時歷史重來一回，統治者所展開的管控姿態沒有不同，那挑戰專制統治的這一方呢？

對歷史的反省，擋住了可能的分裂，最後內部「無異議通過」修改章程及改名。他們牢牢把握組織化的要義，因為只要可以合法成立，便可於全台普設分會，這就形同地方黨部，而只要可以集結人民力量，有組織、有方向、有領導，就有改變專制統治的契機，這就是突破點！

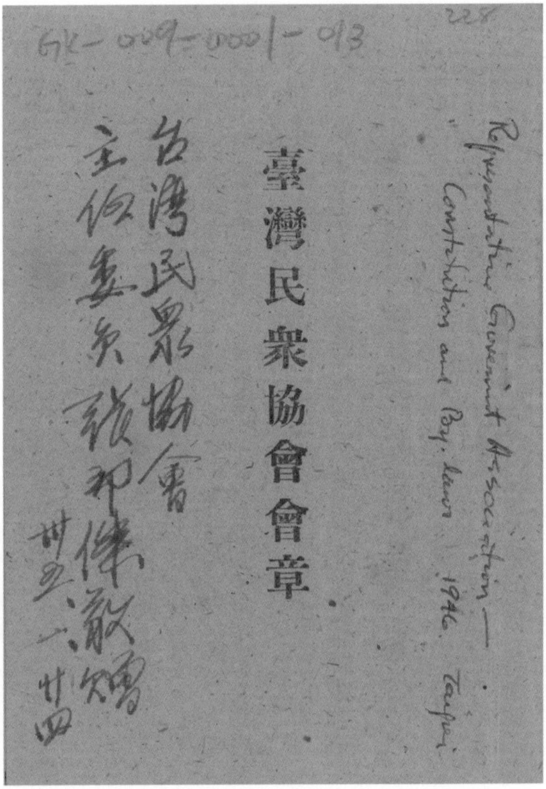

228

GK-009-0001-013

Representative Government Association — Constitution and By. Laws 1946 Taipei

臺灣民衆協會會章

台灣民衆協會
主任委員 張邦傑 敬贈
卅五、一、廿四

▬ 3-1-6

台灣民眾協會會章——1946.01.24 張邦傑致贈美國在台副領事葛超智（George H. Kerr）。（台北二二八紀念館 典藏）

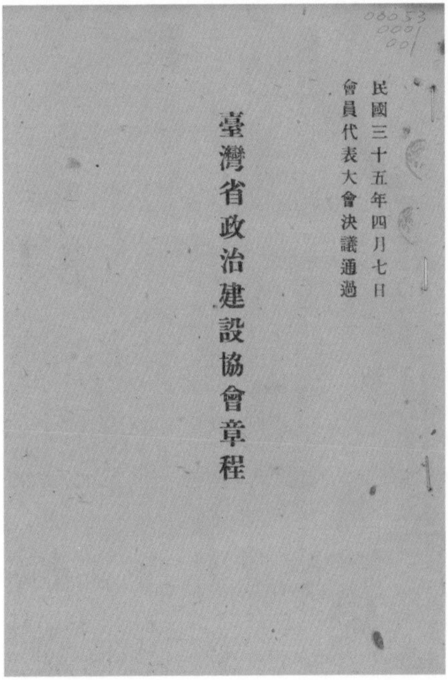

00053
0001
001

民國三十五年四月七日
會員代表大會決議通過

臺灣省政治建設協會章程

▬ 3-1-7

台灣省政治建設協會章程（台北二二八紀念館 典藏）

發動普選運動

戰後因政府用人的省籍偏差，官派縣市長中，除了二、三位半山人士外，全無台灣本地的政治領袖；高階公務人員亦多由外省籍人士擔任。行政統治權全然排除台籍人士，而唯一開放的民意代表選舉，公署仍不斷插手其間。

一九四六年民意代表選舉，大多是間接選舉產生，其中不管是制憲國大或國民參政員選舉，都交由三十名省參議員投票決定。投票人數如此之少，不僅公署容易介入，更易遭金錢收買。一九四六年八月參政員選舉過後，《民報》社論披露其中暗影：「**在此次選舉以前，巷間盛傳有奇奇怪怪的現象，疑心暗鬼之下，或說候選人之賄選，散布令人想不到的巨款，造成黑市交易。或說威脅利誘，就中亦有被其所迷，實堪令人擯斥。**」

此次選舉結果民眾譁然，最高票當選的林忠，在丘念台所辦的民意調查中，連前八強都沒有。而廖文毅原本是當選的，公署卻將一票判為廢票；就在多位同票數者需抽籤決定時，公署又刻意發佈，凡擔任過皇民奉公會幹部的人，不得出任公職，此舉無異對著《民報》社長林茂生而來。公署介入選舉、干預選舉斧鑿斑斑，讓民意所歸的諤諤之士無法當選。

大家的心情可謂跌落至谷底，不僅氣憤，更對未來感覺悲觀，究竟台灣的困境，該如何突破？選舉機制一而再、再而三地遭政府掌控，如此下去，如何期待真正的民主政治？

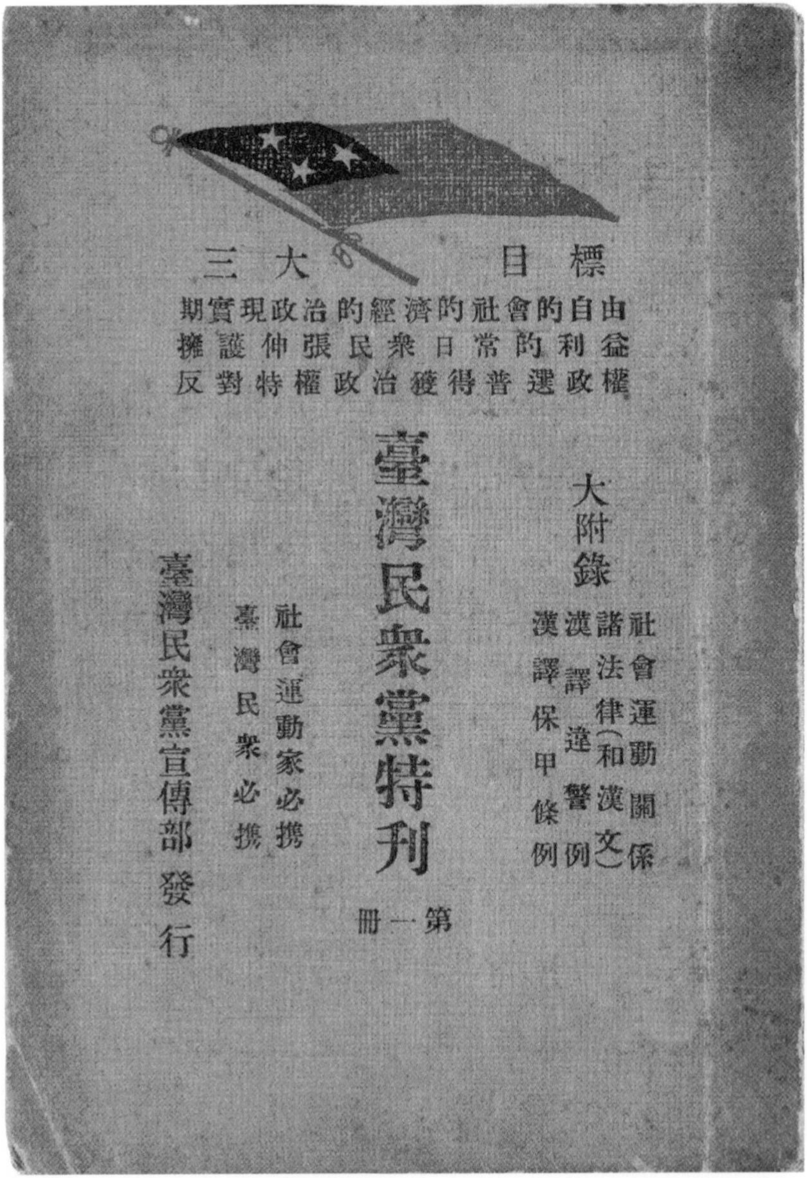
三大目標
期實現政治的經濟的社會的自由
擁護伸張民衆日常的利益
反對特權政治獲得普選政權
大附錄
社會運動關係諸法律(和漢文)
漢譯違警例
漢譯保甲條例
臺灣民衆黨特刊
第一冊
社會運動家必携
臺灣民衆必携
臺灣民衆黨宣傳部發行

3-2-1
1930 年發行的民眾黨特刊，已標明以獲得普選政權為目標。（蔣渭水文化基金會 提供）

草山夜談

此時正逢謝南光（謝春木）返台，他被譽為「民眾黨最尖銳的鬥士」，政建協會邀他演講，他瞭解台灣陷入接收如「劫收」的苦境，專制政體掐住台灣咽喉，民主微光稍稍燃起即被捻熄。他告訴大家：「**政治腐敗實為全國性問題，余有一點意見可供大家參考，如能實現縣長、市長、省長民選，眼前政治必能開明。唯有民主政治，始能澄清貪污政治，如官僚腐敗時，人民可能發動罷免權而罷免之。**」他提出台灣的出路，就在將省縣市長交付民選。

事實上，台灣社會早已醞釀這樣的看法，一九四六年七月二十日《民報》社論標題直言：「盼望縣市長民選。」政建協會的戰將楊元丁，因擔任基隆市參議會副議長，更主導議會於七月二十七日通過「縣市長實行民選」。

此外具左派批判意識的《政經報》在一九四六年七月底遭停刊，最後一次的編輯後記，文字更幻化成聲響，如街頭遊行疾呼的口號：

「**打倒官僚政治！爭取民主政治！實現地方自治，即縣市長以及省長民選！我們的結論是這樣，前號如此，此號也如此，達到實現民主政治以前，永遠如此。**」

極為堅定的呼召。但文字能喚起民眾覺醒，卻奈何不了當權者，甚至反被消音。要如何將人民的覺醒轉換成改變的力量，又該如何將人民反對的情緒，轉換成具體的政治訴求，成為政建協會巨大的考驗。

謝春木進一步為文在〈為民主政治而奮鬥〉中提到：「**在鄰省的福建，鄉鎮長已經民選了，市長、縣長最近也要民選了。最落後的新疆，縣長、鄉鎮長也將實行民選。**」這個訊息非常重要，因為如果連鄰近的福建、相對落後的新疆，都能舉行鄉鎮長及縣市長民選了，那進步的台灣有什麼理由不能實施？這不只是我們應該爭取的權利，而且從現在開始就應起身行動，促成地方行政首長交付直接民選！

就《民報》總主筆陳旺成九月十二日日記所記：「**乃昌自草山下來謂，昨夜民眾協會渭川、晴川、進平等與南光談至二時頃……。**」草山夜談至凌晨二時，政建協會要角與謝春木及《民報》主筆許乃昌談些什麼？杯觥交錯間，這些台灣第一代的社會運動家，對運動的下一個目標，已然交織出火花，是有一番風雲要變化了。

策動延平區長普選

延平區是台灣民眾黨昔日的大本營，台北市參議員中，延平區投票選出的黃朝生、王添灯都是政建協會成員，王添灯當選省參議員後，遞補上的陳春金亦是。那可否策動現任延平區長辭職，交付人民普選，促使政府往民選的軌道上走，以此撞開普選的民主之路？

延平區的市參議員們全數出動，省參議員王添灯也到場，一起遊說區民代表。因投票權在他們手上，要他們願意交出來，改由人民普選才行，這過關了，再來說服現任區長辭職。延平區長張清港，其實正是政建協會總部三民書局的房東，是有機會說服他的。議員們的溝通相當順利，《民報》並登載將於九月二十八日舉行區民投票。

3-2-2

3-2-2

延平區選出的市參議員黃朝生、陳春金及駱水源，遊說延平區長辭職，交付直接民選。（《民報》1946.09.20 二版）

實現區長民選

延平區民代表會決定

【本報訊】台北市延平區區民代表會於昨十九日下午三時在區公所舉行。到王省參議員添灯，張區長清港，王副區長初生，黃朝生，陳春

行政首長實行民選做起，現區長民選時機已熟，渴望區民代表之積極協助。關此，區民代表均表贊意願極力促進區長民選。張區長王副區

3-2-3

政建協會於 1946 年 9 月，一個月內共成立 11 處分會。
（《民報》1946.09.21 二版）

政治建設協會

中南部設分會

【台北訊】台灣省政治建設協會爲擴展基層組織，由總會幹部會，決定派員前往中南部，設置分會，經排定各分會召開會員大會日期如下：台南分會九月廿日，高雄分會九月廿一日，屏東分會九月廿二日，嘉義分會九月廿三日，北港分會九月廿四日，斗南分會九月廿五日，彰化分會九月廿六日，台中分會九月廿七日，豐原分會九月廿八日，竹南分會九月廿九日，新竹分會九月卅日，並派廖進平，呂伯雄，蔣渭川等前往領導召開云。

3-2-4

廖進平（右 1）、陳屋（右 4），為前往各地設置分會的靈魂人物。（廖繼斌 提供）

關於此事，記者特意訪問了民政處長周一鶚，他答以鄉鎮區長民選將於十一月舉辦，此一回答使延平區箭在弦上的投票嘎然而止，以為普選訴求已經達成了。但沒想到選舉辦法一公布，還是間接民選，還是由區民代表投票，而非直接民選。這與日本時代的假自治有何不同！政建協會嚴正抗議，他們憂心的更是，依據建國大綱，地方自治的官員乃由國民直接選舉，今天區長選舉政府可以違反建國大綱，那未來依憲法需舉行縣市長普選，會不會也敢跳票？

策動延平區長普選是一次民主運動的練兵，他們知道要讓專制統治者還政於民，並非易事。但即便失敗，爭普選的運動已然開啟，政建協會毫無懸念，以此為總目標，全速前進。

發動縣市長普選運動

政建協會成立後，雖以集結人民力量為目標，但組織化工作一度出現擱淺，直到高舉縣市長普選的大旗後，才出現轉機。最大的突破是在一九四六年九月二十日到三十日，十一天內，接連成立十一處分會，勢如破竹的態勢，顯露出人民對此一方向的高度認同。他們更借台中分會成立，提出一九四七年六月縣市長普選的時間表。

3-2-3
3-2-4

台中分會的成立，具高度指標意義，除說服分裂的同志重新聚合、共舉縣市長普選的大旗外，更有多名律師加入陣容，如林連宗、張風謨、童炳輝、白福順，他們是為普選提供法理論述的重要人才。其中林連宗因選上制憲國大，於十二月前往南京開會時，另闢戰場，帶著台灣希望於一九四七年六月實施憲法、舉行縣市長普選的意見，於國民大會中提案：「憲法制定後，為昭示政府還政於民之大信，應於十日內，由政府公布之。自憲法公布之日起，定期六個月

3-2-5
3-2-6
3-2-7

3-2-6
張風謨（1908-1997）
律師、台中市會議員、政建協會台中分會理事。

3-2-7
童炳輝（1909-1952）
律師、政建協會台中分會理事。

3-2-5
林連宗（1904-1947）
律師、省參議員、制憲國大代表、政建協會台中分會監事。

內實施之。」是為第六十一號提案。

風生水起的現象是，當政建協會以縣市長普選為目標後，出現民意代表加入的盛況，台南、屏東及嘉義，都有多位縣市參議員加入。其中嘉義在十二席理監事當中，竟有三位醫學博士、五位市參議員、四位候補市參議員。各界菁英，特別是民意代表參與的比例之高，更添戰力，而這當中不能排除沒有對推動縣市長普選後，進一步參選的期待與準備。

就在政建協會高舉爭普選的火炬後，每一場分會的成立都成了群眾大會，人民在受苦邊緣，演講場上的心緒激動可想而知，為台灣找一條出路也在墾拓當中。台中分會的成立，選在台中戲院，報載「民眾幾無立錐之地」。台南分會則在台南市參議會舉行，民意代表與政建協會的連結之深，可見一斑。嘉義則於中山堂舉辦，一場場的群眾演講大會，借分會成立登場，而要求縣市長普選的意志也流動全台。

民選危險說

就在台灣社會一頭熱，從歷史奏出迎接民主憲政的進行曲時，陳儀卻認為此時若進行縣市長直接民選，將會非常的危險。媒體問他：**「我國尚有許多封建作風，故應首先實行民主政治。本省縣市長何時可能見民選？」**

陳儀的答覆是：**「……本省人雖有良好技術及苦幹精神，但許多人尚用日語、日文，為建設中國的台灣，首先要使本省人學習國語國文。現在要實行縣市長民選，實在危險得很，可能變做台灣的台灣。……」**

此話一出，台灣社會整個傻眼。語言不只剝除一整代人努力的成果，竟然還可以成為門檻，剝奪憲法所賦予的基本權利！台灣原本興奮於終有突破現狀的契機，但卻出現領台者以語言為柵欄，認為台灣尚不能實施縣市長民選。陳儀此番言論出現在一九四六年十一月二十日於台北賓館舉辦的記者招待會上，這時正值南京國民大會制憲期間。台灣社會雖欣悅於憲法即將通過，但不免蒙上陰影，擔憂著何時方能行憲，何時才能民選省縣市長。

為普選時間交鋒

台灣社會希望立即行憲自不待言，特別是在陳儀「民選危險說」之後，更有賴中央公布憲法

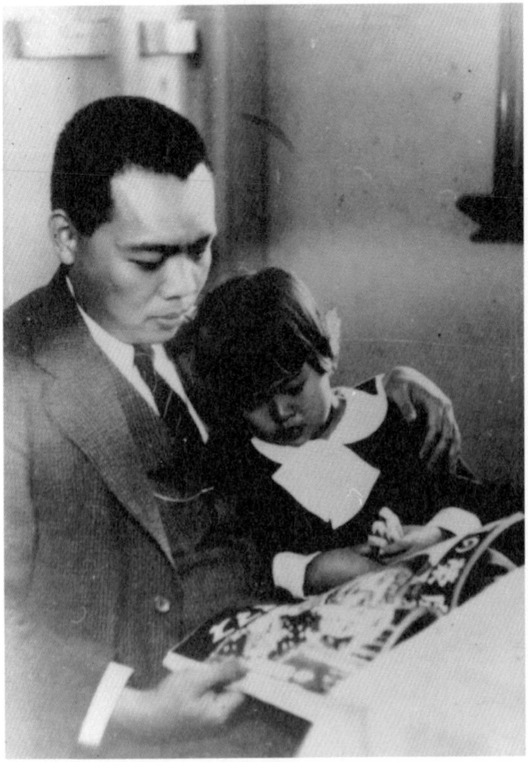

3-3-2

林連宗與獨生女林信貞（林信貞 提供）

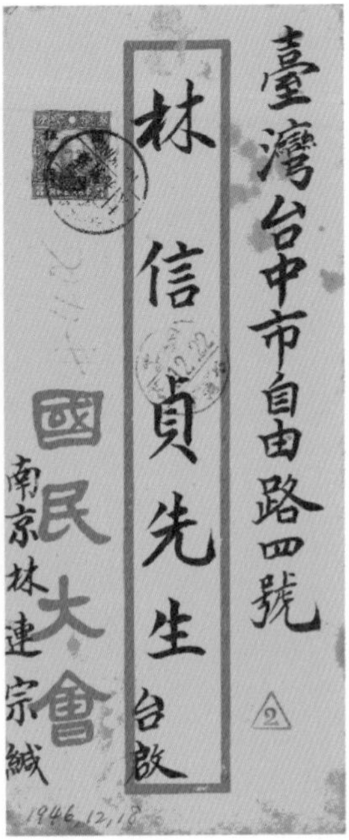

3-3-1

1946 年 12 月 18 日林連宗給女兒的信中提及台灣制憲代表積極遊說各省支持憲法在台灣立即實施。（林信貞 提供）

024-2

國民大會紀念牋

當選國大代表時的新聞広告料全
國民大會今天（十八日）再繼續開大会
審查最後之憲法草案。大約不出一
週内可以結束。新聞報大約是二十五
日至來可以確定了後再通知你。新聞
報是每星期二、四、六（火木土）三回而已
[illegible]次回報紙就以此回台
憲法制定了後實施憲法日時尚未
決定。所以我們台灣代表是要求在
台灣即時實行，為此要使各省
選出代表理解[illegible]的關係
[illegible]我們代表
台灣

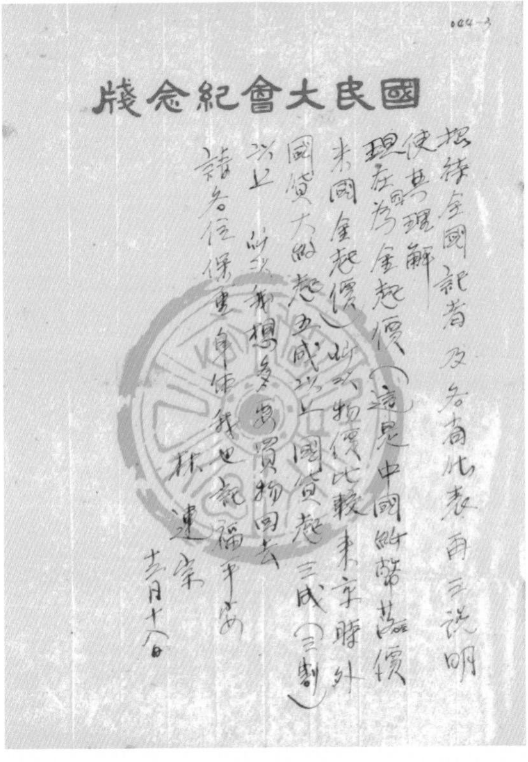

024-3

國民大會紀念牋

招待全國記者及各省代表再三說明
使其理解
現在為金起價（這兒中國的幣落價
米同金起價）所以物價比較東京時外
國貨大約起五成以上國貨起三成（三割）
以上 所以我想多買物回去
請各位保重身體我也託福平安
林連宗
十二月十八日

實施日程，方能確保真正還政於民。從一九四六年十二月十八日林連宗寫給女兒林信貞的家書，可看到制憲代表站在第一線，馬不停蹄遊說各方，請各界支持台灣在憲法通過後，立即實施。

3-3-1
3-3-2

「……憲法制定了後，實施憲法日時尚未定，所以我們台灣代表是要求在台灣即時實施。為此要使各省選出代表理解的關係，吾們台灣代表招待全國記者及各省代表，再三說明，使其理解。」

3-3-3

一股角力戰於焉開始，與普選有關的新聞都拉緊社會神經。一九四六年十二月二十五日，中華民國憲法三讀通過，並定一九四七年十二月二十五日實施。但大家從報紙所見，卻是陳儀政府正在擬定「地方自治新計畫」，提及以三年為期，大家在不安中屏息靜待。就在憲法公布後約兩個星期，飄動的不安轉成具體的憤怒，因陳儀政府自己弄了一個「台灣省地方自治三年計畫」，明文規範縣市長在一九四九年方能舉行普選，意思是台灣尚不能依通過的憲法實施縣市長民選。這顯然與民間的期待產生嚴重對立，況且一個行政會議，可以高過憲法嗎？

3-3-4

陳儀的計畫在一月十三日見報，當晚政建協會正在第一劇場舉辦推行憲政演講會，可想像現場的群情激憤。由於半山李萬居擔任社長的《台灣新生報》於憲法頒佈第二天，以社論點評台灣沒有政治人才，這樣的立論內容，無異在為陳儀拖延縣市長民選鋪路。此一立論立即成為演講會上的抨擊點，一位陳姓市民呼籲：「**台灣非無政治人才，大家勿被欺騙，歸台同胞及智識份子須團結。**」

中華民國三十六年一月十三日

台灣省地方自治三年計劃草案

縣市長於三十八年選舉

【中央社訊】省署發表「台灣省地方自治三年計劃完成事項事業」全文如下：（一）健全機構（甲）縣市各級自治機構 一、縣市政府設地政科各市劃於現行組[illegible]

[illegible]）畜牧，（五）紡織，（六）小型工礦業，（七）磚瓦石灰炭窯碾米廠等），參照鄉鎮造產辦法及市造產法於卅六年內至少舉辦二種，其餘分年舉辦。二、籌集造產基金發展[illegible]務勞動等詳訂章則切實計劃辦理。（六）整理財政

━ 3-3-3

陳儀頒布台灣省地方自治三年計畫，縣市長定 1949 年選舉，與民意背道而馳。（《民報》1947.01.13 三版）

地方自治三年計劃

台灣政建協會反對

台灣省政治建設協會為反對本省第一屆行政會議所訂本省地方自治三年計劃，必應依照行憲程序於施憲前完成地方自治機構及民選事宜，以便如期實施憲政，請一致主張，促請當局

其利，物已盡其用，貨已暢其流矣，祗因制度惡劣，以致形成特殊狀況，而人未能盡其才耳，今我政府當局，祗要改革過去之惡劣制度與作風，及急速恢復戰前狀態並加以調整暨實行

種主張，非僅會，乃全省六百餘萬省民之迫切要求者，是以業由本會以予儀政字〇〇四號電請台灣省行政長官公署，准予採納民意，迅即修正依照行憲程序於[illegible]

━ 3-3-4

政建協會起身反對「地方自治三年計畫」。（《民報》1947.01.20 三版）

━ 3-3-5

政建協會在演講場上訴諸民眾，提出「縣市長民選應在三十六年實行」。（《民報》1947.01.15 三版）

縣市長民選—

應在卅六年實行

昨日憲政推行講演會 席上決議通電並建議

【本報訊】政治建設協會主辦憲政推行大講演會，于十[illegible]

政的條件（白成枝），施憲與行憲（蔣時欽），憲政要怎樣實施？（張晴川），制必行行必實[illegible]川），施憲的準備（王[illegible]），憲法中人民[illegible]添灯），憲政與台灣[illegible]自由（呂伯雄）

省政治建設協會

兩場演講均熱烈

【本報訊】省政治建設協會，于本月十日假國際戲院及第一劇場同時舉行憲法推行第二次講演大會，該會講演員分擔兩場者有蔣渭川講：「官僚政治與民主政治」，白成枝講：「憲政與台灣人的出路」，陳益勝講：「青年們，何處去」，陳春金講：「憲法與經濟」，張晴川講：「憲法與人民之權利」，以外於國際戲院則另有蔣時欽周合源，許振緒，王萬得，於第一劇場則另有陳招治，吳永發，陳華生，兩處情緒俱甚熱烈，各於十二時許始告散會。

━ 3-3-6

1946.02.10 政建協會於第一劇場及國際戲院的兩場演講，情緒熱烈，至夜間 12 時許始散會。（《民報》1947.02.12 三版）

這裡的歸台同胞，指的就是「半山」，他們在戰後位居要津，受陳儀政府重用，卻在憲法已然通過的此時，成為政府不願還政於民的協力者。當晚的演講會，參與群眾二千多人，高峰出現在最後：

「閉會前政建協會提出臨時動議『反對地方自治三年計畫，要求在三十六年內實施縣市長民選』，諮之民眾，贊成之呼聲及鼓掌聲四起，滿場一致決議通電全省各地方響應，並向省署建議。」

政建協會直接在群眾場上訴諸民意，一再探問人民：我們是不是要反對地方自治三年計畫？我們是不是要今年就縣市長民選？這種透過群眾大會指出方向、凝聚民意的力道是相當驚人的，形成一種政治運動的態勢。通常這是「反對黨」所扮演的角色，即便此時政黨仍為陳儀政府所限制，但不表示政建協會不能啟動民主運動。

3-3-5

當天辯士名嘴一字排開，王萬得、黃朝生、白成枝、張晴川、王添灯、蔣時欽、蔣渭川、廖進平、呂伯雄輪番登壇，台灣第一代的社會運動者，人人是演講家。何其熟悉地，是他們在日本時代曾走過的步伐，一九三〇年張晴川講「世界殖民地自治概況」，廖進平講「台灣人確實有自治的能力了」。這時一九四七年，他們再站上群眾舞台，王萬得講「什麼叫做民主政治」、蔣渭川講「佈憲與行憲」、廖進平講「制必行．行必實」。所爭取的沒有不同，都是台灣真正的自由、民主與解放！

3-3-6

不願還政於民

十三日的這場群眾大會，所燃起的民意之火，媒體接棒，在隔日以此為題採訪民政處長周一鶚，問他這地方自治三年計畫是否抵觸憲法？

周一鶚回答記者：「**地方自治三年計畫之目的在確立地方自治之基礎，雖規定在卅八年〔一九四九〕實施縣市長民選，如按憲法實施程序及有關法令，在今明年中實施縣市長民選時，當要照辦。**」此一回答看似四平八穩，但其實根本有問題，因既然會依照憲法的話，那就取消一九四九年才民選縣市長的規定就好了，不是嗎？但政府顯然並不願意。之前區長民選已經被周一鶚以含糊之詞騙過一次了，當時他只說會民選，後來卻以間接民選取代普選，這次更嚴重的是白紙黑字寫著一九四九年才實施縣市長民選。

至於之前陳儀曾說因語言問題，台灣尚不能行縣市長民選，這問題茲事體大，記者也趁機一併問個清楚。周一鶚的回答是：「**國語國文之問題非只為語言問題，實為國民精神、國家觀念之問題。一部分台胞現尚有日本思想云云。**」

語言不再只是表達的工具，而是將其上綱為國家認同及政治忠誠的判準，甚且以此作為排除台灣人參與公共事務的理由。《民報》原是支持儘快廢用日文的，但當將語言作為限制台灣縣市長民選的門檻，《民報》也以多篇社論展開反擊。

周氏〔周一鶚〕的高見，換言之就是如不能講國語、不能寫國文，即是缺乏或是沒有國民精神、國家觀念，所以現在的本省人，還沒有可得到實施縣市長民選的「資格」。……只是，對於意識地，或是不意識地忘卻方言是有「民族魂」的事實，藉口「國語」的未普及，**而要阻礙民意、摧殘民權的企圖，我們是要徹底的抗爭，要徹底的排擊。**

此文有意告訴當權者，台灣人基本上是說台語的，台語也是有「民族魂」的，台語不是日語，別弄錯了。所以政府以台灣人還不熟練北京話，就是有日人思想，就不能實施縣市長民選，簡直荒唐。

而陳儀之前所言「**實施縣市長直接民選很危險，將可能變成台灣的台灣**」，到底是什麼意思？他是說只要縣市長民選就會變成「台獨」嗎？還是台灣不可以為台灣人所擁有？在尋求政治改革的過程中，指控台灣人「排外」且有「獨立思想」的聲音一直如影隨形，雖說這是貪腐者與既得利益者企圖壟斷權位的鬥爭方式，但這樣的指控，不免讓一心推動普選的人感覺危險。剛束裝返台的制憲國大，於一月二十日發表「謹告全國同胞書」，一一駁斥所欲加諸台灣人的「罪名」：「**台民希早日實施地方自治、縣市長民選，這是推行憲政而不是反政府。台人最排斥者，是外省來台之貪污腐敗官僚，而非一般來台之外省同胞。……惟貪污腐敗者，受排擠恐難立足，故借排外以掩劣跡，而招聲援。又用獨立、親美、左傾、怕武力等消息，以縱動政府，使其用高壓對台人，以自顧權威。**」

陳儀的「民選危險說」及「台獨排外論」，背後是赤裸裸地對失去權力的恐懼。而普選無異是要現在的政府交出權力，其反撲恐怕比想像的更為凌厲。

被檢束者在台灣民衆黨本部為最後紀念
一九三一年二月廿一日

3-3-7

1931 年 2 月台灣民眾黨遭強制解散，幹部於黨部最後留影。白成枝（左 1）、張晴川（右 2）於戰後再投入縣市長普選運動。（蔣渭水文化基金會 提供）

重上街頭

即便政府以各種理由，企圖拖延縣市長民選，但憲法就是民主運動者，握以改變現狀的武器。一九四七年一月八日行政院議決，將選擇若干縣市試辦縣市長民選，這給了運動柴火，政建協會據此倡議推動台灣提前實施縣市長民選。二月三日與《民報》合辦憲政座談會後，結論不是知識份子的聲明稿，而是「**發動省民即選縣市長**」！二月十一日起，政建協會展開全台巡迴演講，日本時代兵分二路的南北巡迴演講隊，重上街頭。截至二二八事件發生前，政建協會在全台共二十五處設置分會，從法理論辯到組織地方，演講會一場又一場。

3-3-7

二二八事件期間，從具改革意識的青年，到各地民意代表及仕紳所組成的二二八事件處理委員會，聲響一致，莫不以「縣市長直接民選」為改變政治僵局的突破點。政建協會與陳儀談判時，更夾全台民意，以此為決戰點，終於迫使陳儀政府於三月五日答應政建協會。但陳儀直到見嘉義武裝取得勝利、政府軍已被困於水上機場後，才於三月六日晚間透過廣播宣布：「**縣市長訂一九四七年七月一日實施民選**」，回應事件期間狂捲而至的民主要求。所以如果不是蔣介石派兵鎮壓，二二八的反抗運動已經成功，貪腐的官派縣市長終需下台。

3-3-8

對於二二八事件發生的原因，一九四七年三月五日桂永清（海軍代總司令）呈蔣中正主席意見：「**此次騷動係台省地方人士憲政座談會，到處派人演講，促進憲法提早實施之鼓動**……」此份資料，留下二二八世代爭取民主的印痕，而無疑地，在歷史鏡頭下，政府視追求民主憲政為叛亂的證據，也一字一字刻下。

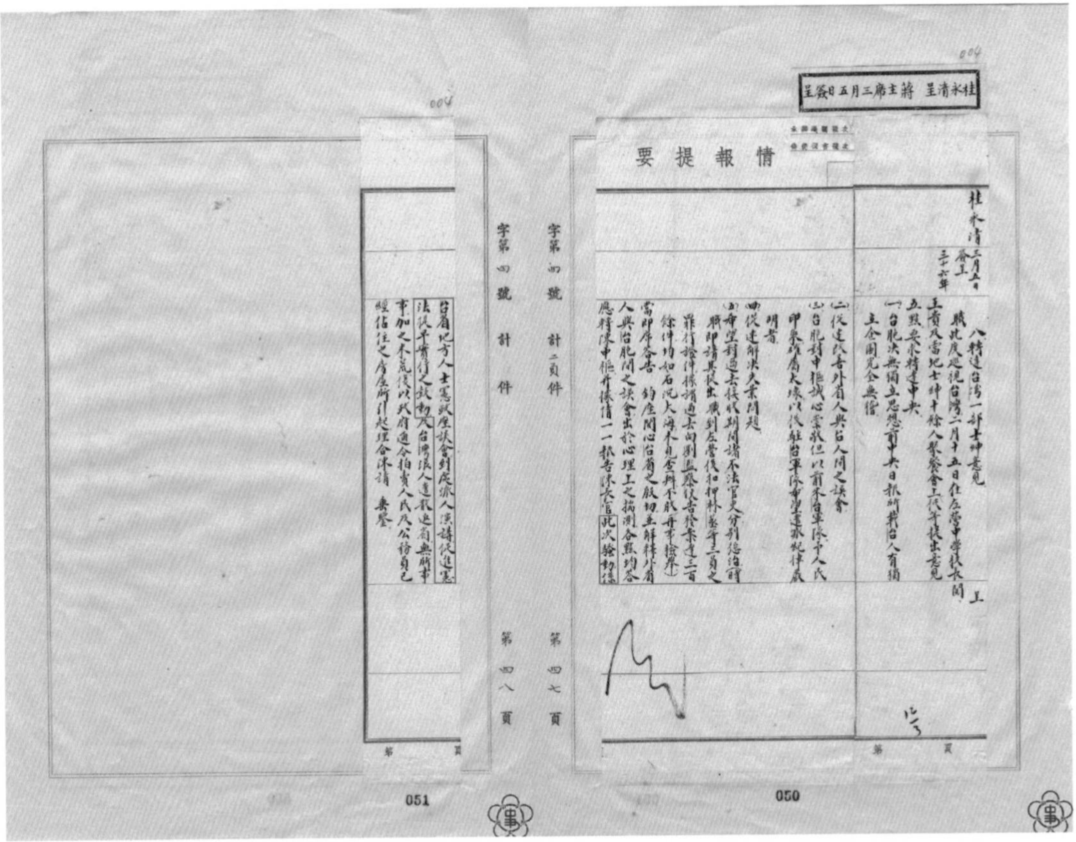

桂永清呈 蔣主席三月五日簽呈

情報提要

桂永清 三十六年三月五日發上

八、轉述台灣一部士紳意見
職此次巡視台灣，二月十五日在左營中學校長間
王貴及當地士紳十餘人聚餐會上，代等提出意見
五點，要求轉達中央：
(一)台胞決無獨立思想，前中央日報所載台人有獨
立企圖完全無稽。
(二)從速改善外省人與台人間之誤會。
(三)台胞對中拒誠心擁護，但以前來台軍隊中人民
印象頗為不良，以後駐台軍隊希望選派紀律嚴
明者。
(四)從速解決失業問題。
(五)希望對過去長收期間諸不法官吏分別懲治，時
職即請其代出，職到左營後即押林、蔡等三員之
罪行證件，據謂過去向劉監察使告發者達三百
餘件，均如石沉大海，不見查辦，不能再事隱忍。
當即佯答告，約座間心台省之股切並解釋外省
人與台胞間之誤會，出於心理上之揣測，各點均答
應轉陳中樞，並將情一一報告陳長官。此次騷動係
台省地方人士憲政座談會，到處派人演講，促進憲
法提早實行之鼓動，及台灣浪人遣散返台，無所事
事，加之米荒，復以政府通令指責人民及公務員已
經佔住之房屋所引起。理合陳請
鑒察。

字第四號 計二頁件 第四七頁

字第四號 計件 第四八頁

050 051

— 3-3-8

1947 年 3 月 5 日桂永清（海軍代總司令）呈蔣中正主席情報：「**此次騷動係台省地方人士憲政座談會，到處派人演講，促進憲法提早實施之鼓動……。**」（國史館 提供）

第四章 人民的憤怒

二二八事件前夕，嘉義梅山已出現啃食樹根、樹皮消息，各地米荒嚴重，即便手握鈔票也買不到米。但這並非旱災使然，而是政府無能處理商人居奇囤貨。加以國共內戰一觸即發，恐慌中金價狂飆，進而帶動百物騰漲，台灣躲不過中國海嘯襲來，人民生活幾在崩潰邊緣。

此時唯獨行走在路上的經濟警察，毫無知覺，槍，威脅著人民日常生活的槍，在人群熙攘往來的大稻埕響起。一九四七年二月二十七日發生緝菸血案，警察先以槍托擊傷菸販，繼又放槍擊斃民眾。但這不是第一起事件，一年多來，政府始終放任執法者犯法，法治的界線再次被執法者破越而過。

二月二十八日民眾前往長官公署抗議，正義尚無回應，更大的野蠻及殘忍卻撲面而來。公署警衛開槍驅離陳情民眾，槍，再一次指向無力者，再一次造成民眾死亡。壓抑在人民心中的憤怒如柴火般迸裂開來，爆發為蔓延全台的二二八事件。

集體的社會情緒，一步步推逼，發展為要求政治改革的力量。

奈何滿腔的熱情

何多失業青年群

新竹返省者大會呼

【新竹訊】新竹市最近曾清水氏提案、籌組農急向工會登記、以備通請青年們拭

幾箇月來、由國內及日業合作社、懇請政府借訊、並說竹東鐵道及舊大會至傍晚

本、南洋諸島各方面歸興官有荒地及墾拓資金港築港兩工事、市府現對這箇重大

4-1-1

《民報》1946.07.24 二版

（國立公共資訊圖書館提供）

二二七緝菸血案

一九四六年第一屆台灣美術展覽會裡，出現一幅作品「路旁」。畫家金潤作畫一名在路邊賣菸的小孩，生活的愁苦，透過孩子失去笑容的臉龐滲出畫紙。

另一幅漫畫也出現孩子，小孩無法上學，在路邊賣菸；婦人為了生活，在路邊賣菸；想不到的是壯漢，也在路邊賣菸。

戰後，生命未被帶走的人，此時未必有辦法餬口。國民政府來台一年多了，經濟始終沒搞定，日本時代有過生產榮景的工廠，許多仍在停工狀態。一九四六年十一月《民報》記者到高雄苓雅工業區採訪，親眼所見，冒煙的煙囪寥寥無幾。不少自戰區返台的青壯年，根本無工可作，失業成了最大的社會問題。

生活無以為繼，不少民眾鋌而走險，在路旁擺攤賣起私菸。

陳儀行經濟統制，不只以貿易局統攬島國發展最重要的貿易命脈，又踏襲日本的菸酒專賣制度，一切生意政府都抓在手中。陳儀說這是厚實國家資本，結果是如媒體所諷刺的，「**大官日漸肥，人民瘦如柴**」，人民成了官員的俎上肉。貿易局局長于百溪、專賣局局長任維鈞接連爆發貪汙醜聞，更加深這套制度吸取民膏民脂、肥了貪官汙吏的觀感。

4-1-2
蔣渭水的大安醫院在太平町（延平北路），是文協本部，也是《台灣民報》的編輯部及總批發處。
（蔣渭水文化基金會提供）

大官貪汙，那與人民實際接觸的經濟警察呢？經濟極權底下，也就有所謂的經濟警察，配槍執法。沒收香菸不給收據，沒收後的東西又被盜賣出來，敲詐勒索時有所聞，《民報》曾以整版報導各地專賣局人員惡行劣跡，市民也挺身揭露敲詐的公務人員，直接與不肖官員對壘。而查緝私菸開槍，這不是第一次，基隆才剛發生警察開槍打傷十一歲小孩的新聞，民情沸騰，要求專賣局人員不要帶槍查緝，但顯然執政者並未當一回事。

社會運動大本營

只是壓力鍋的引爆，為何是在大稻埕的太平町（今延平北路），這裡有它獨特的歷史條件嗎？大稻埕的繁華遠自清領時代，淡水河開港後，歐美洋行雲集。Formosa Oolong Tea 已是巴黎街頭的流行，英國維多利亞女皇被這茶香所襲，嘆為東方美人（Oriental Beauty）。船隻在大稻埕港口來來去去，台灣茶航向世界，財富也歸向大稻埕商家。這裡有茶商出資興建的「法主公廟」，有日本時代數一數二的宴會廳「蓬萊閣」，酒家林立、富商巨賈出出入入。日本時代，這裡更被稱做「本島人的市街」。不只商機蓬勃、洋風鼎盛，也孕育新思潮與風雲人物，蔣渭水及台灣民眾黨的大本營就在太平町。

而不只社會運動的人物雲集於此，文化沙龍也匯聚此地。山水亭與天馬茶房，是文人雅士慣常聚會所在。膠彩畫家林之助，曾寫過一首「半樓」，歌詠山水亭和主人王井泉：「古井兄是位好好先生。畫家、文士、樂人們，每每都讓他請客。山水亭又窄又陋的半樓裡，曾蠢動過台灣文藝復興的氣流。有喜氣洋洋的景象，也有訴不盡的哀愁。」

▬ 4-1-3
1928.02.19 第一個全島總工會「台灣工友總聯盟」成立。蓬萊閣大門懸掛蔣渭水所題的「同胞須團結，團結真有力」，會後遭沒收。（蔣渭水文化基金會提供）

而天馬茶房的創辦人詹天馬，除了是知名電影辯士，為黑白默片配音，也是第一首台語流行歌曲〈桃花泣血記〉的譜詞者。戰後，他在報紙登了廣告，說此處：「談笑有紅人，往來無白丁。**可以聽音樂閱新聞，無吵雜之亂耳，無浪費之誤評，南洋咖啡香、西餐奶餅好……**」不折不扣的文化沙龍。

所以太平町，聚足了台灣新時代發展的人物與各種動能。而「蓬萊閣」更是別具指標的餐廳，日本時代蔣渭水那傳送久遠的「同胞需團結，團結真有力」，就掛在蓬萊閣大門上，那是工友總聯盟的成立大會。國民政府來台後，一九四六年民意代表選舉一場過一場，當選人的慶祝餐宴也是要到蓬萊閣來的，更不用說各大工商團體的成立大會及名流們的婚宴喜慶。

地域的特殊性，使得這裡每到傍晚時分，便開始聚集香菸攤販。富商名流、文人雅士穿梭駐足，他們是經濟困頓下，最有能力消費的人。

槍聲與怒吼聲

菸販們大多失去經濟依靠，只好在路旁擺攤，林江邁即是其中之一。她年約四十，丈夫過世，需扶養三個孩子。賣菸的地點就在天馬茶房前，對面是法主公廟，而天馬茶房的兩旁，一邊是萬里紅酒家，一邊是蓬萊閣餐廳，所以這一帶一到晚上燈火通明，最大的夜市攤販也在咫尺。

一九四七年二月二十七日晚上，持續了數十年的燈紅酒綠，突然有不一樣的聲響傳出。槍聲，在繁華熱鬧的太平町響起，民眾怒吼聲帶動氣流旋轉，整個太平町擾動了起來，用餐中的人士也紛紛探問發生何事。

第一時間的動態，《民報》在一九四七年二月二十八日的報導，是各大報中最詳盡的，讓我們得已重歷現場：

二十七日晚間八時許，專賣局緝私隊及警察大隊約二十餘名，乘卡車到天馬茶房附近，開始查緝販賣私菸的小販，聲勢洶湧，如虎似狼，咄咄迫人，將在場所有香菸及小販身上的現款悉數搶奪。

婦人林江邁哀哀求饒、哭訴，她生活血本全靠此批被沒收的香菸，懇其寬赦發還。沒想到專賣局緝私員傅學通，反以槍托擊傷她額頭，頓時血流滿面，引起圍觀民眾同情。

圍觀的民眾一致代她要求賠償醫療費用，但該隊員罔顧不理，群情因此昂奮。全隊員見情勢不佳企圖逃脫，竟皆掏出手槍喝斥民眾，厲聲恐嚇，喝令民眾應立即散開。其中一人逃到大光明附近，對迫近的民眾開槍，幸未擊中。但另一人逃到永樂市場附近，對所迫之民眾開槍，子彈擊中一名老百姓陳文溪，當場斃命。民眾聞此憤怒沖天、口罵聲怒吼，將該隊人員所乘之卡車，搬到圓環前付之一炬燒毀，聞該查緝人員全部均已脫逃。

媒體人與「反對黨」

太平町之所以不同於台北其他地區，也不同於台灣其他地區，是因為自日本時代以來這裡就是商界、政界與文化界聚會的地方。很自然地，當緝菸血案爆發時，許多有影響力的人，如媒體記者、市參議員、社會運動人士都在附近，很快便知曉狀況，甚至成為參與者。事發當下，《中外日報》記者周青（周傳枝），人就在天馬茶房；台灣省政治建設協會的廖進平、黃朝生、張晴川、白成枝、呂伯雄、王萬德也在萬里紅酒家二樓開會。陳儀打算以地方自治三年計畫拖延縣市長民選，政建協會正發動各地演講反攻，也為米荒問題聲援市民，人民社會生活所在的龍山寺，成了在野人士的演講台。曾與日本政府鬥爭過的這群人，面臨戰後政治的黑暗，重上街頭，大家的聚會、組織與活動只是日益頻繁。

喧鬧聲中，廖進平下樓察看，市參議員李仁貴也來到現場。了解情況後，政建協會的會議有了新決定，他們決定上街遊行，前往長官公署陳情。

呂伯雄、廖進平開始起草抗議文，廖進平要兒子廖德雄到學校召集學生，他就讀台北商業學校，是學生自治會會長。

而二十七日《民報》截稿前，來不及報導的是，其實民眾要求拘捕凶犯的行動，一直持續到深夜。

《中外日報》記者周青，因當時人就在天馬茶房，便跟著群眾走，一路報導了後續的發展，媒體人也在當中扮演了微妙的角色。

菸警逃往永樂街一段，淡水河第三水門邊的警察分局以求保護，幾百個群眾圍住警察分局要求交出凶手。……（後）才發覺凶手早被轉移到附近的憲兵第四團團部。……

群眾包圍憲兵團時大約九點多鐘，要求交出凶手的喊聲如雷，憲兵團長張慕陶幾次出來威脅、規勸，都被群眾的怒罵聲衝了回去。

4-1-4
畫家張義雄繪廖進平 1946 年在龍山寺前的演說。（廖繼斌提供）

查緝私煙擊禍，昨晚斃市民一名

【本報訊】省專賣局與警察大隊派赴市場查緝私售香烟之警員，今（廿七）日於迪化街開槍擊斃市民陳文溪，並在南京西路以槍傷毆傷烟販林江邁（女）警員十餘人今日下午七時許於南京西路天馬茶房附近之香烟市場發現年四十歲之女，烟販林江邁之私烟，發生爭執，查緝員即以槍筒毆傷林江邁之頭部，出血昏倒，某警員並進入永樂座戲院附近，市民陳文溪（非烟販）自住所下樓觀看時，某警員開槍一發，貫穿陳文溪之左胸，斯時圍觀之民衆怒毀該局卡車上之玻璃，並將該車推翻道旁，八時許憲警趕到，始告平靜，林江邁現已送入林外科醫院旋告殞命，陳文溪未殺送至醫院時，即已斃命。該卡車旋被民衆拖入圓環公園路側燃燒，消防隊第二分隊聞訊後，隨即趕往撲救，道側民房幸未延及，聞警察局陳局長松堅曾親赴出事地點帶同員警四人返局訊問。（詳情續報）

……於去年底滿期，依法租賃契約終止後，租賃物交回出租人，不得有任何主張，其理至明，省效局接管戲院承受管理權，與各戲院承租人純屬租賃關係，如承租人對租賃契約，認爲不能承租時，無强迫訂立之理由，已訂立後，仍可聲請退租。

昨已破獲

4-1-5
《台灣新生報》1947.02.28

我看到鐵門那邊的院子內有二排憲兵持槍對準人群……。陣雨一來，人群又跟著鑼聲退往《新生報》那邊的亭仔腳，而雨一停、鑼聲一響，人群又壓向憲兵團。這樣來來回回的次數無法計算。

這一面鑼來自何處？周青在《新生報》樓下躲雨時，正好看到前日文版編輯吳金鍊迎面而來，便請他跟工會商借。這面鑼不僅助威，也成為群眾抗議的節拍器。

大家就在《新生報》騎樓下，人命關天，那官方媒體的態度是如何？警局與軍方皆不理會民眾抗爭，那媒體呢？民眾向報社要求必須登載事件始末，在場的吳金鍊即便支持，也難以擅做決定，便通知社長李萬居前來處理，隔日官方媒體《台灣新生報》，刊登三百多字報導。

抗爭已啟，正義必須爭回。

長官公署前的槍聲

人民之怒

昨晚的抗爭，並無結果。可以縱容警察犯法、輕取人民生命嗎？死者家屬決定抗爭到底。

二月二十八日一早，他們以鑼鼓隊擺開陣勢，從迪化街的永樂市場出發，高調號召群眾加入。大稻埕是有名的戲窟，要有這助陣的牛皮大鼓，不難。只是平日吸引目光及擂動人心的大鼓，這回要用在街頭抗爭。人民知道自己十足有理，這回，不容政府無聲回應。

昨晚隨民眾待到深夜的記者周青，知道死者家屬不會善罷干休，一早打算再到迪化街看看，車到北門時，便聽到移動的大鼓聲，由遠而近，咚咚而來。一轉延平北路，「**嚴懲凶手，殺人償命**」的巨幅布條，迎面而來。群眾單調地重複著口號，青年為主，但男女老少都來了。

遊行隊伍軟硬兼施，沿路號召商家一起罷市，有人主動響應，有人想說先避開鋒頭再說。總之，大家是把店門給關上了。風雨欲來。

十點左右，遊行群眾來到肇事的專賣局台北分局（今重慶南路彰化銀行），這一天，星期五，並非沒人上班，但就是沒人出面處理請願。

要求懲處凶手，這訴求合法、合理、合情，卻不可得，人民毫無出路。這時有憤怒的民眾衝

4-2-1
台北專賣局前火光沖天，民眾越聚越多。（《中國生活》，台北二二八紀念館提供）

進專賣局，將庫存的酒、菸、火柴抛到路面上，一把火，燒了。大稻埕的友仔（流氓）認得陳文溪，政府胡為，他們也來了，一起示威。

4-2-2

在沖天的火光中，聚集圍觀的民眾越來越多，情緒也越來越激昂。人在台大醫院診療的小說家鍾理和，在藥單上留下他當日所見情景：「**專賣局裡的東西不管是什麼，民眾全把它拿出來抬出來放火燒，連汽車、自行車、洋車。汽車整個被翻過來……**」

4-2-3

人民的確想把這個妄殺人命，且使人痛苦不堪的政府翻過來。局勢已相當混亂，專賣局還是無人出面。民眾再轉往專賣總局抗議時，門口已布滿憲警，並向群眾鳴槍警告。

槍聲再響

除了要求懲凶的隊伍外，另有四、五百人，在下午一點左右由火車站向公署（今行政院）前進，高呼「打倒長官公署」、「打倒陳儀」等口號。這支隊伍應該有部分是政建協會所號召的人。民眾代表打算進入公署請願卻受衛兵阻止，始料未及的是，這時公署樓上突有機關槍向民眾掃射，中彈的民眾彈跳後倒臥血泊，狀極悲慘，民眾受到驚嚇，不斷尖叫與後退。記者周青，躲在大樹下看到了這血腥的一幕：

……隊伍走進離公署大門約五十米處，架在公署屋頂的機關槍突然吼叫起來：「噠噠噠噠」，前頭的人倒下四、五個人。他們中槍時是先離地一跳，才撲倒在地面……這突如其來的襲擊把人們的心都搞亂了。在驚慌、喊叫的哀鳴聲中機槍又第二次嚎叫起來，又有三、

4-2-2
民眾長期累積的不滿爆發而出，局裡庫存的東西及停在一旁的腳踏車被拋到路中焚燒。
（《中國生活》，台北二二八紀念館提供）

▬ 4-2-3
鹽務管理局汽車被推倒（《中國生活》，台北二二八紀念館提供）

> 四個人，向空中躍起，倒斃在地面上。
> ……有勇者跳上馬路往死傷者竄去，但又被機槍逼回原地。未被打死的幾個傷者倒在血泊中掙扎呻吟，其狀甚慘。我躲在東南角的大樹下目睹這個殘忍的場面。

槍聲再度響起，再度枉傷人命，這使得民眾激憤的情緒一發不可收拾。

幾位年輕人奔赴附近的台灣廣播電台（今台北二二八紀念館），逕行走入播音室。這時進行的節目是「婦女講座」，由陳逢源的女兒陳秀蓉主持，她說當時三、四位年輕人走進來，只跟她說一句「妳不用講了」，便坐到麥克風前。電台技術人員曾仁志察覺有異，立即關閉對外放送開關。 4-2-4

結果這被在外等候的群眾發現了，因為當初日本政府為了推廣民眾收聽廣播，設置了戶外的放送亭，因此人在公園裡，就可聽到廣播的內容。 4-2-5

在民眾抗爭下，曾仁志只好把傳輸系統打開來，而這一打開，不是只有台北市民聽見，而是全台灣都知道了。日本政府為建設台灣為不沉的航空母艦，現代化的電台設備，已廣及全台。

若說統治集團的貪腐，埋下火藥，那長官公署前的槍聲，無異是導火線。而透過廣播所傳出的消息，在第一時間，將全台灣人的心緒串連在一起。

毆打官員報復

群眾的憤怒，有比汽油及柴火更大的威力。遊行群眾遭掃射後，人民的憤怒轉趨非理性，

4-2-4
台灣第一個廣播電台——台北放送局，於 1930 年（昭和 5 年）竣工，1931 年開播。
（台北二二八紀念館提供）

4-2-5
台北放送局放送亭（今二二八紀念公園內），興建於 1934 年，內有喇叭廣播放送。（台北二二八紀念館提供）

三三兩兩開始尋找穿中山服的官員報復。由於陳儀用人的省籍偏差，率皆以外省籍為統治階層，當民眾對統治者的不滿如岩漿爆流時，竟以外省人為攻擊對象。政府官員的汽車也被民眾翻倒，就在火車站前的空地焚燒起來。

下午三時陳儀宣布台北、基隆兩地戒嚴，政府武裝軍隊開入市區，開槍清掃示威群眾。不少民眾遭槍殺橫倒街頭，台大醫院成了緊急救難所，不時有被毆傷的外省人及遭槍傷的本省人送入。

人民的憤怒，燒向特權、衝向官員、對上軍警，集體情緒被政府仍不止息的槍聲，刺激得愈加激烈。林森北路的中國旅行社，「中國」兩字被民眾遷怒拆下。貿易局所開設的新台公司（百貨公司）被搗毀，貨物被搬出焚燒。烈火助燃，民眾情緒更加激動，這時有人想乘機偷竊，立即遭到制裁：搞清楚，這不是搶劫，是抗議。

基隆、台北兩地戒嚴，禁止集會遊行並實施夜間宵禁。從晚上八時到隔天凌晨，不准在外活動。這麼突然，忙於工作的人，再加上語言不通，民眾怎會都知道呢？

基隆的許進德，十九歲，在基隆市鐵器工會工作，受教育的時間正逢日本發動戰爭，採行高壓日語政策。這時他能聽懂中文廣播嗎？能聽懂帶著鄉音、喝令他不許動的士兵說什麼嗎？二月二十八日夜間，他在收款途中遭士兵開槍打成重傷。

《恐怖的檢查》描繪二二八事件，作者黃榮燦，在白色恐怖時期遭槍決。
（黃榮燦作，日本神奈川美術館收藏）

第五章
全面反抗

處處有熊熊烈火，民眾搬出官員家中巨鈔，一把火，燒掉。火光助燃，說著貪汙的鐵證如山。

此時，台灣可有沉默之處？各縣市都有人民走上街頭，人人不再嚅囁恐懼，人人蜂擁而起。面對怒火滔滔湧至門口的民眾，手握權力的官員，驚走一空，棄職逃亡。手握槍枝的警察，為何也如此害怕？因各地只要有人發難，民眾便群起響應。此時街頭喪生的民眾，只是讓人更看清統治者的本質，只是更添人民抗爭的意志。學生及年輕人，紛紛站出來，一種想拚搏，即便必須殞命的勇氣，在各地流動。

而政府派兵只是謠傳嗎？

如果此時台北並無軍隊開入，是因處處有起義的人民，沿路阻擋軍隊開赴台北。特別是台鐵司機起義，不做政府運兵的幫凶。抗爭民眾緊緊踩住底線，軍隊不退，人民不退。

5-1-1
台北車站聚集抗議民眾
美國駐台副領事葛超智（George H. Kerr）收藏照片（台北二二八紀念館提供）

軍隊不退 人民不退（三月一日）

三月一日台北是全面癱瘓的，主要是政府還是把槍對著人民。戒嚴是非常嚴重的事，軍警荷槍實彈，布哨盤查，遇示威群眾即開槍掃射。這一天星期六，卻是商家閉戶、鐵公路中斷。槍聲不時響起，台北市公車全面停駛，八家民營報紙也出不了刊。

但，軍隊不退，人民不退。

5-1-1

蔣渭川日記裡提到，三月一日比二月二十八日那一天還緊張，因為前一天宣布戒嚴，而民眾管你戒不戒嚴，還是繼續對抗，不時傳來民眾遭軍隊射殺的消息。

下午五時左右，學生在北門的鐵路管理委員會，與警察發生衝突，抗議的學生遭毆打且被逮捕，民眾聞風齊聚聲援。結果卡車載著軍警而來，沿路開槍掃射，造成二十餘人死傷。

5-1-2

戒嚴的結果只是讓情況更加惡化，人民還要犧牲多少？

此時連醫生都感到駭然，因為在救治傷患時，發現體內布滿金屬碎片。原來是軍方使用柔鼻彈（soft-nosed dum-dum bullet）攻擊市民，子彈射入人體，即膨脹爆裂為碎片，對人體造成難以治癒的傷害，國際明文禁止使用。

5-1-3

這一天，建國中學二年級學生郭國長，到學校註冊，返家途中，經過北門圓環，被卡車上的

5-1-2
3 月 1 日北門鐵路管理局前，發生以機槍掃射群眾事件，死傷多人。
（台北二二八紀念館提供）

軍人開槍擊中，同學揹著他到醫院急救，較大的鉛片是取出了，細碎的鉛片卻殘留體內終身。

軍隊在北門的掃射，如油似火，不斷擴大人民的憤怒，部分地區民眾開始醞釀報復，而消息傳到中南部，民情更加滾燙翻騰。

政府槍口對著人民，更加劇人民對統治者違法亂行的憤怒。陳儀用人的省籍偏差，導致此時只要是外省口音，就被當成貪官汙吏，不管三七二十一痛打一頓；身穿中山服的人，被攔下，身陷恐懼。原本是統治者與被統治者的對立，但此時卻以扭曲的省籍劃分方式，爆裂開來。這樣非理性的作為，讓許多本省人感到相當不安，紛紛將外省鄰居及同事，接到家中同住。

要求解除戒嚴

其實三月一日一早，各級民意代表就急著見陳儀，不趕緊解除戒嚴是不行的。畢竟政府妄殺人命在先，繼而掃射示威群眾，此時若不拿出誠意解決，是無法平息眾怒的，而戒嚴勢必使經濟更趨動盪，缺糧及米價哄抬將雪上加霜。四級民意代表組成的「緝菸血案調查委員會」（調委會），推派省參議員王添灯及台北市參議會議長周延壽，另外再找省參議會議長黃朝琴及國民參政員林忠，也得找陳儀信任的半山做橋梁。民意代表再不為人民請命，那手無寸鐵的人民何所依靠?此時務必使政府放下槍才行。

陳儀在下午五時透過廣播，回應「調委會」見他時所提的要求：解除戒嚴、釋放被捕民眾、官民共組處理委員會。但他當面允諾，卻未透過電台公開承諾的就是：「下令不准軍憲警開槍」，也幾乎同一時間，發生北門掃射事件。至於戒嚴，遲至夜間十二點才解除，可想像三月一日這

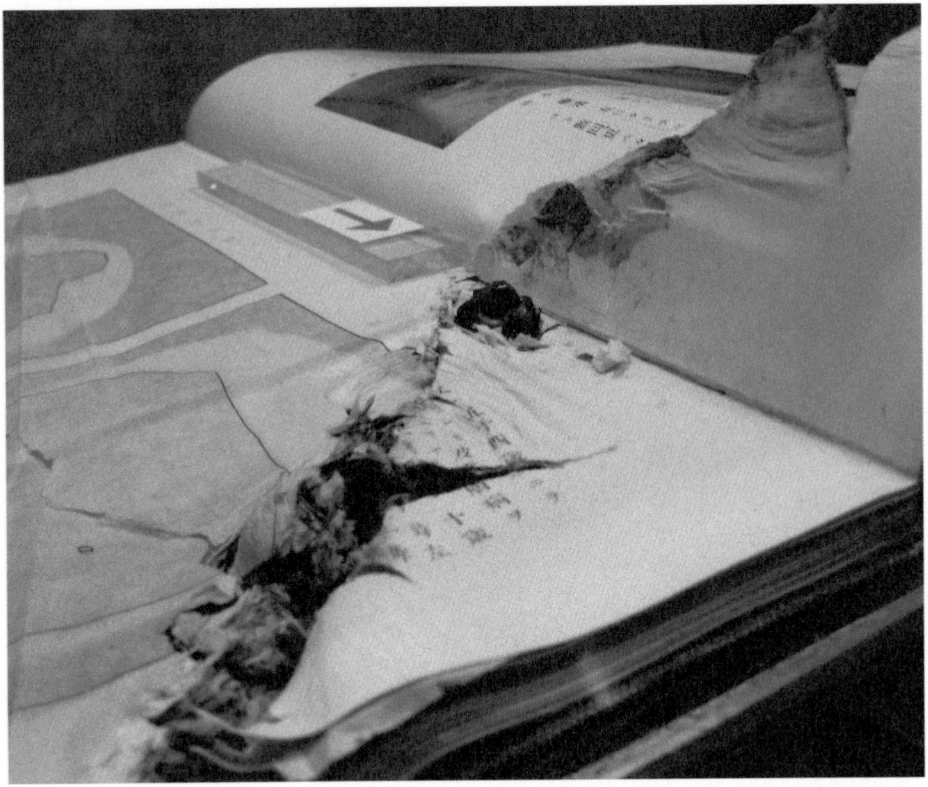

5-1-3
平頭彈自書籍底部射入，穿透十餘公分後卡在書內。（台北二二八紀念館提供）

一整天，人民遭開槍的慘況。

事件確實演變得更為激烈，人民顯然並未因軍警開槍而退卻，陳儀知道他的政權已受威脅，他必須想辦法讓反抗的力量退去。

除了答應調委會的部分要求外，他知道另一股重要的政治勢力是台灣省政治建設協會（政建協會）。這個隱形的反對黨，有來自台灣社會的基礎，由日本時代文化協會與台灣民眾黨的成員所組成，有植基在歷史中的民主意識與反抗精神，之前已為澀谷事件、米荒問題走上街頭，並出面反對陳儀企圖延遲縣市長民選。

兩天下來，張慕陶（憲兵第四團團長）、柯遠芬（台灣省警備總部參謀長）、李翼中（國民黨台灣省黨部主委）不斷找蔣渭川出面，希望他協助安撫群眾。蔣渭川是蔣渭水之弟，日本時代曾為台北市會議員，他是政建協會常務理事，因台灣民眾黨累積的歷史根基，能同時掌握工會及商會。

這一天萬華龍山寺有數百至千名工會份子，分頭集中，想參加行動；大同地區也有民眾偷取倉庫汽油，想以此為破壞工具，反擊政府在北門的掃射，但都被勸阻下來了。

入夜後，北門雖歸平靜，未再有民眾起事，但全台對執政者的野蠻與軍警暴力，已忍無可忍，火，在遠方燃開來。

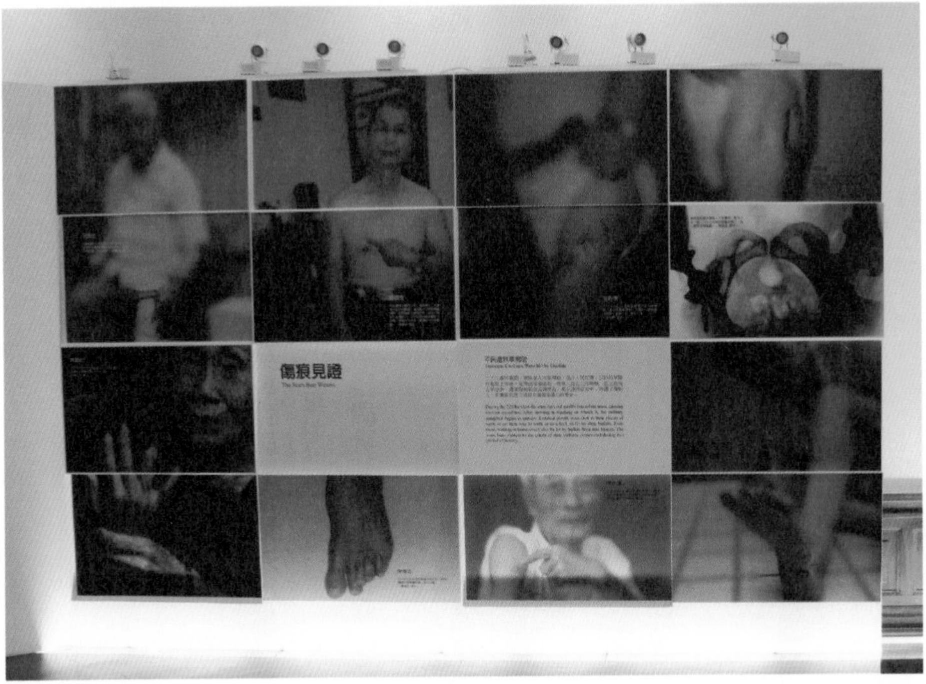

▬ 5-1-4
事件期間民眾傷痕見證（「沉冤真相責任」展場照 黃惠君提供）

抗議的火舌竄燒（三月二日）

搜查貪汙官員住家

三月二日全台像通了電流般，民眾自動走向警察局，自發包圍專賣局，甚至理直氣壯走向貪汙官員宿舍。

台中民眾湧至前縣長劉存忠住家，搜出台鈔八大箱；桃園洪姓民政科長住處，也被搜出皮箱三只，內藏台幣一百八十萬、私人圖印五十枚。

焚燒，像一個儀式，處處有熊熊烈火，民眾搬出官員家中巨鈔，一把火，燒掉。火光助燃，說著貪汙的鐵證如山。官員宿舍，有的遭包圍，有的遭焚燒，全台陷入大規模動盪。

新竹爆發多起毆打及燒毀事件，軍警在旭橋開槍掃射，槍聲一響，民眾慘遭殺害，死者八名、傷者十八名，無法挽回的生命，還在增加中。

沒有領導、沒有中央，各地只要有人發難，民眾便群起響應。此時街頭喪生的民眾，只是讓人更看清統治者的本質，只是更添人民抗爭的意志。學生及年輕人，紛紛站出來，一種想拚搏，即便必須殞命的勇氣，在各地流動。新竹死傷者年齡都在二十歲左右，桃園亦有兩名學生在衝突中被槍殺。

倒下的軀體，成了波波繼起的召喚。

死亡，給了繼起者莊嚴的心緒。

官員走避一空

此時，台灣可有沉默之處？各縣市都有人民走上街頭，人民不再囁囁恐懼，人民蜂擁而起。面對怒火滔滔湧至門口的民眾，嘉義市長孫志俊，逃走。台中市長黃克立，逃走。台北縣長陸桂祥，逃走。彰化市警局督察長拔槍威嚇群眾後，逃走。三月三日，台南縣長袁國欽，逃走。高雄市警察局長童葆昭，逃走。台東縣府人員，逃走。

手握權力的官員，驚走一空，棄職逃亡。

手握槍枝的警察，為何也如此害怕？部分警員，走避一空。

人民要的是什麼？

員林民眾湧至警局及縣長宿舍，要求將槍械交給地方仕紳保管，槍口豈可一再對著人民、一而再而三傷害人民。

彰化市長王一麐被帶至參議會，抗爭民眾及議員要求他：市政府股長以上採用本省人、即時罷免督察長。

台東青年集結縣政府前，要求肅清貪官汙吏。

台灣陷入大規模的無政府狀態，有起義的人民，也有滋事的流氓，社會秩序盪弛。此時各地剛選上的台籍民意代表及地方仕紳，責無旁貸，站上第一線。如何讓人民不再流血、如何讓秩序回穩？沒有指示、沒有命令、沒有模式，亦無參照，各地自發成立處理委員會，以自己的力量與自治能力，處理身陷的困境。與台北尚未連動，已遙相呼應。

無政府狀態中，各地成立自衛隊維護治安。

無政府狀態中，指派代理警察局長。

無政府狀態中，商借槍枝維護地方治安。

無政府狀態中，將外省人集中保護，免受非理性民眾侵擾。

政府不放下槍，人民的抗爭是不會停止的，沒有根本的政治解決、沒有徹底換掉統治階層，人民不會善罷干休。

媒體的角色

三月二日中午，處委會代表與陳儀會面完，陳儀答應的內容是什麼，《台灣新生報》當天就 5-2-2
出號外了，同時附上日文翻譯。原來是副總編輯吳金錬發動內部改革，要求必須還給人民知的 5-2-3
權利。這是從去年一九四六年十月二十五報紙日文版廢止後，首次出現的變化。台灣陷入巨大動盪，怎還陷人民於文字語言的阻隔呢？前兩天突然宣布戒嚴，已有民眾因看不懂，也聽不懂中文，不知有夜間宵禁，在路上遇士兵喝令也莫名其妙，竟遭開槍。

而此時答應官方扮演協商角色的蔣渭川，與陳儀談什麼？陳儀又承諾了什麼？沒有新聞號外， 5-2-4
而是以各自到電台播講的方式確認。為取得民間信任，陳儀讓蔣渭川先廣播，而蔣渭川也以陳

臺中清算汚吏

搜查劉存忠家中 發見臺鈔八大箱

【本報訊】臺中民衆日前包圍警察局，局長江風當立即接收民衆要求，交出

臺南輪將來臺

【中央社訊】中興輪(六)日下午，由基隆駛汕頭，

5-2-1
《人民導報》1947.03.08

處理委員會の諸決議
長官に諾言實行促す
再度代表委員を派遣

民衆、學生で治安維持
軍警の武裝外出禁止せよ

冷靜解決策を見守れ

軍隊午后六時撤退
治安は憲兵學生で維持
本事件の解決策決まる

5-2-2
《台灣新生報》1947.03.03 日文版

5-2-3
吳金鍊
《台灣新生報》副總編輯
（吳蕭宏提供）

5-2-4
蔣渭川
政建協會常務理事（蔣節雲提供）

儀隨後的播講，當作他不簽字的具體承諾。

雖然收音機仍屬奢侈品，家家戶戶並未普及，但各地記者，透過即時收聽，於隔日報紙刊出官民協商的內容，所以台北談些什麼，全台大抵隔天是知道的。這段期間，各方透過媒體發聲的模式，留下了珍貴史料，二二八世代所聽見的聲音，在今天，我們一樣聽見，官方所欲欺瞞的，都將昭然若揭。

另一個幾乎有如即席報導的地方，在中山堂。這時關心時局的人，都往中山堂去，各地皆然，這竟也成為日後遭清算的「罪行」。民意代表一跟陳儀見完面，中山堂三樓會場內，議長周延壽，就跟大家報告會談的結果，說陳儀答應無條件釋放被捕民眾，停止武裝兵警巡邏……。「砰……砰砰……砰砰砰」，企圖安撫人心的句點才圈一半，就聽到外面的槍聲響起，一陣又一陣。

這簡直是直接打臉陳儀，長官無誠意，就會從某些地方露餡。尷尬的還有警務處長胡福相，他就坐在這廳裡，陳儀派了五位官員來，說是要商量解決方案，但槍仍對著人民，要如何相信政府有誠意解決？

民眾對政府的信任確實是崩盤的，都已經三月二日了，大家擔心的還是二月二十七日肇事的這些人，是否真的已被羈押？

台北市議員陳屋、黃朝生、李仁貴出面，帶著各報記者一起到軍法處看守所查看，此時人犯已送法院，囚禁在台北第一監獄內。

隔日《台灣新生報》一版將專賣局六位人員，姓名、年齡及籍貫都登出，平均年齡約三十歲，清一色外省籍。為何要刻意登出省籍？實在不無又把統治者的用人問題，攤給大家看。而《新生報》二版，則放了陳文溪訃聞，還以黑框突顯，內文中「被專賣局公務員擊斃」，「公務員」

▬ 5-2-5
中山堂是二二八事件處理委員會集會地。（台北二二八紀念館提供）

三個字緊緊抓住眼睛。

即便這一天陳儀換了張臉，釋出善意，希望人民抗爭就此停止，但民間顯然有不同的消息及作法。晚間，台北橋尾端民眾搬來石塊木條，橫陳馬路，各個情緒緊張，說是政府已調軍北上。迪化街居民也以石臼、石磨等家中器物擋住街路，還持木槍警戒，空氣中晃蕩著極為不安的氣氛。

其實，軍隊真來，這都是以卵擊石，人民只是徒然犧牲。但民眾顯然寧可犧牲，也不願向行使軍隊暴力的政府妥協。

除了停火　還是停火（三月三日）

「戒嚴雖解除，市內仍是騷然，時聞槍聲。對二二八事件設措理委員會，時時由ラヂヲ（收音機）擴播進行情形。如此交通杜絕、糧食不足，恐再發生嚴重情形。若不早日解決，恐不能收拾矣。」

這是法官吳鴻麒一九四七年三月二日的日記，人民的心、人民的眼，所聽、所看、所膠著。事件前就已貴不可攀的米糧，此時只是更加嚴重，而槍聲，停不了的槍聲，何時方能止息？

「長官（陳儀）已經答應巡邏時不予武裝了，但昨開會後又發生槍案二起。」處委會一早的報告，就是軍隊開槍問題。

更嚴重的是，軍隊北上是怎麼一回事？

「新竹方面有卡車十幾輛，載士兵北進。」民眾來到中山堂傳遞消息。主持會議的是副議長潘渠源，他答稱：「據說已在湖口方面阻止，使其返回新竹了。」

肉身阻擋軍隊

派兵只是謠傳嗎？

其實二月二十八日公署在擬定宣布戒嚴時，警備總部參謀長柯遠芬已調派鳳山獨立團所控制的一個營，和基隆要塞守備隊二個中隊，開往台北。

如果此時台北並無軍隊開入，是因為處處有起義的人民，沿路阻擋軍隊開赴台北。

二月二十八日在動盪中火車停駛，柯遠芬即調派警總的九輛汽車前往基隆運兵，但出乎意料的是，平時只需五十分鐘的車程，卻遲遲沒有抵達。

因為，警總運兵的車，遭到人民群起圍攻、當街攔阻，軍方甚至有一人喪生。

而從高雄鳳山調來的軍隊，三月一日早晨以火車輸送到新竹時，便無法再前進了。柯遠芬說是司機受脅迫逃走，但這是說謊，情治人員沈堅強（化名），三月二日給保密局台灣站站長林頂立的報告，所探消息是：「**（三月）一日欲調鳳山駐軍六百名赴台北，至新竹被車司機自停止繼續開往。**」

台鐵司機起義，不做政府運兵的幫凶。

二二八事件發生前，從蘇澳開往花蓮港的長途汽車，中途遇到軍人攔下，強要搭乘。車已滿滿滿，軍人卻仍顢頇橫霸，這位司機便請全部乘客下車，之後將載了軍人的整台車，連人帶車開入海中。這個消息在當時傳遍全台灣，這位司機的勇氣與犧牲，鼓舞了台灣的人心。而此時統治者當然畏懼，這會起傳導作用，當時柯遠芬一直透過媒體說這是謠傳，但二二八時他卻不得不承認，處處有起義的司機與人民。

後來柯遠芬改要新竹市長郭紹宗調派汽車運兵，一樣不順利。官方到晚上才調到車，但經過中壢時，再次遭到民眾橫阻道路，人民鋒聚，鳴炮敲鑼示威，以各種方式阻止車輛通過，檔案上寫：「**因夜間情況不明，部隊只好又開回新竹。**」

特務潛入處委會

政府派兵鎮壓的消息，不時籠罩，此刻即便危機暫解，但橫在眼前的問題是，與長官陳儀談妥的內容，並沒有兌現，軍隊還是進入市區，還是對人民開槍。

看來長官命令一直不能貫徹，所以我們是不是應該要自己想辦法？這時由處委會組織自衛隊的想法被提出來了。現場學生滿腔熱血，自告奮勇地願意承擔這個責任。

軍隊開槍是大問題，而社會秩序一直無法恢復，有反政府的抗爭，也有趁機打劫者，民生癱瘓、治安不良。但如何處理、如何解決，又是由誰來處理，背後充滿運作痕跡。

有個從前一晚便不斷透過各種關係，希望大家在大會中推舉他當自衛隊隊長的人，趁大眾情緒昂憤時表演了起來。他是許德輝，慷慨陳詞：「**願喚起全省有志數十萬民眾組織自衛隊，以負治安之責。唯有前車可鑒，不可如光復後之督察隊，先被利用，後被當作流氓處理。對此點望諸位協助。**」

這是說反話，因他所動員的確實是流氓，他真實的身分是情治人員，國防部保密局台北站的直屬通訊員，早已臥底在頻有政治抗爭的政建協會。

三月二日政建協會的蔣渭川、張晴川（台北市議員）、李仁貴（台北市議員）三人與陳儀會面，談妥擴大處委會，增加商會、工會、學生、民眾及政建協會五方選出的代表。說是五方，其實人選都是政建協會可以安排及掌握的。

擴大處委會，加入民眾代表，柯遠芬想的是藉此安排情治人員進入，或分裂處委會。而政建協會對這一年多來的政經失序，早想變革，此時當然積極圖謀發言位置與影響力。

交涉軍隊停火

由於中山堂內，民眾帶來的消息，還是軍隊射殺人民。蔣渭川及二十多名代表即起身前往公署交涉，此時沒有比處理軍隊停火，更重要的事。

代表公署主談的是警備總部參謀長柯遠芬，這場會面非常特別，因雙方協議：如果再有軍隊開槍傷人，就柯遠芬負責；但若民眾再打人毀物，就處委會代表負完全責任。

民間沒有公權力，如何負責治安？協商的結果是，治安暫由憲兵警察、青年及學生，組織治安服務隊（忠義服務隊）維持。

不管當局此刻是否別有用心，抑或處委會已遭滲透，為了讓政府放下槍，不再刺激民眾，也希望民眾別再犧牲，處委會是打算扛下穩定人心與社會秩序的責任了。

一會面完，下午兩點處委會便發〈急告本市同胞書〉：「**本事件已在徹底交涉中，請我同胞暫為鎮靜，作本會後盾，冀交涉目的能達到，幸勿打人燬物，各自維持秩序為盼。**」

這是重要轉折，由處委會出面作為這一股抗爭勢力的代表，收攏民意，與政府交涉。另也由處委會取代官方，成為撫定秩序的角色。

下午三點，柯遠芬到電台廣播，保證下午六點軍隊撤回軍營，而且「**此次撤軍若不履行，渠願負責自決，以表決心。**」

柯遠芬說，撤軍若不履行，他就自殺以謝國人。

所以，軍隊真的撤回兵營了嗎？

三月四日，台北市公車還是無法行駛，因為一出車庫，就看到荷槍實彈的軍車還在市區巡邏。這顯然違反柯參謀長的承諾，處委會只好請黃朝琴、張晴川與顏欽賢再去交涉。

終於到三月四日下午三時四十分，台灣省警備總司令部發表〈第一二八號公報〉：「**本部業已通令各隊長，嚴厲約束所屬，非因自衛必要，不得開槍。**」台北多日來的槍聲與對峙，暫得緩解。但嘉義已陷入更大規模的動盪。

三月四日，嘉義駐軍以迫擊砲轟打市區，無辜市民慘死家中。

第六章
動盪中爭普選

處處有民眾因抗爭而犧牲，省參議員王添灯建議全台合體，把民意極大化後與政府談判。此時有如反對黨的政治壓力團體——政建協會，也與陳儀展開協商。要求縣市長民選及起用本省人，像兩根柱子橫貫整個事件，是民意厚厚實實灌漿灌出來的。政治改革的方向在哪，台灣早有共識。

陳儀在巨大壓力下，特別是嘉義人民的武裝抗爭已取得優勢時，答應進行政治改革。但一切真的如陳儀會客室所談的那般嗎？是有不尋常的聲音傳出。這一次事件是「台灣人要求聯合國託管」，是想要「台灣獨立」？你跟政府談民選，他暗指你搞台獨；你批判他施政惡劣，他說是共產黨陰謀；你跟他談人事，希望平等起用本省人，他說你排斥外省人。更大的壓力是，聽聞中央政府主席蔣介石已派兵！

危機中，下一步該怎麼走下去？

前進的步伐，沒有退卻。此時只能相信日日與陳儀面對面溝通，且透過媒體發佈的改革進程。一字一句，白紙黑字寫下，不是懷中的契約，而是印在民眾都能看見的報紙上。

臺灣政

南京美國大使館

闡明事件眞相

五、要求縣市長民選即時實施。
六、要求省各處長及各重要機關主管人員須要提拔省人。

免費贈送

▬ 6-1-1
王添灯
省參議員、處委會宣傳組組長（黃秀婉提供）

全台合體（三月四日）

局勢一直在變動中，處委會也一直在變化中。嘉義、高雄、屏東都有激烈抗爭傳來，嘉義、高雄因駐軍擁有武力，根本不停火的，一再進入市區掃射。

省參議員王添灯提議，為停止人民繼續犧牲，應該組織一個最高委員會來跟中央交涉，集中民意，齊力發聲。全台十七縣市，以參議會為主體，同時組會。

這是很重要的一步，除了加大與執政當局談判的籌碼，也讓改革往共同的方向前進。王添灯並建議統一言論，所有關於二二八事件的新聞，都由處委會辦理播報，並主動取締市區張貼的廣告單，清除過激的言論。在陳儀政權癱瘓的時刻，如何集全台之力，爭取政治改革，是人心之所向。

處委會不斷與政府交涉，軍隊不要再進入市區，以免刺激民眾對抗，這樣的做法確實有效。各地陸續恢復了秩序，也不再有毆打外省官員的事情。事件發生以來的混亂狀態，終於在三月四日這一天稍有起色。這一天同時有關鍵性的發展。

6-1-1
6-1-2
6-1-3

啟動政治改革

為何發生二二八？事件明明在台北，為何延及中南部，乃至全台連動？到底陳儀自己是怎麼

新生報 （星期三）

處理委會加強機構

十七縣市同時組會

吾人要認淸此次行動目標

除要求政治改進外無他求

【本報訊】二二八事件處理委員會，於昨（四）日上午十時，在中山堂繼續開會，決議，一，爲加強本會機構，通知十七縣市組織處理委員會，處理各該地所發生之事件，並推派代表參加本會，以推進工作，二，因市內仍發現少數武裝軍隊乘卡車巡邏，有違反三日柯參謀長之諾言，特請黃朝琴，張晴川，顏欽賢三委員逕向柯參謀長交涉制止，所有軍隊，應歸兵營，不得攜帶武器出門，三，市公共汽車，勿因武裝軍隊挾巡而停駛。四，民營廣播電臺，應歸臺北電臺統一辦理，以便對外統一宣傳。五，選派代表二人參加本會，六，請電力公司對日間無電之地方，從速設法救濟。七，臺北市臨時治安委員會沒收之黃金首飾，應經由市政府交還其本人。八，由本會通知新竹縣參議會放行米糧來北。

報告事項：林宗賢報告電力公司職工之請求，一，現電力公司全由本省人負責工作。二，願盡力恢復治安。三，員工出外修理時，需民衆協力。王添灯報告：據臺中來電話，一切機關，業已接管完竣，已組織處理委員會處理一切，維持治安，請本會向當局勸阻出動軍隊，以免發生意外事件。李仁居報告：據悉：上海及其他若干方面，故意誇張歪曲消息戰稱，本省人民發生暴動係要求託治等云，切望同胞應明瞭，自身爲獨立國家之人民，此次事件之發生，純粹在於要求今後政治的改進而起，并非如外間所傳有其他企圖云云。

6-1-3
全台合體，十七縣市組會。
（《台灣新生報》1947.3.5 一版）

6-1-2
王添灯手稿
（黃秀婉提供）

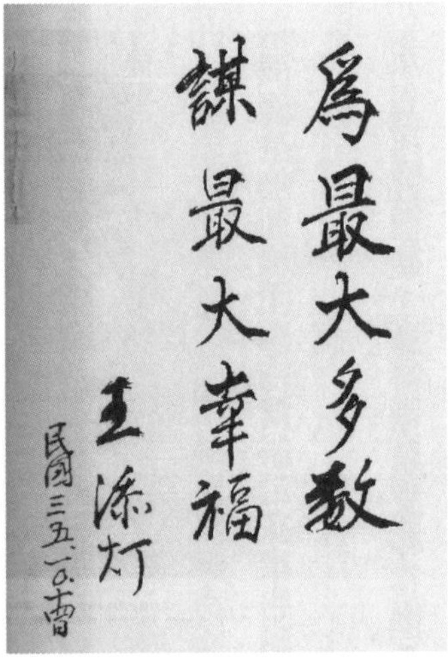

爲最大多數
謀最大幸福
王添灯
民國三五、一〇、書

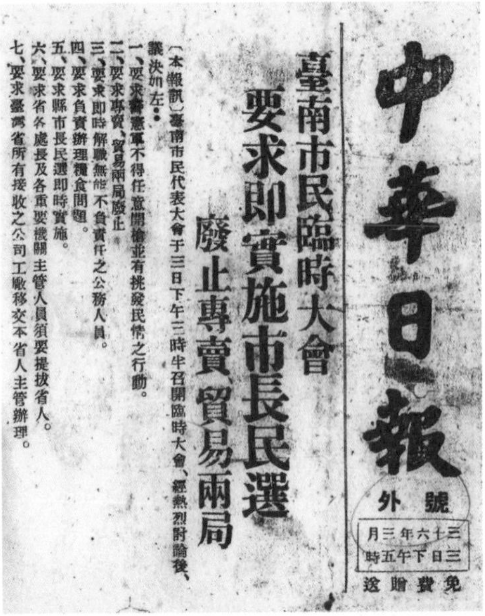

中華日報

號外

三十六年三月三日下午五時

免費贈送

臺南市民臨時大會

要求即實施市長民選

廢止專賣貿易兩局

【本報訊】臺南市民代表大會于三日下午三時半召開臨時大會，經熱烈討論後，議決如左：

一、要求警憲軍不得任意開槍並有挑發民怖之行動。
二、要求專賣、貿易兩局廢止
三、要求即時解職無能不負責任之公務人員。
四、要求負責辦理糧食問題。
五、要求縣市長民選即時實施。
六、要求省各處長及各重要機關主管人員須要提拔省人。
七、要求臺灣省所有接收之公司工廠移交本省人主管辦理。

6-1-4
3 月 3 日台南市民臨時大會要求實施市長民選，廢止專賣、貿易兩局。（《中華日報》1947.03.03 號外）

想的？若他不能認清問題的源頭，人民如何盼望未來？

一早陳儀透過李澤一，想找人會面。上午十點，陳炘、蔣渭川及學生代表二十多人，來到公署，沒想到是來聽陳儀訓話的，足足講了一個多小時。問題如此嚴重，陳儀竟只想宣揚政績，並說人民對政府很感謝，年輕人當場反駁：「**事實根本相反，若人民感謝，就不會發生這樣的事情了。**」

陳炘也耐不住了：「**希望長官不要被少數特殊份子包圍，現在是非常重要的時機，必須打開包圍的圈套，聆聽民眾意見。**」

蔣渭川試著讓陳儀理解：

日本時代皇族來台，不管軍憲壓迫或御用紳士鼓動，人民反應始終冷淡，但陳儀抵台時，民眾自動自發前往迎接、欣喜若狂，背後是多大的誠意與期待，怎會短短時間內，就這般離心呢？

他不滿的說，他們這群從日本時代便從事民族鬥爭與民眾運動的份子，所籌組的政建協會，全台共二十多處分會，其實才寄託著民意。但所提出的改革意見，卻被當成只是在反政府，被政府視為眼中釘。陳儀不懂台語，只依賴聽信少數的橋樑份子（意指半山），才導致今天的惡果。大家所提的意見，都是陳儀的用人問題。

從去年年底以來，各方急欲藉憲法通過，爭取縣市長民選，從制度面著手，換掉貪官汙吏。事件一發生，三月一日台中就推舉省參議員林連宗面見陳儀，所求為何？就是要求縣市長直接民選及起用本省人，這像兩根大柱子，橫貫整個事件，是民意厚厚實實灌漿灌出來的。三月三日台南市民大會，一樣是要求市長民選，《中華日報》當天還出號外擴大音量。政治改革的方向在哪，台灣早有高度共識。

蔣渭川起頭：**「現行長官公署制度，先改組為省政府，使台灣的地位與各省相同，進而實行縣市長民選，改革一切問題，以此為開始如何？」**

陳儀當場推說，這是中央職權，希望大家提地方行政的意見就好。會中唯一達成的結論是，政治該怎麼改，不只由民意代表提，也開放給民眾，最後由處委會審議轉呈政府。這就是後來的三十二條改革議案誕生的背景。

沸騰的改革之音

三月五日（星期三）台北回復了平靜，商店開門，鐵公路通車，學校學生照常上課。

報紙一翻開，見到陳儀允諾，改革的意見大家都來提吧。

這是衝突處理告一段落，轉入政治改革的起點。

大家紛紛發表意見，要提給處委會以前，也運用媒體發聲。政建協會提九條、國民參政員也提九條，宜蘭處委會有五項建議，新竹有八項要求，台中有七大主張，台灣省青年自治同盟也有六大綱領……。

處委會指定總務組，受理各方改革意見書。

意見有不同嗎？當然不同。

找不到共同點嗎？錯。

6-1-5

1946.04.13 高雄市參議會成立留影。各地參議員是二二八處委會的主要成員，事後多人罹難或受牢獄之災。前排左起孫太雲、陳浴沂、黃再德、張媽意、議長彭清靠、副議長林建論、蕭華銘、許秋粽、陳騰雲、王清佐；第二排右起蔣金聰、張啟周、陳啟清、郭國基、李炳森、方錫淇、邱道得；第三排左起黃朝聰、莊高都、陳武璋、王石定、黃賜、龔遜霖；後排左起林本男、林瓊瑤、林仁和、王天賞、曾宗鏞、曾宗鏡、郭萬枝、蔡景軾。（方凱堂提供）

就是向著縣市長民選走去，就是要求平等任用本省專才，異口同聲。

有細節的差異嗎?當然有。

有人要求公營事業民營化，有人建議公營事業要任用本省人。

台南處委會要求廢止貿易局，參政員則建議貿易局改為商政機構，不得有營利行為。

政建協會特別要求中央承認台灣法官的資格，也盼各級法院檢察處應盡量起用本省人。參政員一樣建議各級法院院長、首席檢察官及各級校長盡量錄用台灣省民。

縣市長民選，要看中央，但陳儀不爭取我們更是全無機會。憲法已通過，只是尚未決定何時實施，台灣這時就是要拚立即實施。

整個台灣都動了起來，滿腔熱血的年輕人更不會缺席。「田中青年意見書」寫於三月六日，留有不願屈辱而活的抓痕。他們先悼念勇敢抗爭的死難者，稱他們的行為「有最後的美」。他們也要統治者明白台灣人的性格是什麼：「我們是一等的文明國民，而不是只能做外省人的奴隸……不是只是被詐取的愚民。」、「台灣不是殖民地，是有民主立憲精神的人民。」、「如殖民地總督的行政長官公署制，一定要廢除。」青年們難掩激動，開宗明義就說：正是這些原因釀成二二八事件，不改革的話則繼續對抗到底!

陷入危機

就在全台討論改革議案的時刻，接連兩天，陳儀私下的談話都讓人嗅到不尋常的意味。三月五日的會面，他說只要台灣不脫離中央，永久為中國的一省，台灣不共產黨化，那什麼改革都可以談。台灣人不喜歡他或外省人，他們也都可以回去，把台灣交給台灣人自己管。

這話顯然意有所指，你跟他談民選，他暗指你搞台獨；你批判他施政惡劣，他說是共產黨陰謀；你跟他談人事，希望平等起用本省人，他說你排斥外省人。聽來陳儀還是無法正視官員貪腐的問題，還是不承認自己用人的省籍偏差。他把種種指向統治階層的問題、指向他的問題，推向省籍對立。

陳炘告訴陳儀：「本省人對外省人沒有什麼仇視，所恨者是貪官汙吏，以及與之相勾結的土劣。」

陳全永也說：「我們絕無排斥外省人的思想，只要外省人不欺負我們，我們一定與其親愛如兄弟。我們讀國父遺教，願與以平等待我之人共同奮鬥。」

蔣渭川直言：「日本時代我們是跟八萬華僑同一命運，共同對抗日本政府的。當時所謂的華僑，就是現在的外省人，大家相親、一起共事，何曾排外！今天民眾在怨怒中，毆打貪官汙吏，波及外省人。但陳儀不正視多少本省人主動保護外省人，卻擴大一部分人非理性的行為。長官是否別有用心，或還抱持什麼怨恨，讓人很不安心。」

新生報（星期五）

處理委員會發出告全國同胞書

爭取本省政治改革 並非排斥外省同胞

【本報訊】二・二八事件處理委員會于昨發表聲明如下：

親愛的各省同胞，這次二・二八事件的發生，我們的目標在肅清貪官污吏，爭取本省政治的改革，不是要排斥外省同胞，我們歡迎你們來參加這次改革本省政治的工作，以使臺灣政治的明朗，早日達到目的，希望關心國家的各省同胞，踴躍參加和我們握手，舉齊同樣的步驟，爭取這次鬥爭的勝利，親愛的同胞們，我們同是黃帝的子孫，漢民族，國家政治的好壞，每個國民都有責任，大家拿出愛國的熱誠，和我們共同推進，我們很誠意地歡迎，各省同胞的幫忙，協助，至于二・二八那天有一部份省外同胞被毆打，這是出于一時誤會，我們覺得很痛心，但也是一個我們同胞的災難，今後絕對不再發生這種事件，希望大家放心出來向個這目標邁進，我們的口號是改造臺灣政治。

中華民國萬歲。

國民政府萬歲。

蔣主席萬歲。

— 6-2-1
《台灣新生報》1947.03.07 一版

處委會闡明事件眞相 向中外廣播處理大綱

除改革政治外別無他求 建議案本日可正式提出

【本報訊】臺灣省二・二八事件處理委員會于六日下午二時召開會議，席上除報告組織大綱及推選常務委員外，並由委員王添灯氏動議謂本省地處孤島，致此次所發生之事件，中外人士未能透徹明瞭，諸多曲解，特擬就二・二八事件處理大綱，內容闡明發生之遠因與近果，將以國語，客語，閩語，英語，日語，向中外宣佈，俾能了解內容眞相，全體一致贊成，茲將原文誌之如次：

— 6-2-2
《台灣新生報》1947.03.08 二版

民眾切望政治改革，最矚目的就是人事問題。陳儀再怎麼不承認自己的政策有問題，在全台鬧翻天，搜索貪汙官員住家，甚至痛打「劫收」官員的時候，還能認為自己的用人沒問題嗎？

要平息民怨，蔣渭川建議加入：「**局處所長或主管，起用本省人。**」陳儀一開始支支吾吾，但顯然心中另有盤算，也就未再反對。

此時陳儀對大家所提要求，都盡可能答應，最後決議加入：「**縣市長訂六月舉行直接民選，各局處首長起用本省人。**」

這是會談以來，前所未有的突破。

但陳儀真正的心思是什麼，總在離去前。他說：「**萬事都解決了，惟現在嘉義民眾與軍隊尚在對峙中，暴動尚未終止，這要怎樣辦？**」

協商代表很有信心，認為只要改革議案達成了，民眾自無武裝必要。

從陳儀兩次與民間代表會談後，都拜託他們協助平撫嘉義民情，可知嘉義的武裝對抗，確實對統治者造成必須承諾改革的壓力。

由於陳儀今日的談話將問題指向省籍，確實讓人憂心，處委會緊急發表〈告全國同胞書〉：「**爭取本省政治改革，並非排斥外省同胞。**」

聯合國託管？台灣獨立？

在企圖走向改變的時刻，在要求現行統治者走民主之路，放下握在手中的權力時，一切真的都如陳儀會客室所談的那樣嗎？

統治者的心思是藏不住的，果然是有不平常的聲音傳出，這一次事件是「台灣人要求聯合國託管」，是想要「台灣獨立」？

此事非同小可，處委會三月四日一早的會議，身在媒體的李萬居帶來消息，他是《台灣新生報》發行人，他說上海美國合眾社歪曲消息，說台灣發生暴動，是因為要求「國際託管」、意欲獨立。他說我們本來就是獨立國家的人民，這次二二八事件的發生，純粹是要求政治改進，並非另有其他企圖。

台灣人在思考的是政治改革，換掉貪官汙吏，或有平等機會從政、參與治理，但統治者想的是另一件事。三月三日下午柯遠芬說，他很傷心，因為發生事件的那一天美國人在拍影片，日本人在歡喜慶祝，他說他聽到這兩個消息，比政府官員及民眾的死傷更讓他傷心，只要不離開國家民族立場，什麼都可以解決。

他對人民的死亡無感，而是舉起「離開國家民族立場」這種可以轉變為刑具的大帽子。提日本人，想暗指你通敵，因中日是二戰敵對國的溫度未退；提美國，是指你向外人告狀，讓政府難堪，甚至有意獨立。

處委會在進行政治改革的過程中，一直籠罩在這樣的陰影下，乃至當時發出的每一份聲明，都要不斷揚聲：「**除政治改革外，別無他求**」、「**絕對擁護中央，除省政革進外，別無希冀。**」

6-2-2

也由於中國及國際反傳回來的誤解一直很嚴重，三日凌晨，馬尼拉電台以英語廣播，說台灣人民三月一日包圍美國駐台總領事館，並組織軍隊、使用機關槍，反抗中央。日本大阪電台，也廣播南京中央通訊社的電稿說，台北市的民眾暴動，現已告平靜，所提出的要求，均被陳長官拒絕。

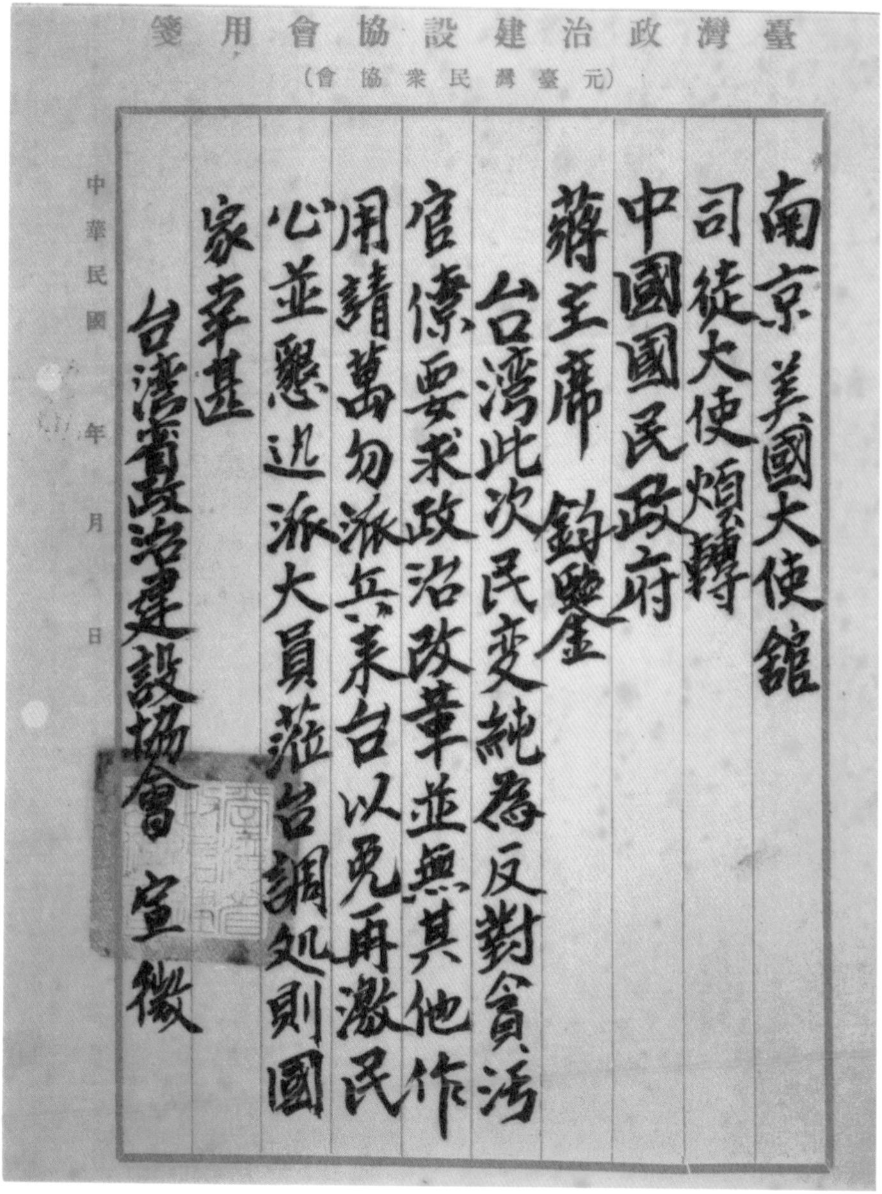

臺灣政治建設協會用箋
（元臺灣民衆協會）

南京美國大使館
司徒大使煩轉
中國國民政府
蔣主席　鈞鑒
台灣此次民变純為反對貪污
官僚要求政治改革並無其他作
用請萬勿派兵來台以免再激民
心並懇迅派大員蒞台調処則國
家幸甚
台灣省政治建設協會　宣

中華民國　　年　　月　　日

6-2-3

1947.03.05 政建協會透過南京美國大使館，轉國民政府主席蔣介石「萬勿派兵來台」。
（蔣梨雲提供）

所以處委會早從三月三日開始就做成決議：「**本案需要周知全世界及國府**」。選出林宗賢、林詩黨、呂伯雄、駱水源、李萬居五人為委員，透過美國領事館來處理。這是報紙上的公開資訊，而非暗通款曲。但似乎只是與美國領事館保持溝通，就已經讓陳儀及柯遠芬如坐針氈。

三月六日王添灯提議，此次事件中外人士諸多曲解，我們應該就二二八事件的處理大綱，闡明發生的遠因與近果，同時以國語、客語、閩南語、英語、日語向中外宣布，這樣大家才能了解內容真相。只差沒有召開國際記者會了。

壓力從四面八方來，有說二二八事件是搞獨立，有說是排斥外省人，有說是搞聯合國託管，更大的壓力是，聽聞中央政府主席蔣介石已派兵！

三月五日，政建協會發電報給美國駐南京大使 Dr. Leighton Stuart，拜託他轉達蔣介石：

此次在台灣省的民變，純粹是為了反對貪官汙吏及要求政治改革，此外別無他圖。我們請求您不要派軍隊來台，以免更激怒民心。我們也迫切懇求您，為了國家，請立刻派遣高層官員到台灣來，調解此一事件。

處委會這時的挑戰確實非常嚴峻，有掛著他名號的治安隊，帶頭搶劫；有上海的消息說台灣人要聯合國託管，也有中央將以武裝鎮壓的傳言。

危機中，下一步該怎麼走下去？

前進的步伐，沒有退卻。此時他們只能相信，日日與陳儀面對面溝通，且透過媒體發布的改革進程。一字一句，白紙黑字寫下，不是懷中的契約，而是印在民眾都能看見的報紙上。

三十二條改革議案

懸宕的心（三月六日）

幽暗中盼著光，人心期待著，但春雨薄霧中的朦朧，卻罩住了人心。應該要高興好像慢慢找到了出路，但怎麼就是在薄霧中，還走不到、也看不到想去的地方。《民報》一九四七年三月六日，〈熱言〉寫出人心懸垂的狀態：

・連綿不停的春雨，罩住二・二八事件，快把同胞們的心穿破。
・全省各地方消息由廣播電台收聽，知道情形還在進展中。
・同胞們所要爭取的要點，雖尚未集中一處，卻有漸次明顯的現象。
・根本不在排斥外省人一事，已經有了定論，所爭者只在政治上的問題。
・全省民所希望的政治目標決定後，要向交涉的對象，或許是在中央？
・對這回事件，外國已有不少錯誤的報導，也有別抱希望的見解。
・但是勿論如何興奮，台灣人是中華民族這個意識，總不會變的。
・既是同一民族，應該有手足骨肉的情分，豈可以軍火相見？

長官公署將改為省政府
各廳長儘量任用本省人士
縣市長訂七月一日實施民選
陳長官廣播全文

【本報訊】陳長官于昨（六）日下午八時三十分在臺北廣播電台向全省同胞廣播，發表省公署已向中央請示改爲「臺灣省政府」，各廳處長盡量任用本省人士，而縣市長亦訂于七月一日實施普遍民選，表示政府俯順輿情，實現民主自治精神，玆將其廣播詞文誌之如次：

臺灣同胞：

自從二月二十八日臺北事件發生以後，我曾兩次廣播，宣佈和平的解決辦法。臺北方面，這幾天，經憲警及地方人士的共同努力，秩序已安定。曾經有過問題的各縣市，亦漸好轉，想不久可恢復原狀。不過各位所關心的，還有一個問題，就是如何改善政治的問題。但要改善政治，須先調整人事。關於這一點，我也考慮到。此刻特將我的意思，向你們開誠佈公的說一說。

第一，省級行政機關，我已考慮將行政長官公署改爲省政府，向中央請示。一經中央核准，即可實行改組。改組時，省政府的委員各廳長或各處長，盡量任用本省人士。希望省參議會及其他可以代表民意的合法團體，推舉人格高尚，思想正確，能力卓越的本省適當人選，以便向中央推薦。

第二，縣市級行政機關，我已預定在預備手續能完成的條件之下，縣市長於七月一日民選。在本年六月三十日以前，須擬定選舉法請中央核准。七月一日開始，舉行普遍直接的選舉，選出各縣市長。至於縣市長未民選以前，現任縣市長之中，當地人民認爲有不稱職的，我可以將其免職。另由當地縣市參議會（各合法團體，要參加，亦可以，可由當地人士協商決定。總之，希望能代表多數民意。）共同推舉三名人選，由我圈定一人，充任縣市長，并負責辦理民選縣市長的準備工作。人民認爲稱職的現任縣市長，則繼續執行任務。

至於各種行政如何改革，在省一方面，俟政府改組以後，由其決定。在縣市方面，俟縣市長調整後，由他們負責。

政治問題，我已決定如此解決。但是目前最重要的，還是趕快恢復秩序。否則，奸黨乘機搗亂，極易糜爛地方。今日下午還有坐着卡車在路上搶奪士兵槍枝的不法之徒。就是糧食問題，現亦日趨嚴重。現在因爲秩序未定，米價黑市，聽說已激漲至六十多元，一般人民大受影響，生活痛苦極了。又聽說臺灣大學學生已經吃了幾天稀飯，我都非常關懷。你們要知道，目前的糧荒，完全是秩序不定造成的。要趕快解決糧荒，須趕快恢復秩序。

我聽說因爲奸黨造謠惑衆，致有同胞遷避的。我希望你們信賴政府，千勿輕信謠言。中華民族最大的德性，就是寬大，不以怨報怨。我們對於本省自己的同胞，難道還會不發揮寬大的美德嗎？我今天下午已經召集本市公教人員講過話，要他們發揮我們中華民族寬大的德性，忘記這次悲痛的事件，與本省同胞，相親相愛，精誠團結。

同胞們，政治問題解決的原則，我已經告訴你們，只要辦法決定，即可實行。從今後，大家趕快鎮定下來，協助政府，恢復秩序，解決糧食問題，準備改組省級政府，及民選各縣市長。言而有信，我的話完全負責。在這次沈痛的經歷以後，希望政府人民，共同爭取安定繁榮，愉快和平的生活！

6-3-1

《台灣新生報》刊載3月6日晚間陳儀廣播全文（《台灣新生報》1947.03.08）

・台灣同胞的奮起，因憤慨之餘，出於直接行動，但完全是為愛護台灣的心情。

・願軍人們放下武器，給台灣同胞得以冷靜，從長計議大局上的問題！

・提早實施憲政，即刻準備民選省、縣市長，於解決時局或有一顧之價值？

三月六日晚上八點半，收音機傳來令人振奮的消息。陳儀在台北廣播電台向全台廣播，發表省公署已向中央請示改為「台灣省政府」，各廳長儘量任用本省人士，而縣市長擬訂於七月一日實施普遍民選。

霧散了嗎？喪生街頭的人民可以安息了嗎？

三十二條改革議案（三月七日）

這幾日各地的意見書紛飛而來，人民期盼什麼？渴望改革的又是什麼？

由處委會彙整的三十二條改革議案，裡頭的聲音，如此急切。一字一句說著台灣人渴求，卻無法擁有的是什麼。

第一部分是「對於目前的處理」，目的在讓流血衝突真正止息，政府必須先放下武器，軍隊退，人民就退。由於嘉義及高雄駐軍還是把槍對著人民，特別是高雄彭孟緝已令軍隊入市區掃射，此時要如何相信政府願意改革？所以處委會要求把武器交給處委會及憲兵隊共同保管。

第二部分是根本處理，緝菸血案發生在台北，卻全島蜂起，完全是這一年多來施政惡劣所引起的，若無根本的政治改革，這一關是過不去的。

首先是軍事方面：「**缺乏教育和訓練之軍隊，絕對不可以使駐台灣。**」應該保護人民的軍隊，反成為取走人民生命財產的人，拿著手中的槍，劫奪民間，這是這一年多來社會治安的大問題。所以，請直接「在台徵兵守台」。第三條則回應了國共內戰的問題，由於政府徵調台灣子弟到大陸打國共內戰，這時台灣提出自己的主張，希望「**在內陸之內戰未終息以前，除以守衛台灣為目的之外，絕對反對在台灣徵兵，以免台灣陷入內戰漩渦。**」

政治方面，雖彙整了二十二條，看似繁多，但其實主要在三方面，一是基本人權，二是從制度面確立民主自治，三是人事問題。

其中最重要的還是縣市長直接民選：「**縣市長於本年六月以前實施民選，縣市參議會同時改選。**」其實從各縣市處委會急切的呼聲，都能感受到，希望以縣市長民選一步到位，解決國民政府接收以來的混亂。

而人事的問題，希望起用本省人的意見，幾乎像炸彈般引爆，在二十二條政治要求中，高達八條，超出三分之一。話是都講白了：「**省各廳處長三分之二以上，須由在本省居住十年以上者擔任之。**」、「**警務處長及各縣市警察局長，應由本省人擔任，省警察大隊及鐵道工礦等警察即刻廢止。**」

後面這一條寫出當時警察與民間的摩擦，乃至引起巨大憤怒的痕跡，各地的警察局長，真的都不能起用年長的、資深的本省人嗎？而警察大隊是二二七緝菸血案及三月一日北門事件的開槍者。

接收如劫收，日本人留下龐大的日產及公營事業，豈可全無監察機制，任主事者上下其手？省參議會早已提出要求。「**設置民選之公營事業監察委員會，日產處理應委任省政府全權處**

理，各接收工廠礦應置經營委員會，委員須過半數由本省人充任之。」各地工廠廢弛，導致失業問題嚴重，也讓本省人貢獻心智及經驗吧！一起努力讓經濟重生。

另外，台糖公司的董事長，連甘蔗是什麼都不知道，各工廠機械原料頻遭盜賣，專賣、貿易兩局長貪腐，鹽經理也貪汙……「一切公營事業之主管由本省人擔任」的建議也被提出來了。

但希望就一直只是希望，就是盼望著。

首席檢察官蔣慰祖封押民船赴閩販賣、台中法院院長牽親引戚，台灣本地司法菁英無晉用機會，司法界早已不斷揚聲，此時亦提出：「各地方法院院長、各地方法院首席檢察官，全部以本省人充任。」、「各法院推事、檢察官以下司法人員，各半數以上省民充任。」

這些主張如鏡面，反照著當時政府治理的問題。

三月七日，各地紛飛而來的改革意見書，經處委會彙整，送到陳儀手上時，是被丟到地上的。大家不知原先談的好好的，為什麼突然之間如此，於是把矛頭指向自己，一定是哪裡超過了尺度，一定是……

王添灯直言，我們不過是提供意見給政府參考。這個在日本時代努力爭取台人自治的人，在戰後國民政府統治下，所努力的還是同一件事。

即便新史料揭露，律師陳逸松是情治單位軍統局安排在處委會的，扮演將訴求激烈化的角色，讓當局師出有名。除原先的三十二條以外，又在混亂中增加了十條，成為問題所在。但這都不能遮蓋當時人民期待聚焦的改革。

而陳儀摔到地上的三十二條，不是改革意見有問題，而是國民政府主席蔣介石所派大軍，即將抵達台灣了。至於政府在逮捕名單上註記為「三十二條叛國議案」，只是留下當年統治者反民主，及屠殺民主人士的證據。

對歷經白色恐怖及戒嚴統治的全體台灣人民，不論省籍，看到三十二條要求中的：「除警察機關之外不得逮捕人犯」、「憲兵除軍隊之犯人外不得逮捕人犯」、「非武裝之集會結社絕對自由」、「言論、出版、罷工絕對自由，廢止新聞紙發行申請登記制度」，都能懂得為建立民主生活，及真正自由的到來，我們又走了漫長的年歲。

「三十二條改革議案」永遠是理解那一時代，最重要的一份文件，是二二八世代追尋民主、自由、平等的印記，他們以生命留給我們。

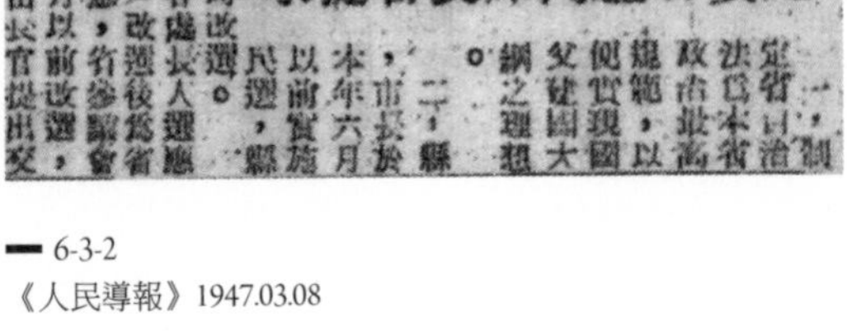

人民導報

三十二項要求

處委會已向陳長官提求

一、制定省自治法為本省政治最高規範，以便實現國父建國大綱之理想。

二、縣市長於本年六月以前實施民選，縣市參議會同時改選。

三、省各處長人選應經省參議會（改選後為省議會）之同意，省參議會應於本月六月以前改選，目前其人選由長官提出交

━ 6-3-2

《人民導報》1947.03.08

第七章 面具下的執政者

何以信任召不回，在這麼多年過後？三月八、九日，從基隆港登岸掃射的軍隊是怎麼一回事？那張著兩張不同臉孔的陳儀、柯遠芬與張慕陶是怎麼一回事？

民主化，讓光照進塵封的檔案，陳儀的心思，這個執政集團的慾望，隨著他們所下的公文，無所遁形。原來與人民協商的背後，是政府日日派兵鎮壓的心思與安排。

三月五日蔣介石回覆陳儀：「已派步兵一團，並派憲兵一營，限本月七日由滬起運，勿念。」

蔣介石這張手令，整張以紅筆書寫。這，是要見血的。

出現在我們眼前的場景是，三月七日軍隊在海上全速前進，但各縣市參議會同時接到公署來電，指示三日內辦理不稱職縣市長改選。軍事鎮壓與民主選舉這麼大的反差同時發生。

而為何各地台籍菁英遭全面性逮捕及殺害？柯遠芬作為台灣最高軍事幕僚，從一開始便安排特務及流氓滲入處委會，收集名單並製造動亂，一來弱化處委會引領改革的正當性，二來製造逮捕及鎮壓的藉口。

1946 年蔣介石、蔣宋美齡首度訪台，與陳儀合影。（高雄市立歷史博物館提供）

謊言（三月八日）

如果我是基隆人，三月八日吃早餐時，桌上報紙的標題寫著：陳儀答應縣市長民選、起用本省人，但下午耳朵聽見的卻是密集的槍聲掃射。請問，我該如何理解這個政府以及眼前的世界？

陳儀在三月六日晚間的廣播，三月七日的報紙來不及出刊，《台灣新生報》是在三月八日以頭版頭題處理的。這天在台北，處委會日日集會的中山堂內，憲兵第四團團長張慕陶猶告訴大家：「**此次之要求改革政治，甚為正當**」、「**本人以生命保證，中央絕不對台用兵**」。但槍聲總在他們的甜言蜜語後響起，三月八日下午兩點左右，第一批軍隊自基隆港登岸，掃射進入市區，晚間台北地區槍聲大作。

7-1-1

如果你我生活在那個時代，又要如何接受台灣各地正在推舉縣市長候選人，但政府卻突然宣布戒嚴？

三月七日，公署致電各地參議會，希望三天內改選不稱職縣市長，花蓮、台南等地正著手進行投票。戒嚴綏靖與民主選舉，這麼大的反差，同時發生。

而使人民蒙受巨大驚駭的更是：此時各地推舉出的縣市長候選人，不旋踵成為被槍殺及逮捕的對象。花蓮選出醫師張七郎，第一高票，於四月四日遭現任縣長張文成下令槍殺，連兩個同是醫師的兒子都帶走；台南的湯德章律師三月九日被選為市長候選人，三月十三日公開槍殺於

7-1-2
7-1-3
7-1-4

關於政治方面的改革
希望民衆提供意見
長官願與民衆接近握手

【本報特訊】昨（四）日上午十時許學生代表及民衆代表陳炘，蔣渭川，林梧村等四十餘人往長官公署謁見陳長官，陳長官即向代表發表談話，隨後一部學生先回中山堂報告，其餘代表再在公署二樓會議室與陳長官討論處理二，二八事件之具體方針，代表提出意見三點：

一，長官對本事件之看法如何？蓋本事件發生之遠因，係過去一年餘之政治經濟政策不能依照長官之理想辦理，而產生各種矛盾，因之使本省同胞失業，不能安定民生，此點可由臺北發生之事件波及中南部等地可以看出。

二，關于政治上之改革，可以由本案處理委員會研究一具體辦法，乘此機會改革自能澄清政治。

三，長官現在尚被一部份部下包圍，際此嚴重時機，希望長官打開包圍陣與民衆攜手，開誠布公商談，解決一切根本問題。

陳長官對于此三條件，全部接受，並對三項分別說明稱：

一，我的政治經濟政策是對的，這點各位都已認識，只因部下的人作事不清楚，我也明白，而失業者的多，政府一定設法救濟。

二，關于政治方面的改革，不僅是處理委員會，就是一般民衆有好的意見，我也採納的，政治方面要分國家行政和地方行政，希望各位提出意見，着重于地方行政，國家行政是屬于中央的。

三，各位希望我與民衆攜手，我也這樣希望，就是各處長也希望與民衆握手接近。

— 7-1-1

3 月 5 日人民從報紙看到的訊息是：陳儀昨接見民眾代表陳炘、蔣渭川等四十餘人，答應進行政治改革。（《台灣新生報》1947.03.05 一版）

— 7-1-2

張七郎（1887-1947）

制憲國大代表、花蓮縣參議會議長。以最高票被選為花蓮縣長候選人，後遭槍殺。

（立法院提供）

7-1-3
湯德章（1907-1947）
律師、台南市二二八處委會治安組組長
（吳三連台灣史料基金會提供）

石像圓環，曝屍終日不准收埋，類古代的「斬首示眾」出現在台南街頭。也才幾天前（三月六日），同一個地方，台南市各級學校踏著堂堂步伐，在民意代表帶領下，以台南工學院學生為前導，遊行要求政府改革。

何以信任召不回，在這麼多年過後。三月八、九日，從基隆港登岸掃射的軍隊是怎麼一回事？那張著兩張不同臉孔的陳儀、柯遠芬與張慕陶是怎麼一回事？

民主化，讓光照進塵封的檔案，陳儀的心思，這個執政集團的慾望，隨著他們所下的公文，無所遁形。這些公文以及柯遠芬、彭孟緝（高雄要塞司令）事後沾沾自喜、邀功般的回憶錄，到今天仍灼燒著對誠信、對民主有基本信念的心靈。從事件發生以來的每一天，人民納稅所奉養的統治者，一面說著人民想聽的話，但回到辦公室中，他究竟以手中的權力，做了什麼？

陳儀早已請兵

幾乎日日與處委會、與政建協會代表會面的陳儀，當他的承諾愈趨近人民期待時，回到辦公室，他請蔣介石派兵鎮壓的電文就愈急促。三月二日，我們透過媒體聽到及看到的是，那頻頻讓軍隊進入市區掃射的官方，終於願意聆聽民眾聲音了。但其實這一天，陳儀已向國民政府主席蔣介石請兵，也讓警備總部參謀長柯遠芬知道。

一九四七年五月十日柯遠芬開始在《台灣新生報》發表〈事變十日記〉，三月二日的日記寫著：

我建議向中央請兵，此時兼總司令（陳儀）告訴我，業已電主席速調整編二十一師一個加

各縣市長如不稱職
可即推舉遴報圈定
公署昨電各縣市參會酌辦

【本報訊】公署為實行長官前晚廣播，過渡時期縣市長人選問題，昨（七）日電致各縣市參議會云：限即到，各縣（市）參議會：現各地秩序，逐漸恢復，該縣市縣市長如人民認為稱職，希即全力協助恢復地方秩序，繼續執行職務，若人民認為不稱職，可由該會或會同其他合法團體，共同推舉三名人，遴報候圈定，希於電到三日內辦竣，遴報公署核辦。

7-1-6
3月7日公署致電各縣市參議會，現任縣市長如不稱職，可推舉三人，由長官圈定。（《台灣新生報》1947.03.08 一版）

黃百祿・侯全成・湯德章
當選本市市長候補人

【本報訊】臺南市參議會為鑑別現市長是否稱職並選舉新市長候補者起見，于昨（九）日下午三時假本市參議會會議廳舉行「臺南市各界聯合大會」。事前綜告參告關於南部事件與有關方面接洽經過情形，嗣由理委員會臺南分會韓主任委員石泉，表明無意當選縣長後即開始投票選舉（選舉三名），經當場計算票數（有效總票四二四票）結果當選者如左：

黃百祿 一七九票
侯全成 一〇九票
湯德章 一〇五票

7-1-4
湯德章甫於3月9日受推舉為台南市長候選人，軍隊抵台後，於3月13日遭公開槍殺。（《中華日報》1947.03.10）

危害國家民族

臺南暴徒坂井德章
昨執行槍決
餘犯刻正審理中

【本報訊】南部防衛司令部昨（十三）日上午十一時許將暴徒坂井德章（按即湯……僉治罪法第一條第一項第二款及第十條，第一百廿五條第二項，第一百五十條，第五十五條，懲治盜匪條例第二條第一項第四款，刑法第五十條第五十一條，第一款

7-1-4
《中華日報》1947.03.14

強團來台平亂。但遠水救不了近火。所以當時又決定要求將憲兵第四團留駐在福建的一個營，調來歸還建制，並且由交通處派船接運。

事件初起，政府便開始調派軍隊，知道的只有陳儀與柯遠芬嗎？顯然不是，交通處長任顯群也得派船，把留駐在福建的軍隊調回。那憲兵第四團的直屬長官張慕陶會不知道嗎？這些人，同時是事件期間負責與處委會溝通協調的人。

與人民協商的背後，是政府日日派兵鎮壓的心思與安排。

生活在那一時代的人，兩個月後，看到一個軍政首長的日記這樣寫，做何感受？他該如何擺放維持一個社會運作最基本的「信任」。他可能是事件期間跑到中山堂，聽大家討論時局的學生或老師；也可能是相信政府承諾，反對繼續抗爭的人；也可能如李瑞峯律師一樣，覺得很安慰，回家告訴太太：「**若真能這樣改，台灣真的很有希望，很有希望……**」。

蔣介石的派兵手令

三月五日蔣介石回覆陳儀：「**已派步兵一團，並派憲兵一營，限本月七日由滬起運，勿念。**」

蔣介石這張手令，不是以慣常的黑色毛筆字書寫，而是以紅筆，整張都是紅字。這，前所未見。如果看過白色恐怖時期政治犯的判決書，你會了解，每份判決書都會送到蔣介石桌前，有些他批「如擬」，有些他會以紅筆更改刑期。有刑期五年遭他改判死刑的，也有刑期十年被他改處死刑的。蔣介石以紅批取代法律，恣意取人生命，不折不扣的獨裁者行徑。

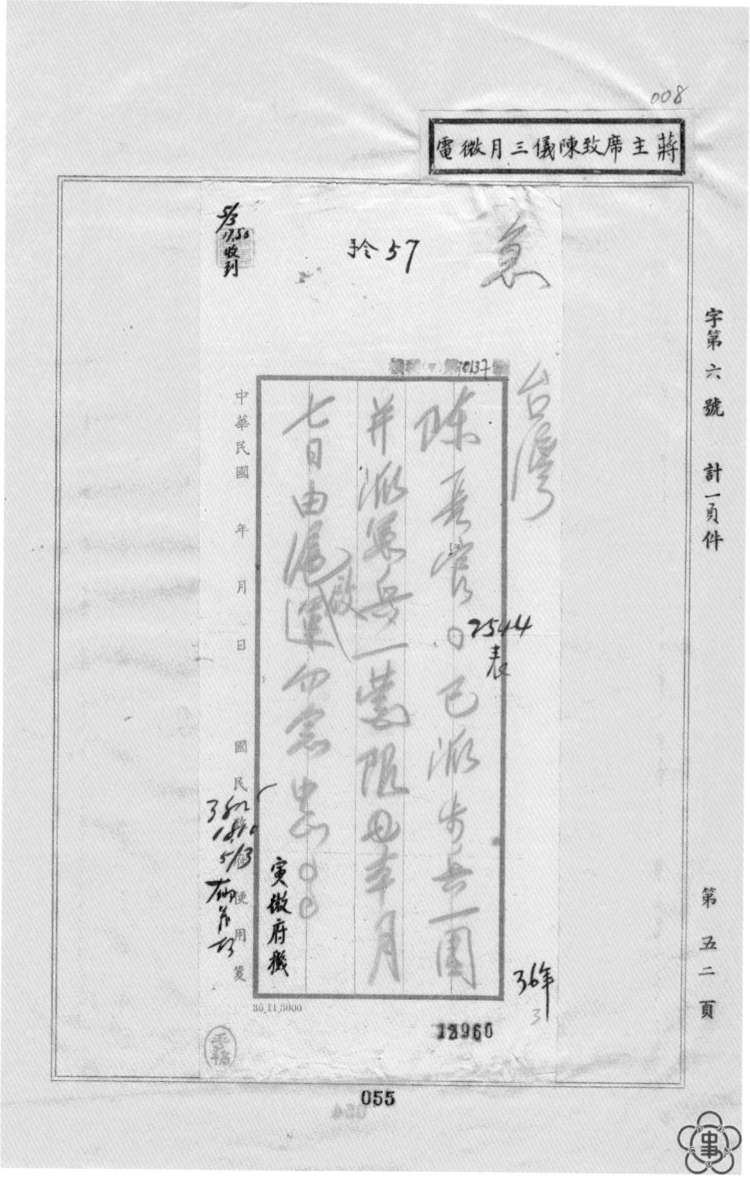

— 7-1-5

3 月 5 日同一天，主席蔣中正回覆陳儀派兵之請：「已派步兵一團、憲兵一營，限本月七日由滬啟運。」（大溪檔案）

這張二二八的派兵手令，蔣介石整張以紅筆書寫，了解其統治模式的人，知道這意謂著什麼，這不是依國家的哪一條法律而為，而是蔣介石的個人決定。他的決定高於法律。而這，是要見血的。

民主選舉與屠殺

就在軍隊由上海出發的前一晚，陳儀到電台廣播，承諾長官公署改為省政府、起用本省人士、縣市長訂七月一日民選，這些是民意所懇求，但出乎大家意料的是，陳儀主動加碼：各地縣市長如果不稱職的話，現在就可以立即改選！

出現在我們眼前的場景是，三月七日軍隊在海上全速前進，但各縣市參議會同時接到公署來電，指示三日內辦理不稱職縣市長改選：

現各地秩序，逐漸恢復，該縣市縣市長如人民認為稱職，希即全力協助恢復地方秩序，繼續執行職務，若是人民認為不稱職，可由該會或會同其他合法團體，共同推舉三名，逕報候選圈定，希於電到三日內辦竣，逕報公署核辦。

公署自己開宗明義說「各地秩序逐漸恢復」不是嗎？但為何同一天陳儀給蔣介石的公文說是「戡亂」？三月七日下午三點五十分，陳儀在他的辦公室裡，再發一份請兵電文給蔣介石，聲音是如此急促：「一團兵力，不敷戡亂之用，除廿一師全部開來外，再加開一師，至少一旅。……在最短期間，予以徹底肅清。」

傍晚，當王添灯代表處委會，帶著彙整各地意見的三十二條要求與陳儀會面時，陳儀當場翻臉、嚴厲拒絕。歷史檔案很清楚地告訴我們，從來不是這三十二條民主議案，或在混亂狀況下又增加的十條有什麼問題，即便這當中政府確實安排情治人員滲入，提出更激進的主張。真正的原因只是因為，明天軍隊就到台灣了，官方需要布置出可以宣布戒嚴、可以逮捕改革人士的理由及狀態。

三月八日，第一批軍隊自基隆港登陸，掃射進入市區。掃射意在威嚇，要威嚇什麼？此時台灣只有等待改革，等著迎接普選的人民。

政府運用暗黑力量

為什麼改革人士及各地仕紳，從南到北、從北到南，遭到全面性逮捕及殺害？驚人的逮捕名[7-2-1]冊，在短時間內完成。事實上警備總部參謀長柯遠芬在各地處委會成立之際，便以特務潛入，一是製造內部分裂，二是收集政治異議份子的名單及言論。

三月三日他已召集情治單位負責人，展開行動。他說：「**我乃思及『擒賊擒王』的辦法，再度召集情治負責人……指示偵查事變幕後策動份子，並掌握為首份子動態，以備將來平亂之用。**」

柯遠芬作為台灣最高軍事幕僚，改革者疾呼的民主要求，對他而言叫做「奸偽煽動」。二二八事件是一個全台起義的反對運動，柯遠芬一開始便擬定分化反對力量及「以群眾力量對[7-2-2]付群眾」的策略，安排特務及流氓滲入處委會。

> **為著要分化奸偽，和運用民眾力量來打擊奸偽，所以昨天（三月三日）兼總司令（陳儀）批准了設置義勇隊，並以林頂立同志為總隊長，他是本省人，極為忠實而有作為的同志，……一俟他們叛國的罪證公開後，馬上即使用軍事力量來戡亂。如此，一則可得到本省同胞的同情，再則外省人士亦可以原諒，但此時要注意的是努力爭取民眾。**

設置義勇隊的目的是什麼？處委會以此為治安維護隊，是要求軍隊放下武器的替代方案，並

7-2-1
柯遠芬
台灣省警備總司令部參謀長
（台北二二八紀念館提供）

7-2-2
處委會組織忠義服務隊維護治安，遭特務潛入分化。（《台灣新生報》1947.03.04 一版）

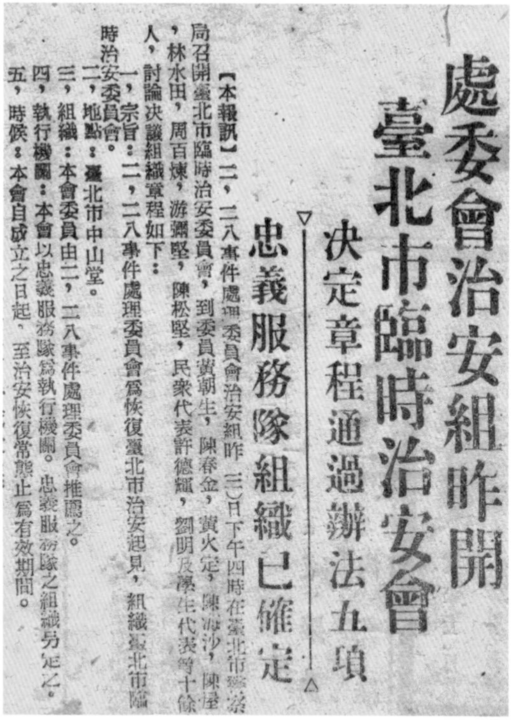

處委會治安組昨開
臺北市臨時治安會
決定章程通過辦法五項
▽忠義服務隊組織已確定△

【本報訊】二，二八事件處理委員會治安組昨（三）日下午四時在臺北市警察局召開臺北市臨時治安委員會，到委員黃朝生，陳春金，黃火定，陳海沙，陳屋，林水田，周百煉，游彌堅，陳松堅，民衆代表許德輝，劉明及學生代表等十餘人，討論決議組織章程如下：

一，宗旨：二，二八事件處理委員會爲恢復臺北市治安起見，組織臺北市臨時治安委員會。

二，地點：臺北市中山堂。

三，組織：本會委員由二，二八事件處理委員會推薦之。

四，執行機關：本會以忠義服務隊爲執行機關。忠義服務隊之組織另定之。

五，時候：本會自成立之日起，至治安恢復常態止爲有效期間。

7-2-4
陳逸松
律師、國民參政員（台北二二八紀念館提供）

由處委會承擔恢復秩序的責任。但柯遠芬的心思是，以設置義勇隊來「分化奸偽，和運用民眾力量打擊奸偽。」他並以台灣情報頭子林頂立為總隊長。

林頂立，雲林莿桐人，在二次大戰時扮演雙面諜，據說因偵得日本偷襲珍珠港消息，立有戰功，得蔣介石信任，戰後派為國防部保密局台灣站站長。

而此一情治系統，究竟是如何「運用民眾力量來打擊奸偽」，又是如何「分化奸偽」的？

林頂立在〈台灣二二八事變報告書〉中說早已派許德輝（化名高登進）進入政建協會臥底：

（政治建設協會）在各地設立分會，演講宣傳攻擊政府，本站偵知其內幕，即著直屬通訊員許德輝（化名高登進），參加該會為會員（團滔辰人六十三號電報備有案）。將該會平時謊謬宣傳演詞及不法行動隨時查報，如該會煽動工廠工人罷工、北大女生沈崇事件反美運動及日本澀谷事件大遊行等陰謀，均由本站運用關係報請陳儀長官，先事防範未肇禍端。

三月三日處委會組織治安隊，又叫忠義服務隊，隊長就是這位長期臥底在政建協會的許德輝。此時他以「民眾代表」現身，領導一群黑色的「民眾力量」，要能達成柯遠芬所要求的打擊及分化反對勢力。

以流氓滲入治安隊

二二八事件一發生，林頂立在三月一日已要求許德輝召集台北市各角頭流氓待命：「二二八

風仍未遏止

三月三日上午十時、「二二八事件處理委員會」於台北市中山堂召開首次會議、公署派處長周一鶚胡福相趙連芳包可永任顯群等為代表出席參加、商定軍隊于下午六時撤回軍營、由憲警學生組織治安服務隊、維持治安、該處理委員會又要求解散警察大隊、下午四時、在台北市警察局召開「台北市臨時治安委員會」委員黃朝生等九人決以「忠義服務隊」為治安組臨時基幹、並公推許德輝為總隊長（我方派入反間人員）皇民奉公會份子黃火定則主張由渠召集日本特攻部隊台籍退伍軍人「櫻隊員」組織武力、反抗中央、黃朝生陳屋林水沙等亦於會後在東門町住所擬草台灣民生聯盟、刊發內容慌謬之二二八事件告同胞書、以散發各地、其餘荒謬傳單標語、仍到處發現、其中名目繁多、均屬怪誕悖謬而各地交通斷絕台北米價漲至六十一元一斤且

7-2-3

保密局張秉承（林頂立）所呈報〈台灣二二八事變報告書〉：3月3日「台北市臨時治安委員會」總隊長許德輝，為我方派入之反間人員。

事發，查其型態必擴大，乃派許德輝同志，出面掌握台北二十二角頭流氓及一部分純良學生，指示方針，參加為反間工作。」

許德輝在呈報給國防部保密局局長毛人鳳的〈台灣二二八事件反間工作報告書〉中，詳述了忠義服務隊組織的過程：

三月一日晨奉林站長（林頂立）令，召集台北市各角落首領……並謁林站長聆訓指示機宜。……三月三日上午十時開始辦公，將原有二十二角落（角頭流氓）成立為二十二分隊……計三百五十名。……三月三日下午三時台灣省參議會在中山堂成立二二八處理委員會，……當場被選為治安組組長，職因之乘機更得深入反間工作。

許德輝在這份文件中，說明政府如何在事件中運用黑道力量。那此一滲入流氓的忠義服務隊，究竟是如何進行柯遠芬所交代的打擊「奸偽」的？

從《大公報》的一則報導，可窺知一二：

（中央社台北三月八日電）此間民間負責維持治安之忠義服務隊隊員及青年學生，三日來，日夜搜查此間外省人之住宅，彼輩聲稱搜查民間槍枝，然文件亦在檢查之列，並公開掠取金錢手錶衣服物品而去。且沿整街搜查，甚至有一住宅竟被掠劫四次以上。彼輩除掠劫外，同時製造恐怖行為。……

意思是從三月五日開始，連續三天，忠義服務隊開始搜查外省人住宅，以搜查槍枝之名，行搶劫之實。

三月五日這一天正是各地秩序恢復，準備進入政治改革提案的時刻。事件初起，民間確實因毆打貪官汙吏波及外省人，但在處委會出面後，這些非理性的行為大多止息，但忠義服務隊卻在此時開始動作，製造恐怖氣氛。

為什麼要故意搶劫外省人？陳儀政府不斷把台灣人對統治者的不滿，延擴為省籍對立，把指向統治階層的箭頭，散向外省人。三月五日，陳儀也接到蔣介石的派兵手令了，此時以滲入流氓的忠義服務隊搶劫外省人，一來弱化處委會引領改革的正當性，同時為軍隊的鎮壓製造藉口。

而只有在台北由政府安排特務及流氓，臥底在處委會嗎？錯了，同樣的手法遍及全台各地。林頂立說：「**台中、台南、高雄、花蓮各地亦有如法進行，收效宏大。**」

蓮東組（第四諜報組）所擬的事變對策也說：「**以所運用之流氓首領密取聯繫，策動彼等起而反對各暴動集團。……利用地方已成立之矛盾關係，從事挑撥，以封鎖其力量。……盡量參與各種活動，俾為深入之調查。**」

將反對力量暴力化

二〇一五年中研院台史所出版保密局台灣站二二八相關檔案，出現進一步內容。在朴子鎮二二八處委會名單中，赫然發現治安組組長黃錫鏞的名字上註記：「**總部第三諜報組運用**」。處委會糧食組組長李灣被捕後，東石警察所問其口供：「**是日率大批流氓向各地收繳武器，搶**

奪公物與所長官舍私物，是誰指揮？」答：「**是治安組長黃錫鏞及大批流氓所為。**」

黃媽典、黃慎言、黃錫鏞人稱「東石三黃」，事件後台南縣參議員黃媽典，被冠以：「**三月三日糾眾劫警所武器，占領機關，擬任縣長，組自治聯軍第二支隊。**」四月二十二日於新營遭公開槍殺；而黃錫鏞原處徒刑，後判無罪。

嘉義地區在三月五日的軍民會議上，就記者張岳楊之紀錄，也可以看到嘉農校長蔡鵬飛質問：「**昨夜到市區放火，或穿便衣到市者是誰？**」

政府安排特務或合作者將抗爭激進化、暴力化，幾乎是二二八事件期間情治單位慣用的手法。另特務人員陳凱所撰的報告書，更進一步指出許德輝與林頂立所吸收之特務人員的成分。

由本站許德輝同志運用其既有社會關係，於事變前在各地積極祕密吸收如經營酒家、舞廳、茶室等特種行業之從業人員為我所用，並指導進行連鎖發展。另本站林站長（林頂立），自原籍（雲林縣）鄉人中，吸收曾在抗日期間受日寇徵調至廈門、鼓浪嶼、福州、汕頭等地所謂「海外服役」之浪人，多人參加吾人工作。

海外服役浪人是官方所指控的，事件中製造動亂的主角。當各地陷入無政府狀態時，民間自衛隊中自然會有海外服役歸來的青年參與。但誰是保家衛民，誰是製造動亂？還有多少地方藏有政府暗黑的力量？

分化處委會

在二二八事件處理委員會中，介入甚深的陳逸松律師（時為國民參政員）與劉明（九份礦業鉅子），在陳翠蓮教授的研究中，發現他們與軍統特務機關密切合作。

律師陳逸松在三月五日之後的角色轉趨重要，半山李萬居推薦他研議處委會的組織大綱，此舉故因全台處委會打算合為一體，需處理運作方式與決策機制，但卻遭情治系統的協力者滲入，其中最關鍵的就是改換領導核心。陳逸松在三月五日下午四點的臨時會中取得主席之位，主導通過組織大綱，隔日即選舉常務委員（決策核心），名單一出爐，原先具主導優勢的政建協會成員，如：陳炘、蔣渭川、張晴川、李仁貴、黃朝生等全被排除在外，選出的甚至是連震東、黃國書等這些官方色彩強烈的人，陳逸松本人也當選為常務委員。此舉當然引發政建協會強烈不滿，順利達成柯遠芬所謂的「分化奸偽」，並讓官方及特務單位的合作者握有主導權。

而劉明對忠義服務隊的組成，著力甚深，也動員延平學院及開南商工的學生，看守各警察派出所。後來這些都成為政府逮捕人犯的罪名，延平學院甚至在一九四七年四月十六日遭台北綏靖區司令部查封。

事件後兩人雖遭通緝，且林頂立屢屢指示追查兩人是否煽動台北市十五所學校學生罷課。但在國防部軍事情報局的機密檔案中，發現一份〈所報劉明、陳逸松為陳達元運用人員，可予免究〉的檔案，證明兩人在二二八事件期間為警備總部調查室主任陳達元所運用：

> 關於劉明參加叛亂一案，頃據陳達元同志電稱：略以該劉明與參政員陳逸松二人，於三月四日應邀出助敉亂，經報秉獲陳長官兼總司令（陳儀）核准運用，並於三月六日奉陳兼總司令派為總部別動隊副司令有案，無日均與弟密取聯絡，並著日將工作情形彙交弟轉報長官。迨國軍登陸援救，該員復奉陳兼總司令手令，協助弟緝捕奸逆，表現至佳。白部長返京之日，

陳長官且挑派姚副官親到弟寓查取該員簡歷，薦充新任台省府委員。所傳參加叛亂，確非事實等語。

一九四七年四月二日陳儀呈報給蔣介石的台灣省府委員名單中，確實有劉明的名字。之後他雖未出任，但仍在一九四九年擔任台灣省石炭調查委員會主委，陳逸松則在一九四八年出任考試院考試委員，與其他二二八事件處委會成員，遭殺害且被逮捕的境遇，迥然不同。

被安排的動亂

槍聲及動亂是可以安排的嗎？是可以「演出」的嗎？

三月五日蔣介石告訴陳儀，他已經派兵了，但三月五日也是台北秩序恢復，商店開市、鐵公路交通恢復的時刻，此時根本沒有宣布戒嚴的條件。請問，政府如何能斷然以軍隊鎮壓？柯遠芬三月六日的日記言：「我的腹案是部隊到達前晚宣布全省戒嚴，俾便部隊登陸和行動。」他必須在軍隊到達前，也就是三月九日前，「布置」出可以宣布戒嚴的狀態。是有許多蛛絲馬跡留下，除了忠義服務隊搶劫外省人、製造混亂外，另外在三月八日晚上台北市出現不尋常的密集槍聲。

廣播因具有即時性，是緊急狀態下政府所能運用的重要傳媒。據台灣廣播電台技術人員曾仁志先生所言，三月八日從下午三、四點開始，電台就在憲兵掌控下了，而他幾乎像被挾持一般，連上洗手間都必須報備。

關鍵時刻是晚上八點前，憲兵突然動作一致，將子彈全都上膛，巧的是此時外面也適時傳來槍聲。這時中尉拉著他上三樓屋頂，發現圓山方面射出照明彈，像是在發動什麼訊號般，新公園（今二二八和平紀念公園）裡立刻槍聲大作。但奇就奇在，現場並沒有看到什麼人影，也沒有民眾圍攻電台。他在回憶錄中描述了當時的實況：

當晚八點前，憲兵齊將子彈上膛，適時聽到外面傳來槍聲，中尉即刻強拉我手，衝上大樓屋頂，發現圓山方面，射出照明彈（信號），一時槍聲大作，此起彼落，就在同時新公園內響起大聲的機關槍聲和火光，但現場未見人影。

曾仁志說這時憲兵中尉立刻下樓，從抽屜拿出已經準備好的稿子，令播音員廣播說：「**現有一群匪徒正在圍攻電台，並在全省各地製造暴亂，為此長官公署宣布，台灣地區進入戒嚴。**」

作為電台技術人員，曾仁志就在政府以廣播宣布戒嚴的現場，目睹了電台並無任何人圍攻，但卻以此作為宣布戒嚴的理由。而他的證詞，恰呼應柯遠芬所說的：「**我的腹案是部隊到達前晚宣布全省戒嚴，俾便部隊登陸和行動。**」

彭孟緝採無差別掃射

高雄要塞司令彭孟緝，一開始就否定陳儀表面上的政治解決方案，他在三月四日已決定採行軍事鎮壓：「目前這一地方的叛亂行動正在不斷地演變擴大，恐怕等不及政治解決……我認為捨軍事制止而外，已經沒有其他的途徑可循……。」

彭孟緝先是偽裝願意與人民代表談判，等談判代表進入要塞後，一個軍政首長竟違背信用，當場扣下涂光明、范滄榕、曾豐明三位代表，之後將人槍殺，這其實無異於是誘殺。之後他派軍隊進入高雄市區掃射，而且是無差別掃射，高雄地區罹難之深，引發數代人難忍的憤恨。

彭孟緝在〈台灣省二二八事件回憶錄〉中說：

> 我既將暴徒首要涂光明等予以逮捕，這就說明政府與叛亂組織之間，已經攤牌，消極戒備局面被打破，軍事行動勢非立即開始不可。於是預定於（三月）七日拂曉實施行動計畫，提前十四小時來執行。……我決定下午二時開始攻擊，……經過四小時戰鬥後，火車站、市政府及憲兵隊部等都先後收復，惟受阻於暴徒大本營的第一中學。

短短幾行字，是高雄市區慘遭砲火掃射的景況，一一倒下的軀體，是年輕的生命，是青年、

7-3-1
7-3-2
7-3-3

7-3-1
涂光明（1912-1947）
高雄日產清查室主任（涂世文提供）

7-3-2
曾豐明（1923-1947）
無線電技術人員（王麗容提供）

7-3-3
范滄榕（1919-1947）
牙醫師（范明達提供）

7-3-4
軍隊進入高雄市政府掃射各界代表（高雄市立歷史博物館提供）

是學生，他們集結於高雄中學。而一個軍事屠殺者的回憶錄，我們看到的反而是高雄青年勇敢的抵抗與犧牲。

7-3-4

而為何軍隊開入高雄市政府（今高雄歷史博物館）掃射？因為高雄各界代表，包括市參議員正在這裡等候談判結果。高雄人民起義，進入巨大動盪，人民倚重的各界代表責無旁貸，承擔起與軍方協調的任務。

是誰拿和平條款進入軍方？是高雄市長黃仲圖、高雄市參議會議長彭清靠，領著大家一起入高雄要塞的，這樣的民意還不夠充足嗎？但涂光明（日產清查室主任）、范滄榕（牙醫師）、曾豐明（無線電技術人員）被扣留後遭槍殺，連遺體都未讓家屬領回，至今猶不知何方。

7-3-5

而在市政府等候談判結果的人，遭集體屠殺。王石定，三十五歲，高雄市參議員、漁會代表，彈孔及刺刀傷口共十二處之多；許秋粽，四十八歲，高雄市參議員，頭部中彈身亡；黃賜，五十六歲，高雄市參議員、工會代表，眉心中兩槍殞命；陳金能，四十五歲，律師、日產管委會主任，頭部中槍、胸和大腿各有刺刀痕；黃寬，四十二歲，高雄市商會理事、富國飯店經理，應澎湖旅高宗親之邀前往開會，一週後家人始知其遭殺害；許江塭，三十四歲，刑務所採購，代替兄長許江水（鄰長）至市府開會，遭槍殺、公款被劫一空；王平水，三十六歲，印刷同業公會理事、區民代表，遭槍殺；鍾天福，四十三歲，鄰長、《國聲報》記者，陳屍於愛河邊……。市政府內、外共一百二十多人遭掃射死亡。

地上積血有一公分高，是倖存者許國雄醫師的記憶。他因擔任救護隊，正在市府待命。父親許秋粽頭部中彈後，仍撐住最後一口氣，喚他過來，利用自己即將倒下的軀體與牆壁間形成的空隙掩護他，他也趕緊將一旁屍體上的鮮血塗在自己臉上，偽裝成死屍。父愛直到生命終了前，

高雄人民代表罹難肖像

7-3-5

王石定（王武雄提供）

許秋粽（許瑞珍提供）

黃賜（黃吉志提供）

陳金能（陳木晉提供）

黃寬（黃採秀提供）

許江塭（許江陶提供）

王平水（蔡王玉霞提供）

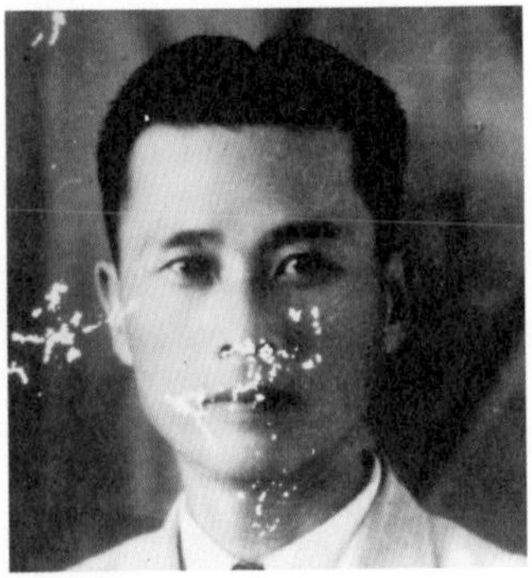

鍾天福（鍾弘年提供）

讓他躲過機槍掃射與刺刀的戳刺。

高雄市政府是官署，是政府所在地，但彭孟緝竟讓軍隊開入掃射。一個軍方領袖目無政府之存在，讓槍枝高於法律，以屠殺遂行軍威，造成高雄巨大浩劫。

那人民的處境呢？

（三月六日）我們躲在半樓夾層衣櫥裡，聽得軍人一陣一陣來，搶完一批又來一批。……聽見軍人步上樓，先生唯恐我們受傷害，出去打開金庫……結果聽到一槍，打中他太陽穴，立即斃命。

這是楊李橋梧於一九九五年接受許雪姬教授訪問時說的，他的先生楊明德開設相機眼鏡行，她說出當時高雄街上開業商人的處境，特別是當他們的營業項目是奢侈品時。可知在高雄的喪生名單中，有許多是腳踏車店老闆、鐘錶店老闆、金飾店老闆。軍人把錢財搶走了，再把人殺掉。耳邊響起三十二條要求的第一條：「無紀律之軍隊不可以使駐台灣」，我們能懂得當時的人為何如此要求，且使盡全力嗎？

三月六日，高雄出現軍隊漫殺人民的狀態。

火車站已淪為戰場，孕婦黃雪娥隨人群躲入地下道，約兩點半左右，士兵闖入掃射，她遭槍擊昏迷過去，送往醫院後，孩子沒了，中槍的臂膀多年後仍凹陷如窟窿。家住高雄火車站旁的施明德，記得火車站地下道出口，有著傷口長蛆的民眾，父親急著幫忙救助想回家的人、等車的人，遭無差別掃射。

二十四歲的吳萬于，帶著家人返回台南時，在火車站被軍隊開槍打死。妻子吳碧瑾嚇得大哭，竟遭士兵以尖刀刺入，連帶傷及一歲多的稚子，媽媽當場死亡，嬰孩送醫不治，一家三人亡於彭孟緝下令的屠殺中。

我在二二八事件紀念基金會的受難者檔案中，看過一批高雄地區女性遭槍擊的照片，承受國家暴力的身體，中槍後眼睛深陷如窟窿，有的是臉頰，有的是肩膀。

彭孟緝所發動的掃射，到底範圍有多大？罹難有多深？

7-3-6

保密局情治人員沈堅強（化名）三月二十一日給林頂立的報告書，提到高雄市的部分，染滿血跡：「**計在市府內死五十餘人、市府外死七十餘人、車站死七十餘、三塊厝死百餘人，零星死者數十餘人。現被扣者計六百餘人。**」

他說的是死亡，不是死傷，這份最接近事發當下的統計，高雄市的死亡人數就高達三百多人。

而這位對人民採無差別掃射的彭孟緝，國防部長白崇禧在四月十七日呈請蔣介石，從速發表升任為警備總司令。他說：「**此次台灣事變中高雄要塞司令彭孟緝，獨斷應變、制敵機先，俘虜滋事暴徒四百餘人……**」。

沒有戒嚴令依據，甚至也沒有上級指示，彭孟緝這叫「**獨斷應變、制敵機先**」？高雄大屠殺過後，彭孟緝繼續在三月八日圍剿屏東，逮捕副議長葉秋木、處委會委員陳崑崙等人。對統治者而言，他們認為如果沒有彭孟緝先壓制南部，軍隊在三月九日自基隆上岸後，勢必遭到南部地區連合反擊，無法長驅直入鎮壓台灣。蔣介石在二二八事件後，立即拔擢彭孟緝擔任台灣警備司令。

7-3-7

而誰是敵？原來人民是這政府眼中的敵人。

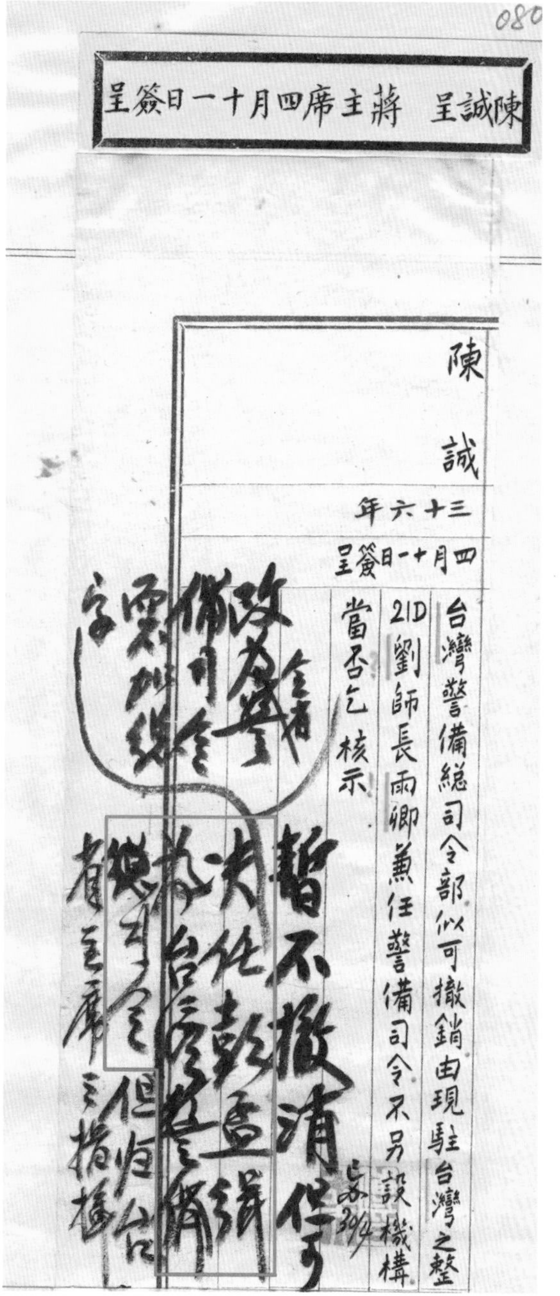

陳誠呈 蔣主席四月十一日簽呈
陳誠
三十六年四月十一日簽呈
台灣警備總司令部似可撤銷由現駐台灣之整21D劉師長雨卿兼任警備司令不另設機構當否乞核示
暫不撤消

━ 7-3-7
高雄屠殺過後，1947.04.11 蔣介石親批：決任彭孟緝為台灣警備司令。（大溪檔案）

━ 7-3-6
高雄要塞司令彭孟緝，採無差別掃射，高雄市民罹難甚深。（二二八事件紀念基金會提供）

提到這被俘的四百餘人，統治者喜孜孜地像打了勝仗般。但我會想起施明德《囚室之春》裡的場景，三塊厝一帶的男人都被押到火車站前廣場，一車一車帶走。帶走的人，有些再也回不來了。帶走的人，有些回來了，但卻打成了殘廢。較富裕的人家以重金贖人，又如何？多少人在短短幾個月後便離世。

牢裡頭的情形，罕聽見，他們以日常生活中的沉默及出獄未久後的死亡回答。

第八章
戰鬥曲

嘉義事件的激烈化，從三月四日軍隊以迫擊砲轟打市區開始，如此不人道的行為，使得人民家中坐，卻遭擊斃。嘉義人激憤難當，青年學生幾乎沒有不站出來的，保衛嘉義、不任政府以子彈對著人民，就是當時的集體心緒。

嘉義有難，各地馳援。

各路民軍前往水上機場，一層又一層團團圍住，以防軍隊再入市區開槍。政府一面說停戰，一面調派軍隊，兩面手法一樣發生在嘉義。四位和平使節一入機場談判，隨即遭扣下，兩個星期後在嘉義火車站前槍殺示眾。

威權曾像水泥般封固，無處有光，竟要走過半世紀，我們才能看見他們在獄中寫下的遺書。是潘木枝醫師所說：「為市民而死，身雖死猶榮。」是畫家陳澄波所言：「為十二萬市民解圍，絕對問心無愧……」

而湯守仁，水上機場戰役的指揮官，在白色恐怖時期重被清算，遭槍殺時，他面對子彈挺起的胸膛，仍然像一個勇士。是這勇士之姿，是這挺起的胸膛，沒有讓台灣人成為被壓迫底下囁嚅而活的一代，是二二八世代以武裝對抗不義政權的姿態。

嘉義的武裝抗爭

這個政府在處理局部的、少數的過激行為時，一開始便讓槍枝高於法律。

三月一日，嘉義發生兩起民眾毆打外省官員事件，沒想到軍隊就入市區開槍了。

三月二日一早，火車站前滾滾燙燙，「嘉義豈無勇敢的人民！」《和平日報》記者鍾逸人等中部青年，呼召人民站出來打倒貪官汙吏。下午民眾侵入市長孫志俊官邸，搬出成堆鈔票，放到大馬路上焚燒。在嘉義戲院工作的陳增雄，目睹了這一幕，他說，沒人把鈔票拿走，因為那是貪汙來的骯髒錢。

孫市長在民眾追打下，躲入軍方。這時警察局長託憲兵隊武裝巡邏市區，孫市長也打電話徵調內角駐軍（今台南市白河區內角里）。嘉義事件初起，軍民即進入對峙狀態。

毆打外省官員的事件全面蔓延，警察局及專賣局成為眾矢之的。據市府後來的傷亡調查表，三月二日有二十多名外省籍公務人員遭毆傷，嘉義陷入全面動盪。參議會在下午六時召開緊急會議，商議治安如何維持。意見和台灣他處沒有不同，都是請軍隊不要再帶槍進入市區，以免刺激人民。這時民眾也湧入會場，加入聯席會議，要求：各機關牽親引戚者即時撤退、重用本省人才為幹部、劣跡公務人員即刻退場、公務員必須守法……

這是根本問題，但此時已趕不上局勢的變化，會議中傳來駐軍已入嘉義鎮壓的消息……議員們不知如何是好，沒有結論便散去。但民眾自有主張，晚間開始接收警察局及放送局（嘉義廣播電台），凌晨十二點二十二分，收音機傳來：「為防衛本市，舊市防衛團從速集合於市政府。」

夜已深，街未靜。

戰鬥曲

嘉農、嘉中的學生，正在攻競馬場（現體育場附近）的兵器庫，女學生為他們做飯，情況危急，外地的青年請來支援！

收音機說的非常激動，由嘉女和家政學校的女學生主持。女學生有時說到哭，說在那裡作戰的人沒得吃，在哪裡苦戰，青年們一定要來援助。放送開始前，先放日本軍歌（軍艦進行曲），這些去過海外的人一聽就激動起來了，爭著要去嘉義支援。

蔡耀景先生，朴子人，說出二二八時空下的氣氛。三月三日嘉中老師陳顯富帶領學生接收廣播電台，不時傳來年輕的聲音播報事件動態，學生確實站出來了。那二戰時上過戰場的台籍日本兵，豈會靜默、豈能靜默。

原海軍志願兵組成海軍隊，陸軍志願兵組成陸軍隊，就在嘉義大街上整隊，大概只有老人沒有出來吧！羅金城的太太如此回憶。她說羅金城一百八十三公分高，拿著長刀站在最前面指揮，大馬路上人排得滿滿的，但大家非常守規矩，次序井然。

聽到廣播後，朴子隊有七、八十人前往嘉義，先到作戰本部向陳復志報到。但是沒武器能做什麼？連抵禦都沒辦法，陳復志請他們先固守放送局。

另一位從阿里山趕來的林有財說：

各處互相沒有聯絡，卻都突然發狂。我們會去嘉義市參加二二八，主要是林徹（奮起湖國民學校校長）來宣傳的，他講的眼淚鼻涕直流，「台灣人現在不跟他們拚不行了！」我們當時聽到同胞吃很大的苦頭，心裡只有一個念頭，就是要趕快下山救同胞。沒有考慮到底會輸會贏，贏了要如何？輸了要如何？我們都不去想，我們沒有要促成台灣獨立的想法。

他們一夥二、三十人，組成奮起湖部隊，火車為他們加開班次，帶他們下山。

嘉義事件的激烈化，從三月四日駐守嘉義中學的官兵，以迫擊砲轟打市區開始。如此不人道的行為，使得人民家中坐，卻遭擊斃。陳甜桃，二十五歲，倒在前院，六歲的女兒記得地上的凹洞，積滿媽媽的血。不知情的嘉中學生在上學路上，十五歲的林啟靈，被流彈所傷，成殘廢。而校長陳慶元的兒子陳顯能，也是嘉中學生，才十六歲，就這樣被轟死在家中。

更多的死傷回報：八死、十一傷。

嘉義駐軍不是向與他對峙的民軍發動攻擊，而是對嘉義市區進行無差別砲轟，死傷的盡是老幼婦孺。嘉義人激憤難當，青年學生幾乎沒有人不站出來的，保衛嘉義、保衛嘉義人民，不任政府以子彈對著人民，就是當時的集體心緒。

嘉義有難　各地馳援

三月四日電台不斷放送：嘉義危急，請來支援！

嘉義有難，各地馳援。

斗六自衛隊，黃清標帶了三卡車的人過來，合力將軍隊從嘉中所在的山仔頂趕到紅毛埤。北港自衛隊，余炳金及葉啟祥帶頭，也來支援，更不用說驍勇善戰的原住民了。竹崎醫師林立、三青團的盧鈵欽醫師，紛紛上山說服阿里山鄉長高一生，請鄒族人下山。一開始是希望他們幫忙維持治安，以免流氓鬧事，但隨著情勢演變，人民已和軍隊進入武裝對峙。

聽到電台呼召，第一個趕到的就是台南工學院（今成功大學）學生，陳復志請他們開車前往竹崎接原住民部隊過來。

鄒族人武義德說，他們約一、兩百人下山，槍支不夠，有人拿著大弓就出發了。他們先到紅毛埤，國軍從高處噠噠噠地放槍，但紅毛埤不太困難便攻下了，原因是軍隊自行撤退。

蘇孋弘律師記得，當時廣播不斷說：「**現在國軍已集中到機場，為防止他們進攻嘉義市，做過兵的青年請出來集合，保衛嘉義。**」

各路民軍前往水上機場，一層又一層團團圍住，防堵軍隊再進市區開槍。第一層，台籍日本兵；第二層，原住民部隊；第三、第四層則是學生，幫忙運輸補給。戰地指揮是擔任過中尉的鄒族人湯守仁。

聞本市之危急，各市選派援軍，到市應援，夜氣雖冷，戰地氣氛凜冽。

這是《和平日報》記者張岳楊的新聞手稿，這麼多年後，仍讓人感受到緊繃的局勢，歷史發展已在交界處。

1947.03.24 潘木枝遺書手稿：「為市民而亡，身雖死猶榮。」身為人民倚重的民意代表，面對死亡無所畏懼。（潘信行提供）

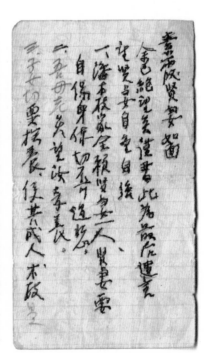

逼出民主承諾

整個嘉義市民全動起來了，婦女準備便當、飯糰，要送給水上機場的勇士，也要供應被集中保護的外省人。大家非常擔憂外省人的安危，目標是政治改革，不是要針對外省人，為免他們再受非理性民眾的侵擾，處委會將其集中保護，供給棉被、伙食。

嘉中學生幫忙送茶水，嘉義仕紳出錢買便當，慶昇戲院的老闆柯麟也捐米幫忙。有錢出錢、有力出力。

三月四日這一天，全台各地秩序大都已恢復，正準備啟動政治協商，唯獨嘉義陷入更大的動盪，也讓整個中南部的自衛隊開往嘉義集中。

我認為沒有嘉義的武裝對抗，不會有陳儀快速在三月六日晚上宣布的改革，迫他立即宣布將長官公署改為省政府、縣市長民選及各廳處處長任用本省人。從蔣渭川的日記可知，當陳儀答應人民代表的要求後，總會期待有所回報的問：「**那嘉義，可以幫忙解決嗎？**」連著兩天都是如此。

而嘉義的武裝抗爭者，沒有政治協商的意識嗎？

帶領嘉中隊的陳顯富，很清楚地告訴三青團的李曉芳（處委會秘書）：「**政治的部分交給你們，軍事的部分我們有把握。**」

以軍事對抗逼出政治改革，並非不存在於嘉義的武裝抗爭中。隨著數次協商紀錄的曝光，終於揭開動盪時局下，嘉義武裝抗爭者願意為台灣殞命的精神，以及所欲追求的目標。

青年流血　為何而戰

三月五日陳漢平少將帶著柯遠芬的停戰協定而來，大家確實希望戰事可以結束。但停戰協議如何送到軍方？子彈在頭上飛，他們也怕圍在機場外面的民軍開槍。陪同陳漢平一起來的半山劉傳能（省參議員劉傳來之兄），堅持要有處委會代表陪同。其實壓力對雙方是一樣的，人民代表同樣怕進機場後遭軍隊報復。結果你看我、我看你，沒人搭腔，這時女士說話了，許世賢議員說她來陪同吧。

年輕的《和平日報》記者張岳楊能講北京話，也被點名一起去，他那早被灰塵埋了的，藏在屋頂上的手稿，二〇〇六年打開來時，揚起煙塵，六十年前的過往跳入現在式，也揭開嘉義被集體槍決的和平使節，他們在動盪時局中站在人民立場的勇氣。

進入機場後，陳漢平少將與劉傳能，跟軍方的羅迪光營長談了什麼？許世賢是沒有聽到的，她跟張岳楊在外面等了快兩個小時。他們似乎並未意識到自己的角色，不應讓柯遠芬所派的人跟地方駐軍有密謀的可能。這兩個小時，談了什麼是關鍵，只知道，後來軍方全放軟了身段，說起悅耳的話來。

二十一師獨立團第一營的機槍連連長王耀南，跟著他們從機場出來，參與陳漢平召開的第一場軍民會議。

嘉中隊的陳顯富第一個問：「軍方昨天在東門國小附近殺傷老幼，該如何處理？」他的弟弟陳顯能，昨日也被轟死於家中。

醫師潘木枝，身為人民倚重的參議員，起身說：「青年多日來流血所得的成果，如何中途可以停止？」

機場沿途都是死屍，整理張岳楊手稿的江榮森先生，他的二叔江振猷，時年二十四歲，聽到卡車呼召保衛嘉義，就跟著上車了。當時有多少青年，像江振猷一樣，出門後，沒再回來。依據《台灣新生報》的報導，截至三月五日下午三時死傷約達一、兩百人。停戰？那青年殞命犧牲所要求的改革呢？

此時王連長的回答很標準，就跟台北的陳儀及柯遠芬一樣：「嘉義駐軍回駐地，事後聽從處委會辦理。」

但人民不是傻瓜。嘉義以迫擊砲轟打市區，正是發生在柯遠芬說，軍隊如果不退出市區，他就自殺以謝國人之後。

嘉農校長蔡鵬飛反問：「三月三日，《新生報》刊載柯參謀長廣播，要求軍隊退回軍營。但軍隊連上峰命令都不聽了，如何會聽處委會的命令？」

政府無誠信就擺在眼前，人民死傷就擺在眼前。況且現下，民軍是佔優勢的。此時如何確保軍方真會停戰？當然要有條件。牙醫師盧鈵欽，他是嘉義市參議員，也是三民主義青年團成員，他的看法是：

在嘉義交戰的武裝軍，要解除武裝，武器由處委會保管，和平再復還。飛機場二十一師士

兵，即刻停止戰鬥。而善後處置是全島性，要待全島的方法來解決。

嘉義的武裝對峙，有其本身的動態發展及特殊性，但善後處置已經與全台的政治改革密不可分了。

也由於協商已啟動，三月五日民軍對機場駐軍斷水、斷電後，便達成只圍不攻的決議。

假面下的和談

三月六日，二十一師獨立團第一營營長羅迪光親自參與會談。

潘木枝醫師一開始便提：「**憲兵隊長李士榮恐嚇二二八處委會，要求下午兩點通電、通水，否則要全滅嘉義市。**」

不是在處理停戰協定嗎？那憲兵隊長李士榮這全滅嘉義市的話，是怎麼一回事！參議會代表是有意和談的，但這樣的話只是讓青年更感氣憤。

柯麟，慶昇戲院老闆，也是市參議員，他很可愛，他說：「**人民知道此舉，是要打倒貪官汙吏，請軍隊不要袒護貪官，希望羅營長加入我們的隊伍。**」

羅迪光，這位在後來執行槍殺嘉義市民的人，此時放軟了身段，他說：

三月一日市面混亂，軍亦開槍，但幸無傷人。三月二日，市民聚眾，進攻東門，所以軍隊亦有些轉動，此很抱歉。本來東門為我等之駐區，但看到民眾激昂，便退到中學。但三月

三日民眾再進中學，那時軍備比較民優，但實施消極，退出紅毛埤。兵為國家代表，不能與民衝突，所以切望處委會斡旋。日昨王連長到此接受條件，願意停止衝突。

「兵為國家代表，不能與民衝突」這話聽來讓人感慨萬千，這一年多來，民間最大的痛苦便是，兵不斷與民衝突。兵為國家代表，但兵搶劫、勒索、強暴婦女……動不動拿起槍威脅，二二八時更開入市區掃射，這樣的國家代表，人民如何可以不反抗？

議長鍾家成言：**「感謝羅營長之誠意，參議會本要和平解決，市長也是。但憲兵隊李隊長之言行舉動，只是讓青年更加激憤，惹起事端。」**

而陳漢平參議，聽到羅迪光營長已經配合道歉，嘴巴也說停止衝突、也說希望處委會斡旋，看氣氛大好，趕緊要大家決議：**「青年已達目的，於此機會來休戰，要從速議決：要去機場否？」**

他似乎只關心是不是有人可以進機場。

今天陳復志在場，他回應：**「市民要我去機場，我會去。」**

8-3-1
陳澄波
畫家、嘉義市參議員（財團法人陳澄波文化基金會提供）

殉難之愛

和談下的殺戮

一切並非如此平靜，三月七日駐軍在退往飛機場路上，遇到南靖糖廠職員正要將外省同事送往嘉義集中。崔姓員警說他是被押解的，士兵一聽便把車上職員綁押起來，當場處決。其中四人遭洩恨似地刺、刺、刺，竟至肚破腸流、體無完膚……。

當陳顯宗、鍾季友等人的屍體運回警察局時，帶他們回來的司機蔡海如抱屍痛哭。看到的人，無不淚流。

軍方說停戰、願意和談，羅迪光營長說請處委會斡旋，但卻發生這麼殘忍的事。

軍民協調時，能說北京話的畫家陳澄波，是重要的。他自日本東京美術學院畢業後，到上海教了幾年書。陳漢平來、羅營長來，總是他幫忙起頭。三月七日這一天，大家的情緒都降至谷底，南靖糖廠的屠殺讓人難忍悲傷。陳澄波說，棺木三千元，我們是不是一起幫忙處理？這段期間民軍作戰死亡的屍體，一樣運到警察局來。

不可忽視的是，陳儀昨天晚上在電台廣播，宣布不稱職縣市長立即改選，這顯然影響了大家的決定。今天處委會召開臨時會議，包圍水上機場的各隊伍，都派代表來了。

王甘棠醫師，他是處委會處理部部長，先說話：

我們的目地是為了打倒貪官汙吏，本地也是最激烈的地方。但要戰，就必須知己知彼。市民說，這無異是送羊入虎口？青年同志也說：參議會在幹什麼？二二八處理委員會在做什麼？都沒有辦法解決問題。所以人民切實要求政治解決，希望各位同志冷靜考慮，討論結束辦法。

代表青年的陳顯富認為：「可以達到目的就不用流血，否則表現青年革命志氣。」

目的是什麼?黃如崗說得很明白：

作戰的目的，唯有自治（在達成自治），但上峰不能信任，亦順者怕被欺。武裝解除不是要毀軍方的名譽，而是要管理其不再動，本軍不動是待和平解決的表示，但顯然軍方並無誠意。

走向自治這個目標，是很清楚的。但軍隊一再開槍，要如何確保和平?

也聽聽前線的武裝抗爭者，他們怎麼思考?

海軍代表說：「居民一體、貫徹自治，戰友之死，待處委會來辦理。」

高山同胞代表：「一、欠缺武器，要求供給。二、保障其遺族。」

這些話聽來讓人感佩，他們是有犧牲準備的。要戰的話，可以，但武器根本不夠，要能提供給他們。而萬一殉難，希望照顧他們的遺族。

自治聯軍（阿里山）：「有妥善辦法，贊成解決，但此後不再流血。一、民族愛（不要分

8-3-2
盧鈵欽（1912-1947）
牙醫師、嘉義市參議員（盧三彥 提供）

▬ 8-3-3
潘木枝（1902-1947）
醫師、嘉義市參議員
（潘信行 提供）

▬ 8-3-4
柯麟（1895-1947）
慶昇戲院老闆、嘉義市參議員
（吳三連台灣史料基金會）

省籍），目的在掃除貪官。二、省長以下官吏本省人。」

阿里山隊表示：「台灣仍中國，我們不要抵抗中央。」

為何而戰，大家是很清楚的。

最後盧鈵欽綜合大家意見：「一、條件：不能信任要保管其彈藥。二、以德作戰。三、呼籲本省合力。」

8-3-2

三月七日這場會議結束後，大勢底定，聽到會談的內容後，原住民知道已跟原先的目標不一樣了，湯守仁與高一生商量後，決定帶領鄒族人退回山上。原住民部隊一走，顯然民軍也失去後盾了。

三月九日軍方與處委會各自提出和平解決版本，議定再談。民兵以為將和平收場，也聽聞國府援軍抵台，便紛紛撤退。沒想到傍晚軍方竟又血洗機場旁的劉厝庄，造成十三死、一傷。

這樣困惡的狀況，人民代表能置之不顧嗎？除被軍方點名的陳復志外，三月十一日，市參議員潘木枝、陳澄波、柯麟，劉傳來、邱鴛鴦、林文樹帶著和平七條件，一起進入機場。

據隔天被放回來的邱鴛鴦說，陳復志一進去就被以鐵線綑綁起來。而潘木枝、陳澄波及柯麟也被軍方扣下。十二日軍隊進嘉義，盧鈵欽趕去找軍方，想商議放人，卻被憲兵隊逮捕。

兩個禮拜後，四名市參議員，在嘉義火車站前遭集體槍決。

8-3-3
8-3-4

殉難之愛

三月十一日，陳復志要入機場前，託人把印章及一把手槍交給太太。身邊的工作者問他，覺得危險為什麼還要去?他說:「**我不去的話,事情的結束若有變化,嘉義市民不知還要死多少?**」

領袖會逃走嗎?會的。一八九五年台灣民主國的領袖,逃到中國去;一九四七年台中武裝的領袖謝雪紅,也離開跟隨她的青年學生,逃往中國。如果嘉義有從歷史深層湧出的驕傲的話,是因為他們的領袖臨危之際,有不一樣的志節,且不止陳復志一人如此。

三月十八日,陳復志被槍殺於嘉義火車站前,為嘉義成仁。軍隊持槍戒備三天,不准收埋。而四名嘉義市參議員,從事發開始,便堅持站在人民立場說話,也不斷往和平解決的方向努力。但結果是什麼?他們一入機場便被扣下,而後送往嘉義市警察局。我們無法知道他們如何受盡刑求、承認所有罪狀,只能從潘木枝留給妻子的遺書中看到:「**我滴點也未煽動過青年,是被強迫押印,明日是要赴死的。**」

三月二十五日四位和平使節:潘木枝醫師、盧鈵欽醫師、畫家陳澄波、慶昇戲院老闆柯麟,要押出槍殺時,因事件關在獄中的嘉義市民,集體下跪送別。

多年後,那參與圍攻水上機場,事後逃亡躲過一劫的人,仍淚流滿面的說:作戰的是我們,打輸、戰死、被抓、被刑是我們,為何抓無辜的醫生去槍殺!

過了半世紀,不是十年,不是二十年,是五十年,威權曾像水泥般封固,無處有光,竟要走過半世紀,我們才能看見他們在獄中寫下的遺書。

是潘木枝所說:「**為市民而死,身雖死猶榮。**」

每一封遺書也都是情書,他告訴妻子:「**我每日每夜,必在汝身邊保佑你們,他日在地下以最大愛情迎爾。**」

盧鈵欽要他妻子知道：「此生有你相伴，是我最大幸福，在死時擁你入懷。」

而畫家陳澄波的遺書，寫給女婿蒲添生：「你岳父這次為十二萬市民解圍，為解決民族自由之心，絕對問心無愧，可惜不達目的而亡。」

是啊，如果不是為市民解圍，何須入機場與軍政當局談判？

至死那一刻，陳澄波心心念念的仍是藝術：「勿可分枝作派，應求全島藝術前進的最大動力。」

如果對人民沒有愛、對亂局沒有責任，他們不會義無反顧進機場的。是有人不願去啊，議長鍾家成、處委會的部長王甘棠與秘書李曉芳，不是他們有什麼錯，只是願意去的人，有更難得的承擔與志節。

而這個政府以槍殺示眾的場面，凌遲嘉義人所愛的領袖、殺害解決軍民對峙的和平使。

前副總統蕭萬長小時候，在槍決現場，他的母親告訴他：你拿香，去拜潘木枝，他救過你，你還小，軍隊不會抓你的。

潘木枝的三子潘英三，跟著押著父親的卡車一路跑，父親被槍殺後，他跑過去抱住父親，一直跟他說話，直到父親斷氣。他往後的人生要如何承受這一刻？父親的身體在他懷裡逐漸失去溫度，而他心裡被烙下的痛，在緊接而來的白色恐怖，不能言、不能語，只能壓抑的痛，誰陪他崩潰？

陳澄波在四位被槍殺的市議員中，是最後倒下的，他得眼睜睜看著身旁的三位議員，受子彈穿過胸膛、倒下。畫家的眼睛，雙眼未合，留下那時代令人驚懼難捨的畫面。

潘木枝移屍時，所經之處，嘉義市民沿街自動擺上香爐，一炷一炷的香接迎他，一炷一炷的香向他遙拜。

8-3-5
陳容貌（1899-1947）
嘉義市資深警員（吳三連台灣史料基金會提供）

此時水溝裡，有多少武裝青年的屍體，而墓穴裡，開始住著活人。潘木枝在遺書中告訴太太，「**告訴青年們，有危險！**」礦坑、墓穴、地洞，住著雲嘉南的武裝青年及學生，也住著他們的父親，因為這個政府抓不到本人，便抓人家的父親威脅。

一批又一批的槍決示眾，一批又一批的勒索搶劫。

嘉義的木材商林登科，何其富裕。被押走後，軍人扛走二十萬現金，說明天放人，隔天又來一個單位，再拿走二十萬，最後還是被帶出來遊街，在火車站前槍殺。妻子在他棺木裡放把刀，要他不能忘記報仇。

事件期間被推舉代理警察局長的陳容貌，在三月十二日軍隊進駐後，照樣上班，他心無邪，卻以「偽警察局長」被逮捕。何其殘忍，將他的腳以鐵釘釘入木板，三月二十三日，在嘉義火車站前槍殺示眾。

妻子在他長褲的懷錶袋裡發現一張字條：

非關榮利與貪名，大禍臨身惹恨生，四八年華從此斷，甘心為眾做犧牲。

「**甘心為眾做犧牲**」，何等氣魄，這將永遠使壓迫者顫慄。

而當陳容貌等十一人，被鐵絲綁住、插上名牌，以卡車遊街，載往火車站槍殺時，這時站在卡車上的盧鎰（綽號「大目仔」），沿途高喊：「來喔，來車站看我大目仔被槍殺喔！」

示威，直到死前。

不屈，直到死前。

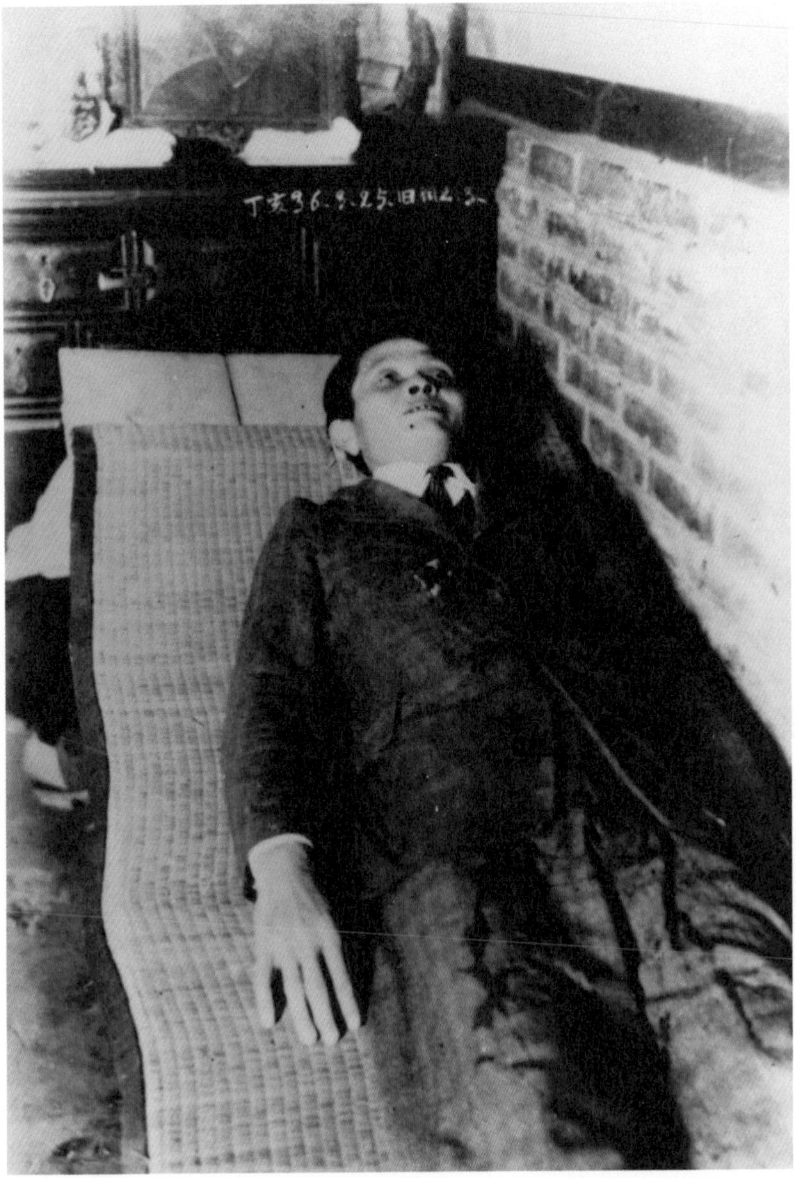

8-3-6
陳澄波受難遺照（財團法人陳澄波文化基金會提供）

亡者之姿

北港英雄

沒有遺書，後世就無法理解他們的感情嗎？武裝抗爭者的生命本身，就是遺書。他們的遺書，以鮮血書寫。

翻開遠去的時代，北港人提起「阿木仔」——余炳金，情緒總是特別起伏。眼中亮光閃過，有時是崇拜，有時是眼淚。

余炳金，日本拓殖大學肄業，遊刃於日本拳術，家中富裕的他，經濟無缺，有的是一身正義感。警察欺負人，他去理論；米價狂飆，一日三市，他要商家非漲不可的話，明天再漲，事情找他，總能解決。二二八事發，他當然站在第一線。

三月初，處處有抗爭，軍隊也要進北港，結果余炳金帶頭以突襲方式嚇阻，迫使軍人掉頭離去。當時國小四年級的陳茂宣，看到余炳金走進北港舊橋時，民眾對他英雄式的歡呼。

嘉義市民有難，他和葉啟祥（綽號「阿啟仔」），海軍第一期志願兵）帶著北港自衛隊，前去支援；要攻虎尾機場，他也去助攻。三月十七日，當國府援軍開到時，武裝青年大多散去，甚至展開逃亡。但有一批人沒有退卻，決意繼續抵抗，北港自衛隊是其中的一支。

許壬辰是北港治安隊領袖，不准大家在市區迎戰國軍，這會傷及無辜。余炳金、葉啟祥聽他的，兄弟們便一起往山裡頭去了。

最後的抵抗

四輛車，載著米糧槍砲，開往梅山。但國軍已得到情報，安了機關槍，埋伏在崁腳。第一輛車開過去後，軍隊以機槍掃射，劫後餘生的人回憶，第二輛車上的許壬辰，高喊：「死守！」這最後的抵抗，總有書寫他們的時刻吧。當時還在嘉義中學念書的溫文仲，家就住梅山，描述這一刻時，仍感佩於民軍的勇氣。

崎頂國軍已經得到情報，安了機關槍等在那裡，他們一到就向下掃射，死了很多人。民軍精神很好，沒死的人跳下車，安上刺刀繼續衝。我不知他們當時的勇氣是怎麼來的，只是為了心頭一點氣，也不是說像做兵的被命令向前，不往前就會被殺，他們竟能衝向機關槍……

在現在橋下有一塊溪埔，國軍和民兵在那裡有肉搏戰，到底死多少人，有人說二、三十人，也有人說三、四十人。國軍也死不少，聽說是十六人吧。主要是後來肉搏戰死的。民軍不是當兵的，是臨時組成的烏合之眾，卻那麼有精神，實在叫人感佩。

許壬辰當場戰死。

新港自治聯軍的李廷芳、李啟章陣亡。

北港車站頭的老大蔡中山，沒在最後的戰役缺席，義勇殉難。

三月十八日整編二十一師師長劉雨卿發給蔣介石電報，留有戰役現場的血痕：「**小梅與北港匪徒被我擊斃各十餘名，潰竄附近山地繼續搜剿中。**」

除許壬辰屍體被帶回外，其餘無人敢接近、敢認屍。受難現場，軍隊繼續開槍打傷人的事，不是沒有發生。

余炳金在第一台車上，躲過政府軍掃射，夜間他潛回現場探看隊友死傷，卻遭埋伏的國軍圍捕。抓到他後，軍隊將他手腳以鐵絲穿過、吊掛起來，足足兩天。

這遭鐵絲穿過的手，出現在基隆港的浮屍中、出現在高雄律師王清佐遭警察局長童葆昭報復式的刑求中，也出現在對武裝抗爭者最後的凌遲。

槍殺當日，他幾已無法行走，仍遭鐵絲綑綁遊街，三月二十一日被槍殺於媽祖宮後的北港溪邊，離他住家不過一條街。北港人好痛，受他幫助過的人更是難忍。

在居民的記憶裡，槍殺余炳金那天，天空黑、風吹沙、揚大塵，天象殊異。人民心裡說不出的話，天地幫他們說。

葉啟祥逃脫後，政府逮捕他母親，威脅他出面自首。國防部長白崇禧三月十七日來，說一切回歸司法體制，但為何抓人家的老母親去關呢？

葉啟祥沒讓母親再受苦，自首後，受盡刑囚的身軀，五月三十日被鐵絲綁著行走在北港街上，未到行刑地點，中途就被對著後腦勺放槍。

這濺出的血，以及各地以公開方式槍殺二二八領袖，是統治者要台灣人害怕，從此再也不敢反抗他，時代的確從此噤聲。但，正是這敢為台灣而亡的勇氣，在白色恐怖時期，在巨大壓迫下波波繼起、未曾止息。問受難者為什麼敢對抗蔣介石？答案往往是：國民黨實在太殘忍了，我小時候跑去看二二八被槍殺的人，他們真的非常勇敢，要他們下跪，他們不跪。

不屈的靈魂

高雄中學畢業的學生顏再策，當彭孟緝發動對火車站的攻擊時，他率領學生挺身作戰，被子彈擊中倒下後，後面的沒怯弱，衝向前，又倒下，後面的再衝向前。戍防三塊厝的班長陳錦春說：學生一直想攻進火車站，搶下他們的機關槍。才七歲的施明德看到了學生軍的前仆後繼，也看到了隨之而來的大逮捕與公開槍殺。是什麼讓他走上革命之路的？只為了台灣可以擺脫被殖民的命運，他奉上二十五年的牢獄。那二二八世代的勇敢與淒涼，望一眼，已是細胞裡的成分。

新港的黃清鄰，大家叫他「黑狗鄰」，英俊瀟灑愛漂亮，大阪醫專肄業，二戰時去過海南島，已是劫後餘生，好不容易回到台灣，二二八一發生，又作戰去了。

那最後的戰役他沒缺席，梅山之役他被綁回新港槍殺，人們看著鐵絲穿過他的雙手雙腳，遊街至新港天主堂。子彈射入他胸口前，他沒失黑狗兄的氣魄，放聲咒罵國民政府。

給人們留下印象的還有林啟點，雲林西螺人，曾是鳳山空軍機械廠的技術兵。他幫民軍修槍砲，被政府以藏匿槍砲治罪。五月八日被押到西螺大橋槍殺，中槍後仍然挺立著，不倒就是不倒，撐到最後一刻。人們傳說著這不可思議的一幕。

湯守仁，水上機場戰役的現場指揮官，在白色恐怖時期重被清算，一九五三年押至馬場町槍

8-4-1
湯守仁（1924-1954）
水上機場戰役現場指揮官

殺時，他面對子彈挺起的胸膛，仍然像一個勇士。

是這勇士之姿，是這挺起的胸膛，沒有讓台灣人成為被壓迫底下嚅囁而活的一代。這是二二八世代獻上生命，以武裝對抗不義政權的姿態。

第九章
殺戮輓歌

淡水河上不時流下來雙臂反捆的屍體，流經台北時會沖到岸邊，或沖到橋墩下。政府不遺餘力追尋並殺害領袖人物，……殺人如麻的目的，是使福爾摩沙人不再有未來的領袖。

這是英國駐台領事G.M. Tingle一九四七年三月二十一日給南京英國大使館的電文。是連外人都看懂了，政府這樣捕殺台籍領袖是為什麼。

整編二十一師於三月九日凌晨抵達台灣，陳儀獲得充足兵力，隨即宣布戒嚴。戒嚴令是用於「接戰地區」的，而此時力爭縣市長民選的台灣，是「接戰地區」嗎？統治者竟令大軍開入台灣。

取得蔣介石兵援後，陳儀第一個動作做什麼？

他在三月十日下令解散日日跟他談改革的「二二八處委會」，宣布其為非法團體，准由各地駐軍處置。不過八天前，三月二日陳儀透過廣播，邀集各界出面成立處委會，民意代表及地方仕紳都站出來了，在官員及警察走避一空時，重新穩定各方。他們出面遏止民眾毆打外省官員，並成為啟動政治改革的引擎。

而此時不是此一臨時性的組織被解散而已，而是參與者遭到全面性逮捕及殺害。由於處委會是以各地縣市參議會為主體，罹難之深，使戰後第一批剛選上的台籍民意代表，消失殞落。

殺害人民領袖

台籍民意代表

政府屠殺台籍民意代表的情況，遍及全台。台北地區以暗殺手法為之，南部地區則出現如封建時期般，遊街後公開槍殺的場景。

兩位省參議員林連宗與王添灯，遭密裁，至今不知遺骨何方。花蓮縣參議會議長張七郎，被槍殺於郊外公墓；屏東市副議長葉秋木，在遊街後槍殺示眾；基隆副議長楊元丁，屍體浮於基隆港。

9-1-1
9-1-2

既是民意代表，大多是走協商路線的，但四位台北市參議員，遭暗殺。他們是陳屋、黃朝生、徐春卿、李仁貴。

前往軍方議和的四位嘉義市參議員，潘木枝、盧鈵欽、陳澄波、柯麟被扣下，在火車站前公開槍殺，曝屍終日，不准收埋。

高雄市參議員黃賜、許秋粽、王石定，在等待軍民協商結果時，被彭孟緝開入市府的軍隊掃射而亡。

台南縣參議員黃媽典，遭槍殺於新營圓環。

9-1-3

9-1-1
葉秋木（1908-1947）
屏東市參議會副議長（葉俊雄提供）

9-1-3
黃媽典（1893-1947）
台南縣參議員、縣商會理事長（吳三連台灣史料基金會提供）

9-1-2
楊元丁（1898-1947）
基隆市參議會副議長（吳三連台灣史料基金會提供）

入獄者不知凡幾，遭刑求者不知凡幾。高雄市參議員王清佐律師，遭鐵絲反綁吊掛樹頭，造成永遠無法復原的肢體傷殘，入獄期間，傷口生蛆腐爛，無法醫治，出獄後日日呆滯靜默過日，再也無法執業律師。

屠殺過後，保密局台灣站站長林頂立在清鄉期間，仍造報〈二二八事變叛逆名冊〉，這份名冊以二二八處委會為核心，列名九八七人。

密裁台灣領袖

大家普遍知道二二八事件中台灣菁英受難，卻很少意識到「密裁」這個屠殺形式，其實就是暗殺。

是誰讓陳儀如此恐懼，既沒有拘捕他們的理由，也沒有可以進入司法甚至軍法審判的任何條件，而要以密捕、密裁的方式對待？如此不人道的方式，導致數十年的歲月，家屬一開始是不知其生死，日日等待。半世紀過去了，知道難以倖存，卻仍不知真相為何，不知遺骨何方？誰人無父，要承受這樣的痛苦，不知其忌日，再又無墳可拜。

如此密不透風，不讓台灣社會有任何縫隙知道，事發當時家屬頻頻透過各種管道尋找，政府單位皆以「未拘捕此人」回應。民主化後，二二八的研究已歷二十餘載，亦只能以失蹤，消失於令人恐怖的時代為結論。轉型正義虛喊一聲，對多位遭密裁的台灣領袖，仍是沉默以對。

檔案揭露一九四七年三月十一日，第一份「人犯」名單就呈送蔣介石了，是目前所見二二八事件中最早的一份名單。比對之後，發現這正是遭政府密裁的名單，也是家屬所說在三月十日

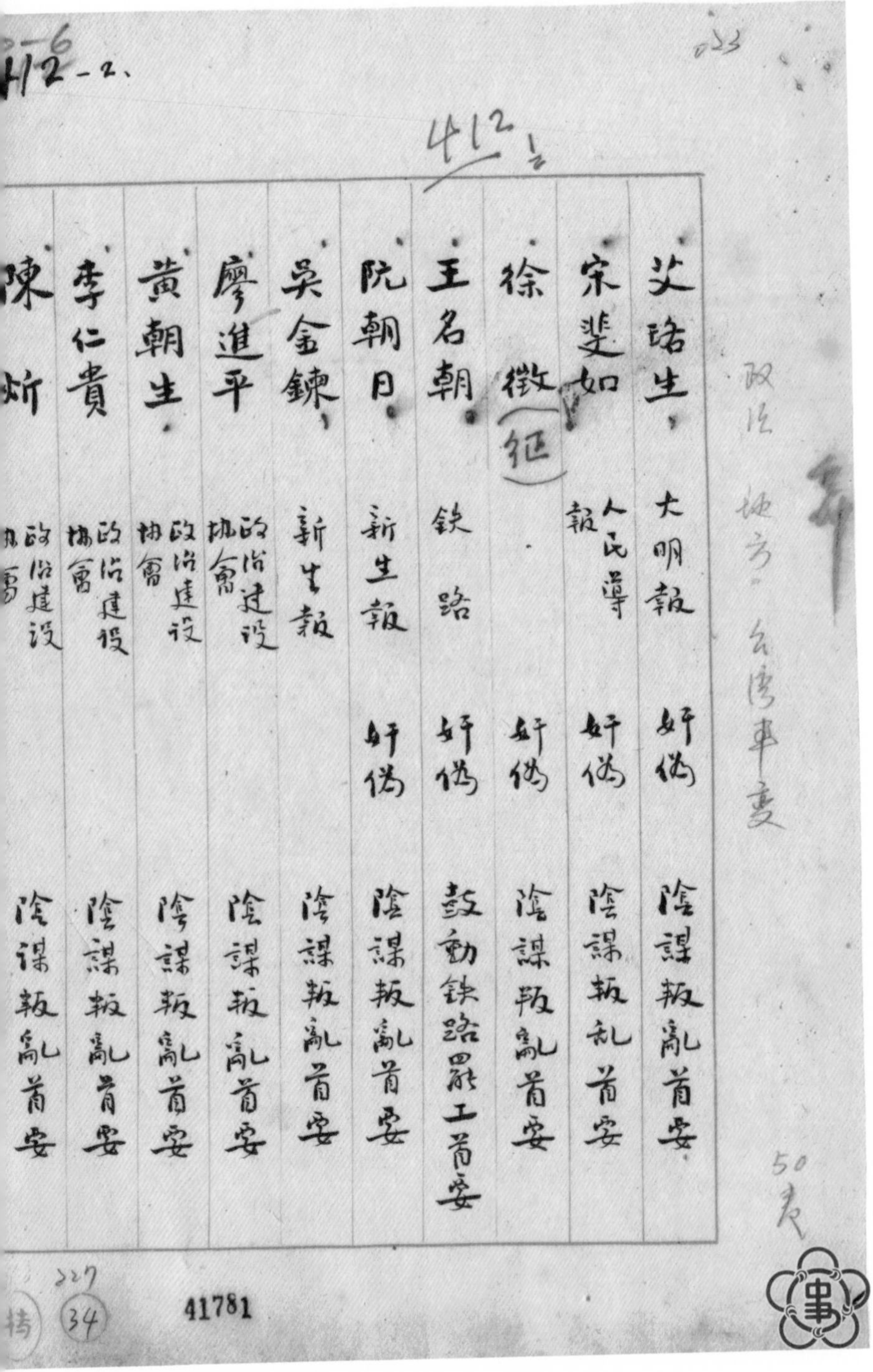
412-2、

412

姓名	單位	身分	罪名
艾璐生	大明報	奸偽	陰謀叛亂首要
宋斐如	人民導報	奸偽	陰謀叛亂首要
徐徵（征）		奸偽	陰謀叛亂首要
王名朝	鉄路	奸偽	鼓動鉄路罷工首要
阮朝日	新生報	奸偽	陰謀叛亂首要
吳金鍊	新生報		陰謀叛亂首要
廖進平	政治建設協會		陰謀叛亂首要
黃朝生	政治建設協會		陰謀叛亂首要
李仁貴	政治建設協會		陰謀叛亂首要
陳炘	政治建設協會		陰謀叛亂首要

政治 地方 台灣事變

50表

41781

9-1-4

1947.03.11 陳儀呈蔣介石的第一批名單，即是遭「密裁」者，為台灣媒體、政治及司法改革領袖。（大溪檔案）

林茂生	台大教授	陰謀叛亂煽動學生暴亂
林連宗		陰謀叛亂顛覆政府
王添灯		陰謀叛亂首要
徐春卿		陰謀叛亂首要
施江南		陰謀叛亂首要
李瑞漢		陰謀叛亂首要
李瑞峯		陰謀叛亂首要
張光祖	大流氓頭	策動殺害外省人首要
堀内金城	日人地下工作者	策動台人叛亂
植崎寅三郎	日人地下工作者	策動台人叛亂

36,3,13

至十二日之間，被帶走後一去無回的名單。

是誰「被強迫失蹤」？這份名單涵蓋了三大領域的人士：一是媒體領袖，二是「反對黨」成員，三是法律界領袖。

民主國家的人知道，這三大領域的人代表什麼，他們是有能力監督政府、批判及顛覆現行執政者的，民主血液澄清與否，他們扮演重要角色。當時為台灣發聲的也是他們，在台灣社會擁有至高聲望。

這份名單陳儀寫得匆忙，只見人名，無太多陳述，便直接冠以「陰謀叛亂首要」。被放在首要位置的是媒體人，特別被一個一個寫出來的是「政治建設協會」，可見陳儀對此一「反對黨」的在意。這份名單很少被注意，但其實它正是家屬口中，遭便衣或軍憲警帶走，從此一去無回的人；也是今日所知遭政府下令密裁，不知遺骨何在的名單。

誰被強迫失蹤

媒體領袖包含：《民報》社長林茂生、《人民導報》社長宋斐如、《大明報》發行人艾璐生、《台灣新生報》總經理阮朝日及日文版總編輯吳金鍊。

法律界領袖包括：台灣省律師公會理事長林連宗、台北市律師公會會長李瑞漢及人民自由保障委員會的李瑞峯。

政治建設協會，同時是二二八事件期間主要與政府商議改革的代表，包括前民眾黨中央執委廖進平、台灣信託董事長陳炘、醫師施江南、台北市參議員黃朝生、李仁貴及二二八處委會主

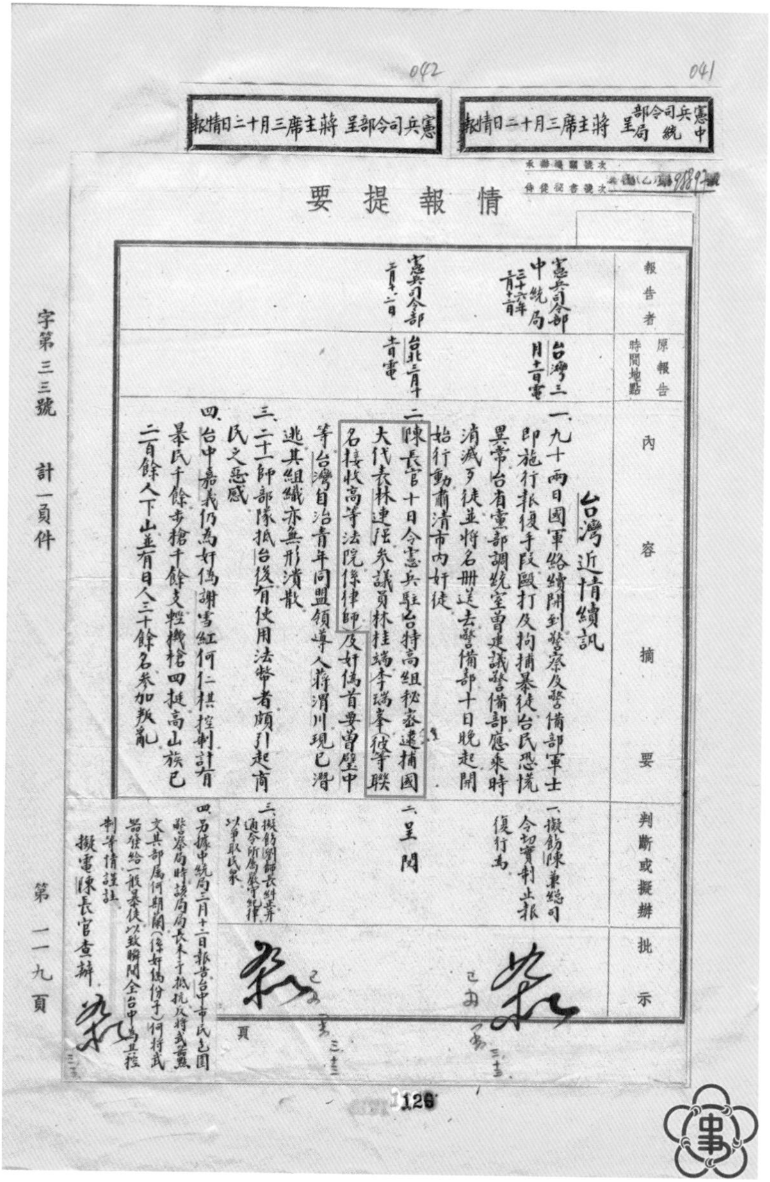

憲兵司令部 中統局 呈蔣主席三月十二日情報

憲兵司令部呈蔣主席三月十二日情報

情報提要

報告者：憲兵司令部 中統局 三十六年三月十二日；憲兵司令部 三月十二日

原報告時間地點：台灣三月十一日電；台北三月十一日電

內容摘要：

台灣近情續訊

一、九十兩日國軍絡續開到警察及警備部軍士即施行報復手段毆打及拘捕暴徒台民恐慌異常台省黨部調統室曾建議警備部應乘時清滅歹徒並將名冊送去警備部十日晚起開始行動肅清市內奸徒

二、陳長官十日令憲兵駐台特高組秘密逮捕國大代表林連強參議員林桂端李瑞峯（彼等聯名接收高等法院係律師）及奸偽首要曾壁中等台灣自治青年同盟領導人蔣渭川現已潛逃其組織亦無形消散

三、二十一師部隊抵台後有使用法幣者頗引起商民之惡感

四、台中嘉義仍為奸偽謝雪紅何仁棋控制計有暴民千餘步槍千餘支輕機槍四挺高山族已二百餘人下山並有日人三十餘名參加叛亂

判斷或擬辦：

一、擬飭陳兼總司令切實制止報復行為

二、呈閱

三、擬飭劉師長糾弄通令所屬嚴守紀律以爭取民眾

四、另據中統局三月十二日報告台中市民包圍警察局時該局局長未予抵抗反將武器彈藥交其部屬何朝蘭（係奸偽份子）何將武器發給一般暴徒以致瞬間全台中為其控制等情謹註

擬電陳長官查辦

字第三三號　計一頁件　第一一九頁

9-1-5

1947.03.12 中統局呈主席蔣中正情報：陳長官十日令憲兵駐台特高組，祕密逮捕國大代表林連強（宗）參議員、林桂端、李瑞峯（彼等聯名接收高等法院，係律師）……。（大溪檔案）

要的領袖省參議員王添灯，成為統治者急於滅殺的對象。

名單上尚有延平學院的老師徐征，及台鐵的王名朝。

其中僅王名朝的屍體在基隆港發現，其餘皆遭密裁，至今不知遺體何在。

陳儀把名單報給蔣介石的時間在三月十一日，但事實上，前一天晚上他就抓人了，「**陳長官十日令憲兵駐台特高組，祕密逮捕國大代表林連強〔宗〕參議員、林桂端、李瑞峯（彼等聯名接收高等法院，係律師。）**」這是中統局在三月十二日給蔣介石的情資。

9-1-5

短短幾個字，看見統治者的陰暗殘忍。

檔案揭露，此份名單蔣介石完全知悉，兩天後三月十三日陳儀將每個人的略歷及「罪跡」補上，再報給蔣介石一次。同一份公文中，陳儀請蔣介石允許他使用軍法審判：「**台灣因非接戰地區，不能援用軍法，普通司法寬大緩慢，不足以懲巨凶奸黨。**」「……**擬請暫時適用軍法，使得嚴懲奸黨份子，以滅亂源。**」陳儀也知，於法，他不能使用軍法審判，但仍要蔣介石同意。

但這些台灣領袖，甚至連這違法的軍法審判都沒有。

人，他們帶走人，人，他們暗殺了，屍體在哪，至今仍無任何線索。國家可以以如此殘忍的方式，凌遲二二八世代的領袖，及其家屬嗎？七十年過去了，主政者從未追究此一違反人道的罪責。

遺體的空缺，是真相的空缺，更是責任的空缺。一段攸關真相、正義與責任的關鍵，至今仍以巨大空白存在。

三月十一日陳儀給蔣介石的第一份名單，就是執行密裁的名單，就是被強迫失蹤者的名單。大溪檔案這份名單，留下政府謀殺民主領袖的證據。

而陳儀接下來的動作，仍是圍在這上面打轉。三月十三號，查封報社；三月十四日，下令解散台灣省政治建設協會。

9-1-6

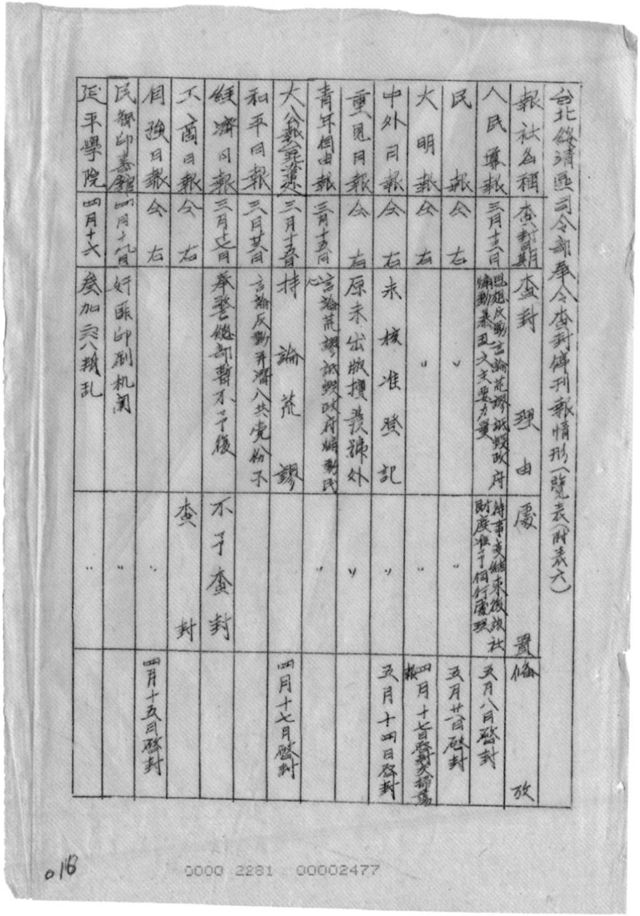

台北綏靖區司令部奉令查封停刊報社情形一覽表（附表六）

報社名稱	查封日期	查封理由	處置	備攷
人民導報	三月十三日	思想反動言論荒謬詆毀政府煽動暴亂文字甚多	將事變以來該社財產准予個行處理	五月八日啟封
民報	仝右	〃	〃	五月廿日啟封
大明報	仝右	〃	〃	四月十七日[illegible]
中外日報	仝右	未核准登記	〃	五月十四日啟封
重建日報	仝右	原未依法擅發號外	〃	
青年自由報	三月十五日	言論荒謬詆毀政府煽動民心	〃	
大公報台灣辦事處	三月十五日	持論荒謬		四月十七日啟封
和平日報	三月廿日	言論反動并潛入共党份子		
經濟日報	三月廿七日	奉警總部暫不予	不予查封	
工商日報	仝右		查封	
自強日報	仝右		〃	四月十五日啟封
民聲印書館	四月十八日	奸匪印刷机關	〃	
延平學院	四月十六	參加二二八叛亂	〃	

018

0000 2281 00002477

9-1-6

台北綏靖區司令部自 3 月 13 日起開始查封各大報社

密裁法律界領袖

林連宗

林連宗，是第一個被點名秘密逮捕的人，他不只是律師，更是省參議員及制憲國大代表。他的身影穿梭在戰後的議壇，在南海路五十四號的台灣省參議會，質詢當時的高等法院院長楊鵬，問的就是：「**何以公務人員犯罪，司法機關要調查時，還必須請示長官？**」每個細胞都是對法治的信念，這是他的素養，他的養成。畢業於日本中央大學法科，通過司法、行政兩科國家考試，在日本時代已是執業律師。戰後他對政府違法，對官員犯罪，說得理直氣壯，質詢得理直氣壯。

身為制憲國大，在南京開會時，掩不住心情激動，頻頻跟他摯愛的女兒林信貞寫信，「**制定憲法乃一國歷史上重大之事……，國大代表當要自重，不待多言。**」憲法通過那一刻，他難掩激動，眼淚奪眶而出。更重要的是他在信中提到十八名台灣代表馬不停蹄，在南京主動招待全國記者及各省代表，使他們理解，何以台灣必須即刻施行憲法、實施縣市長民選。

當時面對千瘡百孔的政經問題，除依憲法舉行縣市長民選，換掉把接收當劫收的統治階層外，別無他法。

9-2-1

9-2-1
林連宗紀念室（「公與義的堅持」展場照，黃惠君提供）

二二八事件一發生，台中各界人士推他北上面見陳儀，就提兩點：縣市長直接民選、任用本省人士。之後他沒再回家。

爾後，片片斷斷地，從法官吳鴻麒的日記看到，三月七日林連宗與院長商議改革意見，「**下午二時許在律師公會開會，處理委員會委員林連宗與高院長交涉結果，大部分既接受。具體案，明日再議……**」

林連宗與高等法院院長楊鵬商議什麼？我認為，這當中沒有祕密，意見都寫在三十二條要求上，包含使既有權位者備感壓力的：「**各地方法院院長、各地方法院首席檢察官，全部以本省人充任。**」、「**各法院推事、檢察官以下司法人員，各半數以上省民充任。**」

但林連宗在三天後遭陳儀祕密逮捕後暗殺。

人事問題當然是關鍵，隔日的會議談什麼，吳鴻麒三月八日的日記留有記錄：「**下午一時半起開會至五時閉會，對人事方面討論，尚未有完善之結果。夜十時餘起又槍聲四起，激烈異常……**」接著三月九日軍隊抵台，台北宣布戒嚴，槍聲不絕。

就吳鴻麒所記，人事案的討論是沒有結果的，就算有也還是要呈請中央核准。但陳儀給林連宗安的罪名是：「強力接收台灣高等法院第一分院，並自任院長」。歷史留給我們的真相是，他們全面爭取任用台籍人士，而林連宗、李瑞漢、李瑞峯、林桂端四位律師，遭當局以「強力接收法院」為名，在祕密逮捕後暗殺。

李瑞漢

李瑞漢在日本時代已參選台北市會議員，對島國台灣的發展，提出「興建台北港」的全球化視野，攝影師李火增記錄了他在北門圓環飄揚的競選旗幟。和林連宗只差一歲，兩人都是日本中央大學法科畢業，戰後他被選為台北市律師公會會長。

面對司法權無法獨立，不論是法官吳鴻麒的釋放令，警察不從；或是王育霖檢察官在偵辦鐵路警察貪瀆案時，險遭毆打，以及在查辦新竹市長郭紹宗的瀆職案時，被市長找來的警察搶走搜索令，都讓人看到司法權幾近崩潰。二二八事件初起，李瑞漢召集律師公會會員，提出「司法獨立、起用本省人」的主張。

《民報》在三月九日以頭版，報導了當時法律人羅難前共同的努力：

據悉：自二・二八事件發生以來，高等法院楊院長決定對各法院及檢察處人事，加以根本調整，儘量起用本省人。八日下午三時，省垣律師公會諸會員及高、地兩院推、檢事，在該院開磋商會，擬就人事名單，呈交楊院長以便呈請中央核示云。

開大門走大路，這是律師公會會員、高等法院及地方法院的法官及檢察官，共同參與的一場會議，但台灣法律界菁英卻在隨後，蒙受統治者以泥浪掩埋生命及未來。

三月十日傍晚五點多，一位憲兵軍官及四位便衣，來到李瑞漢家，說是：「**長官（陳儀）請你們去開會。**」當日林連宗因交通中斷寄宿他家，弟弟李瑞峯也在家中同坐。三人遭軍用吉普

9-2-2
於二二八罹難的法律界人士，右起李瑞漢、李瑞峯、陳金能（「公與義的堅持」展場照，黃惠君提供）

車載走後，再也無法得知任何一絲訊息。

是要到那麼久之後，幾乎過了半世紀，才能看到官方的「正法及死亡人名冊」上列有他們的名字，這份名冊在一九四九年整理出，但卻埋在戒嚴的深淵中，政府長年不給家屬及台灣社會知道任何有關的訊息。

什麼是妻子的心情？一九九四年，李邱己妹接受張炎憲教授訪問時，已是四十七年後了：

（當時）我們七、八個婦人相伴，四處陳情，也找過楊亮功、丘念台、黃朝琴等，都沒有正面回音。四十多年來心頭老是想著，丈夫何時會回來？是被關在哪呢？還是已經……？一直等待著，直到今天還是在等待。雖然已經四十多年，但是在沒看到屍體以前，怎麼能相信他已經死了呢？怎麼能呢？

沒有看到屍體，怎麼能相信他已經死了呢？對家人而言是無盡的思念與等待。同樣遭密裁的《台灣新生報》副總編輯吳金鍊，他的妻子賣豆漿、幫人做飯，養大六個孩子。全家福照片中，那帶著珍珠項鍊的美麗婦人，一九九六年時臉上已布滿風霜刻痕。她省吃儉用把老家買下來，因為心裡始終沒有放棄等待先生返家的念頭……。

人們可以理解那不知父親遺體何方的痛苦嗎？李瑞漢的女兒李月美在一九九三年受訪時，止不住眼淚：

我……深深期望，父親在三個同時被抓走的人裡，不要遭受看到其他人被槍殺的痛苦。假

如真是被槍殺，希望不要忍受種種活罪，像被活埋、鐵線穿掌而過、投海……。希望父親能夠維持「死的尊嚴」，身體沒有遭受凌遲割裂，能夠穿得整整齊齊的。

初中時每讀到朱自清的「背影」時，總被我的淚水浸濕，而使平坦的書頁變了形。我要到哪裡去「尋父」呢？

每一幕都是當時二二八受難者被折磨的情景，每聽聞一次，心中就陷入父親可能也承受同樣痛苦的噩夢。「生者安寧，死者安息」，何日可得？

密裁「反對黨」及媒體領袖

在陳儀的密裁名單中，人數最多的就是政建協會成員，他們是戰後不折不扣的「反對黨」。從日本時代便參與文化協會與台灣民眾黨，為追求自治，多人身陷牢獄。戰後他們的追求沒有不同，原擬組黨，但陳儀以訓政理念的「人民團體組織暫行辦法」加以箝制。

一九四七年元旦憲法通過，但陳儀卻自行決定台灣要到一九四九年才能縣市長民選，政建協會全面反彈。在米荒成為壓垮台灣的最後一根稻草時，他們重上街頭、步步進擊。

政建協會擁有一定的政治實力，在台北有五席議員（黃朝生、李仁貴、張晴川、陳屋、陳春金），楊元丁更搶下灘頭堡，擔任基隆市議會副議長。

二二八事件發生，政建協會成為與陳儀商議改革的代表，也成為受難最深的團體。一方面是台北的五位議員，扮演處委會的要角，陳炘也以民眾代表身分加入。而這股起自日本時代，引領人民追尋民主自治的力量，在二二八時幾遭連根拔起，成員慘遭密裁、逮捕或被迫流亡海外。

黃朝生（一九〇五—一九四七），是醫師，也是台北市參議員，早早力主台北市長民選，是政建協會常務理事及財務組長，投入之深，出錢出力。事件期間他天天在中山堂開會，要查看肇事凶手是否被羈押、要組治安隊、要派人去南京溝通，都找他。也因身為醫師，處委會的救護組組長也是他。而這樣一位為民先鋒的醫者政治家，政府在「正法」及死亡人名冊中，安他

9-3-1
9-3-2
9-3-3

9-3-1
黃朝生（1905-1947）
醫師、台北市參議員、政建協會常務理事。
（黃紫青提供）

9-3-2
李仁貴（1900-1947）
台北市參議員、台北市商會理事、政建協會理事
（吳三連台灣史料基金會提供）

9-3-3
陳屋（1896-1947）
台北市參議員，日治時期工運領袖、政建協會理事（陳介山提供）

9-3-4
徐春卿（1895-1947）
台北市參議員（吳三連台灣史料基金會提供）

的「罪名」為：「要求當局無條件釋放人犯及解散警察大隊」，這是當時民意之所趨，但政府卻將人暗殺，至今不知遺體何在。

陳屋（一八九六—一九四七），日本時代重要工運領袖、政建協會理事、台北市參議員，被安上的罪名是：「謀議三十二條叛國議案，主張陸海空軍幹部主管應由本省人負擔」，這樣的努力與主張，竟遭密裁，流露出的仍是統治者想行軍事獨裁，視台灣人為被統治者的殖民意識。

李仁貴（一九〇〇—一九四七），台北市參議員、台北市商會理事、政建協會理事。陳儀安他的罪跡是：「提議將國軍武力完全解除，治安由偽處理委員會維持」。解除武裝言過其實，治安的部分則是與參謀總長柯遠芬協商的結果，但政府以暗殺對待之。

除政建協會的成員外，台北市參議員波及人數極多，死亡者四名、繫獄者七名，合計十一名，占議員總數二十六名的百分之四十二。台北市參議會是二二八處委會的發源地，一舉一動都受公署監視，事後政府所列的「暴亂主謀名單」上，竟有十九名之多，若全遭逮捕，無異有四分之三的台北市參議員遭難。

9-3-4 其中同樣遭政府密裁的還有市參議員徐春卿，為何非置他於死地不可？陳儀親手寫他的罪跡是：「反對日產標售，組織日產租戶聯誼會，擴大反對政府措施。」日產標售，牽涉巨大利益，豈能毫無監督？徐春卿起身反對政府奪走人民原有的權益，竟遭密裁。

9-3-5 此外政建協會的要角廖進平（一八九五—一九四七），先後擔任《台灣新民報》編輯、記者和社務委員，日本時代曾因自治運動四度入獄。戰後，他常演講批評時政，發起數次遊行。由於演說相當出名，蔚為社會景觀，畫家張義雄繪有他一九四六年在龍山寺前的演講。

「向美國領事館提出『將此次台灣二二八事件真相，向國內及全世界報導』並請其主持公道之辱國要求」、「經常利用該協會定期講演，發表抨擊政府不滿現狀，挑撥官民之荒謬言論」是他的罪名，但這是想窮所有之力改變現狀的努力，更是一個反對黨該做的事。

是的，政建協會一直保持與美國領事館的溝通，甚至希望透過美國讓蔣介石了解，此次事變純粹是為了政治改革，請蔣介石萬勿派兵來台。廖進平在三月十八日遭人密告逮捕，後遭密裁，至今不知遺體何方。

9-3-6

陳炘（一八九三—一九四七），美國哥倫比亞大學經濟學碩士，日本時代與林獻堂共創「糾集台灣人的資金，以供台灣人利用」的大東信託（一九四四年改組為台灣信託），開展本土金融事業。戰後他創設「大公企業」，本土企業家當然想在日人離去後大展身手，接手其留下的產業，也協助經濟儘快復甦。但陳儀行統制經濟，大小生意緊抓不放，層層都需「特許」，也出現獨厚江浙財團的聲音。

陳炘所集結的本土資金與企業家，當然奮力想要突破壟斷，其中最關鍵的就是取消貿易局。另與陳炘密切相關的台灣信託，陳儀卻認為這是敵產，要公營化，但陳炘不斷陳情證明這是台灣人的產業，陳儀遲到一九四六年年底才不甘願地宣告為民營，但卻對陳炘極為不滿。

事件中，陳炘為重要代表，三度會見陳儀，所提多是用人的省籍偏差及政治改革的方向。但三月十一日清晨，他遭台北市警察局分局長林致用拘提後，遭密裁，至今不知遺體何方。陳儀報給蔣介石的名單，寫到陳炘時，安的罪跡是：「接收台灣信託公司」，另還在略歷欄加上：「前日本皇民奉公會台中州支部生活部長。」這是陳儀自己心虛，根本沒有處死陳炘的任何條件，他繼續操作中日敵對的意識，所隱藏的仍是想壟斷一切資金與經濟利益的心態。

9-3-6

陳炘家庭照

陳炘（1893-1947）為美國哥倫比亞大學經濟學碩士、大公企業董事長（謝綺蘭提供）

9-3-7
吳金鍊家庭照
吳金鍊（1913-1947）為《台灣新生報》日文版總編輯（吳蕭宏提供）

密裁媒體領袖

如果今天二二八世代的努力沒有被淹沒，統治者的謊言於今看來昭然若揭，毫無疑問必須感謝當時的新聞人。特別是《台灣新生報》的日文版總編輯吳金鍊與總經理阮朝日。

翻閱當年報紙，《台灣新生報》從三月二日開始，有非常不一樣的轉折，報紙大篇幅報導二二八處委會的動態，人民的訴求躍上頭版頭題，各地蜂擁而起的抗爭，沒有被消音，而是全台知曉。年輕學生的行動，一樣是焦點。他們打開人民知的權利，搬開語言的高牆，被禁止的日文版重新開張。而陳儀、柯遠芬、張慕陶的面具，全留下了紀錄。

他們甚至為今天的轉型正義開了一扇門，留下軍隊屠殺前，三月二日到三月八日這段時間緊密的真相，短短一週卻是二二八事件風起雲湧的結晶體。

這一切並非庸常，而是革命所得，最後以生命為代價。二〇一五年中研院台史所許雪姬教授的研究，打開國防部保密局台灣站的檔案，我們看到林頂立向南京國民政府言普誠（情治人員化名）報告：「吳金鍊等企圖變更《新生報》為民主報日文版」。在情治人員董貫志（化名）的報告中：

> 查二二八事變時，本市新生報社叛徒吳金鍊（前日文版總編輯）、阮朝日（前總經理）、陳昆山（總經理），為影響事變，陰謀奪取報社，擬將該報改組為偽民主報。於三月一日，由上列三叛徒發起接收委員會，計委員十五人。以阮朝日為偽社長、吳金鍊為偽副社長兼總編輯，陳昆山為偽總經理……公開倡亂、混淆是非。

9-3-7
9-3-8

9-3-5
廖進平（1895-1947）
民眾黨要角，政建協會常務理事（廖繼斌提供）

9-3-8
阮朝日（1900-1947）
《台灣新生報》總經理（林麗蓉提供）

9-3-9
宋斐如（1903-1947）
《人民導報》社長（吳三連台灣史料基金會提供）

官方眼中的叛亂者，就是敢於起身為人民努力的反抗者。如果沒有吳金鍊、阮朝日發動《台灣新生報》內部的改變，我們是看不到真相的。但三月十二日中午吳金鍊在報社被帶走、阮朝日在住家被帶走。

情治人員這份報告寫於一九四七年四月十九日，提及「主謀吳金鍊、阮朝日案發被捕，現解警備總部軍法處訊辦中。」這是他們最後留下氣息的地方嗎？

人呢？七十年來國家沒有正式回答過。

二二八是媒體人的浩劫。一樣遭密裁的還有《大明報》發行人艾璐生，政府說他的「罪跡」是：「利用報紙抨擊政府施政，強調省政改革之必要……」，這不就是媒體的角色嗎？但對統治者而言，竟至不讓其活。《人民導報》社長宋斐如也遭密裁，「利用報紙抨擊政府施政，竭力暴露政令缺點……」是他的罪名。

今天民主國家的人都能看懂，抨擊時政、暴露政令缺點、強調省政改革，都是媒體的職責。二二八時統治者最急著想撲滅的是改革者，是媒體。三月十三日起警總以「思想反動、言論荒謬、詆毀政府、煽動暴亂之主要力量」查封《民報》、《人民導報》、《大明報》等十一家報社。

屠殺

國民政府主席蔣介石，無視台灣社會對和平解決的要求，仍派兵鎮壓。除調派陸軍憲兵與整編二十一師來台外，並下令海軍總司令以大批艦艇繞行台灣，隨時支援。

三月十日陳儀對全台廣播、下令戒嚴。軍隊開進各地，恣意逮捕人民、開槍殺害，未經任何司法程序。只見處處是被棄置的屍體，河邊、港邊、橋下、墳墓邊、植物園裡……。爭取民主法治的人民，遭到國家暴力極端凌虐，埋下日後台灣社會對立及仇恨的根源。

而此時寡母孤兒，在屍體群中尋尋覓覓，見屍者哭、未見屍者難以寧靜，留下無邊的痛楚與創傷的人生。

基隆港浮屍

官方視台灣人民為叛亂者，將逮捕及屠殺無邊擴大，基隆地區居民大多在三月八日至三月二十日前後遭難。基隆港發現受難者遭鐵絲貫穿手掌腳踝，丟入大海，浮屍一具又一具。

家住基隆的許曹德，那年十歲，目睹基隆青年在槍尖下一批批押往市區的景象，奶媽的兒子也被殺死，他跟著去基隆港淺水碼頭尋屍，在回憶錄中描述了此一恐怖的時刻：

市區方向傳來可怖的槍聲……軍隊舉槍對任何起疑的人物，無論大人小孩一律射殺。……基隆火車站前的淺水碼頭，撈起幾百具屍體……直抵港濱時，看到如此橫布的屍體，聞到發出來的屍臭，人人都被眼前展現的人間悲慘景象，徹底震嚇。……每一個屍體，都是雙手反綁，手腕之間以鐵線穿透人手骨肉而後纏繞。人們可以想像他們死前的恐怖嘶叫、掙扎、絕望、痛苦。

被推下海後，掙脫鐵絲穿綁的林木杞（基隆第二分局工友），說出親身遭遇：

兵仔把我們提出來，統統塞到軍車上，一路載到元町派出所後面的海灣（現文化中心停車場）。就在那裡，大約有上百名的兵仔，開始綁鐵線。

……我們被綁成九排，每排九人，等於我們那一批共有八十一人。每個人的雙手、雙腳都被兵仔用鐵線反綁起來，手從手掌穿過手背，雙腳則從脛骨那裡穿過。

……九個人串成一排，我被串在一排九人的最後一個。……手腳都被綁起來之後，兵仔又用布綁住我們的眼睛，我什麼都看不見了，……聽到砰砰的槍聲，我心想，差不多了，沒命了，再見了。

……八個死去的人拖著我跌入海裡，鐵線受重力拉扯，落水後，我雙腳的鐵線鬆了，可以胡亂掙扎，才有活命。漆黑裡，我只靠雙腳亂划水，游到遠處的岩壁，四周較安靜後，才偷偷上岸。

9-4-1

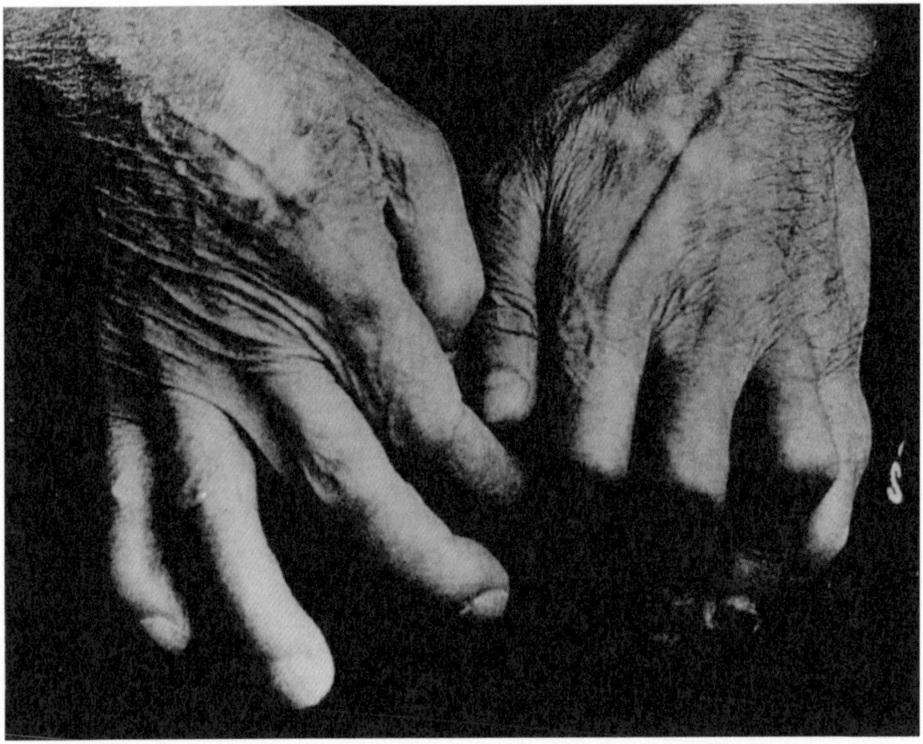

9-4-1
林木杞遭鐵絲穿越的雙手（吳三連台灣史料基金會提供）

林木杞雖躲過一劫，但沒敢回家，又在公墓裡住了一段時間。

陳朝輝，台北工業學校畢業，戰後在基隆煤礦擔任助理工程師，晚上還到光隆商職兼課。軍隊抵台後，他在三月十四日從公司被帶走，兩個星期後，屍體在基隆港岸邊發現，時年二十九歲。妻子張碧玉說：

屍體撿回來時，眼睛用日本軍用綁腿布蒙著，嘴裡塞著棉花，手反綁在後面，絞鐵絲，還綁著一塊石頭，腳也用鐵絲綁著；屍體泡在海水裡，身體整個腫起來，腫得把衣服塞得滿滿的，放不進棺材裡，硬塞進去，蓋子卻沒辦法蓋緊。

這國家暴力的凌遲，誰能承受。

台北南港橋下

橫科南港橋邊居民在夜半驚聞槍聲，三月十六日清晨在橋下發現八具屍體，屍體上有槍傷、棍棒打傷等痕跡，死狀悽慘。此時不知自己親人在何方的家屬，紛紛前去認屍。

楊毛治在這裡尋獲先生遺體，只見他全身被打爛了。吳鴻麒，四十七歲，高等法院法官，曾參與審判台灣總督安藤利吉，是員林事件、迎婦產科命案的承審法官。三月十三日他在法院上班時遭軍警帶走，妻子三月十六日至南港橋認回屍體。推斷遭政府殺害的原因是，他是處委會推薦的高等法院院長人選。

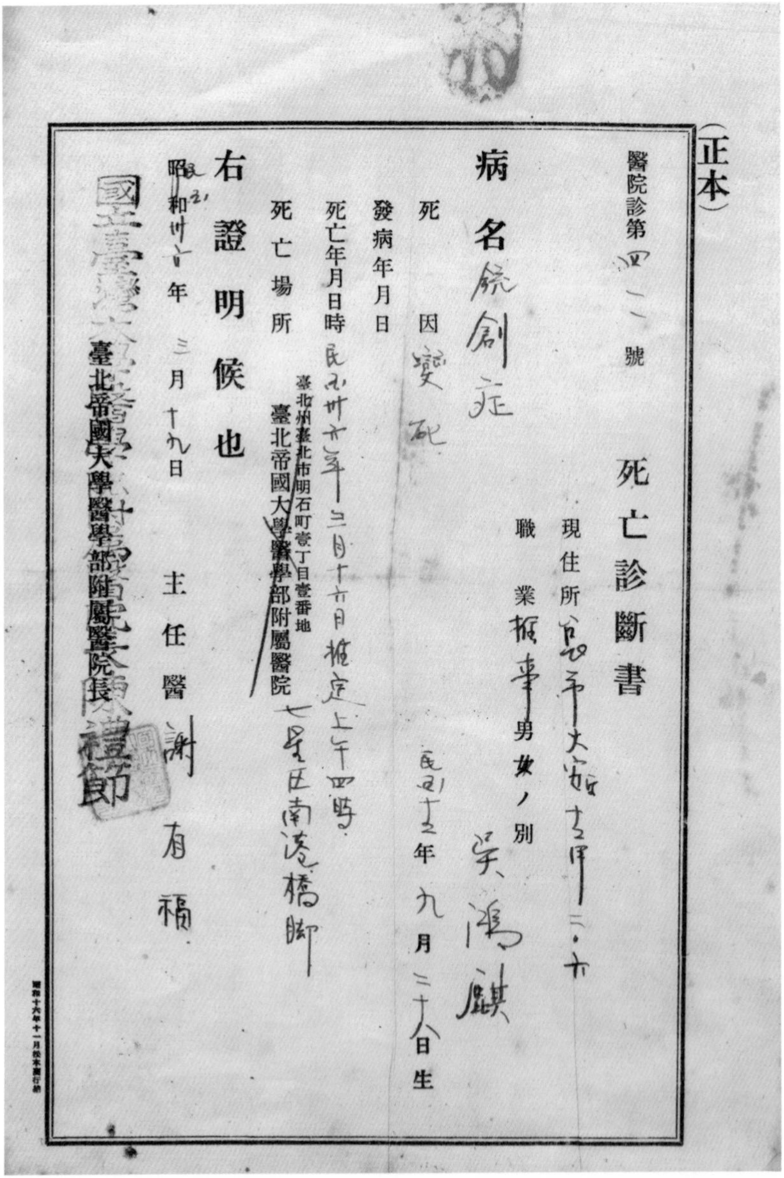
（正本）

醫院診第四一一號

死亡診斷書

現住所 台北市大安十甲二・六

職業 從事

男女ノ別

吳鴻麒

民國十三年九月二十八日生

病名 銃創症

死因 變死

發病年月日

死亡年月日時 民國卅六年三月十六日推定上午四時

死亡場所 ~~臺北州臺北市明石町壹丁目壹番地 臺北帝國大學醫學部附屬醫院~~ 七星區南港橋腳

右證明候也

昭和廿一年（民國卅六）三月十九日

主任醫 謝有福

臺北帝國大學醫學部附屬醫院長

— 9-4-2
吳鴻麒的死亡診斷書（楊悉治提供）

9-4-3
林旭屏（1904-1947）
東京帝大法律系畢業、專賣局菸草課長（林勳彥提供）

同樣遭棄屍於此的是林旭屏，四十三歲，東京帝大法律系畢業，是台灣人在專賣局當中職位最高的，任專賣局課長，傳聞為處委會所推薦的專賣局局長人選。同臥於此處不再回的是鄭聰醫師，四十六歲，專賣局松山菸草廠專員。

此外還有年僅二十二歲的林定枝與三重埔賣豆干的青年周淵過。

吳鴻麒妻子尋獲丈夫遺體時，冷靜的她，請來攝影師，拍下丈夫受難照片。

她說屍體拖回家，一進屋內圍牆，立刻血流不止。她一邊清潔，一邊對著吳鴻麒的屍體說：「你一輩子講究衛生，死時卻弄得全身灰塵泥土，髒兮兮的……」血流個不停，怎麼擦都擦不乾。

醫生驗屍時，我親眼看到吳鴻麒身上滿是傷痕，下半身都是一道一道的烏青，連睪丸都打破了。……聖經羅馬書有一句話：「申冤在我，我必報應。」那是耶和華幾千年前應允的話。他說：「報仇的事，你不必記懷，會有報應。」這樣就可以了。幾十年來，我得以安靜過日子，依靠的就是這聖句。

9-4-3

屠殺地方領袖

軍隊在三月十一日開入宜蘭，三月十九日宜蘭地方領袖遭押走，隔天七人陳屍頭城媽祖廟前。其中包括宜蘭處委會的主委郭章垣醫師、宜蘭農校的代理校長蘇耀邦、台灣銀行宜蘭分行營業課長林蔡齡，以及民族派出所的台籍警員、代理警察局長葉風鼓，以及警員呂金發、賴阿塗、曾朝宜。

9-4-4

9-4-5 而羅東治安委員會的主委陳成岳醫師，遺體在蘭陽溪尋獲，眉尖中彈、胸前兩處彈孔、身上七處刀痕。

9-4-6 花蓮「青年大同盟」總指揮許錫謙，屍體被發現棄置在南方澳海邊斷崖，兩眼被蒙住，雙手被捆綁，頭、手各中一槍，後腦剩不到三分之一。他為花蓮富商獨子，事件波及花蓮後，許錫謙要求召開民眾大會，組織青年團協助維持治安、保護外省人、並將糧食分配貧民。軍隊抵台後，許錫謙避走台北，途中被國府軍隊殘殺。

尋屍

成批成批的人被帶走，沒有紀錄、沒有審訊、沒有通知，毫無音訊。家人聽到哪裡有屍體，便哪裡去。

台灣大學學生林麗鏘遭逮捕，姐姐林麗珊四處打聽弟弟消息。來到中正橋，一片嚇人的景象……只見許多漂浮的屍體。

到植物園遠遠的就聞到陣陣的屍臭味，在大樹下，有的躺在地上，有的靠著樹幹……看起來，有的人可能是在植物園外面被打死，然後拖進去的。……從那次以後，我再也沒有去過植物園。

自從弟弟失蹤後，我一直期待他出現，但是一年過了又一年，始終沒什麼消息，慢慢地，我也老了，這幾年才放棄希望。

9-4-4
郭章烜（1914-1947）
省立宜蘭醫院院長、二二八處委會宜蘭分會主委
（郭勝華提供）

9-4-5
陳成岳（1903-1947）
牙醫師、羅東處委會治安委員會主委
（陳賴麗卿提供）

9-4-6
許錫謙（1915-1947）
《台東日報》及《青年報》編輯、花蓮「青年大同盟」總指揮（許純子提供）

9-4-7
李丹修之子李文卿
（潘小俠攝）

而八堵車站在三月十一日的屠殺，豈只是數字，除當場被掃射死亡的，被帶走的十一人，一樣沒有審判、沒有消息、不見遺體。

八堵車站站長李丹修的兒子李文卿，在一九九三年接受張炎憲教授採訪時，回憶那痛苦的過程：

三月十一日父親被抓後，我們四處奔波找人，後來死心了，開始找屍體；聽說哪裡有屍體，就大老遠跑去認，聽說哪裡半夜有行刑的哭聲，也前去尋找蛛絲馬跡。沒經歷過那種尋屍經驗和看過橫屍現場的人，絕對沒辦法了解我們那個年代的苦難和淒涼。

一年多後，繼母離我們而去，四兄弟那時候年紀還小，什麼都不知道，不知道人間孤兒將是我們的人生寫照。……到目前為止，我幾乎沒有外省朋友。自小，每次與外省人講話，我心裡就想，這個人是不是以前殺我父親的？這個人以前是不是抓我父親的？

副站長黃清江，妻子蘇招弟女士提到那尋尋覓覓的過程，一位外省兵流著淚跟他們說，不用找了：

清江去上班，一去就沒有回來。找好久好久都找不到，去問兵仔，那個外省兵流下眼淚說不用找了。他不敢對我們幾個老弱婦孺說已經被打死了，只能告訴我們說不用找了，眼淚一直流。……他死時四十五歲，放阮母子四人生活非常困難，我種菜養豬約一年多後，開始去礦場做工，雖然已經四、五十歲了，為了三餐衣食也只好拚命。

9-4-7

全島監視網

凌厲的軍火掃射，似乎還不能讓這個統治者安心。武裝鎮壓、暗殺、密裁、集體槍決過後，三月二十日，陳儀發布「為實施清鄉告民眾書」，展開地毯式的搜索，全面調查並拘捕與事件有關的地方人物。

一戶一戶了解，一戶一戶搜查，戶口清查工作，地毯式展開。軍警敲門進入，有時破門而入，說是尋找武器與「惡人」，棉被、屋頂以刺刀刺刺看，順道拿走值錢東西。

令人民彼此監控

公權力如何進入每個人的私生活？軍警是不夠用的。鄰里長、各民間單位，醫院、學校、公司，都必須提報名單上來——誰參加了二二八事件？二二八發生時你在哪裡？在做什麼？

「戶長連保切結」被印成制式表格，全台填寫。

一張十三戶戶長的連保切結書，看來讓人驚心，是新埔鎮下寮里第二十二鄰，他們必須相互清查在他們當中絕對沒有武器，絕沒有「奸黨」（二二八參與者）。

連保切結，無異於古代的連坐法，如果被搜出有武器及二二八參與份子，那在切結書上簽字的這些人就同受連坐處分。而政府把監視系統聚縮到以各「鄰」為單位，由家戶間相互檢查。

9-5-1

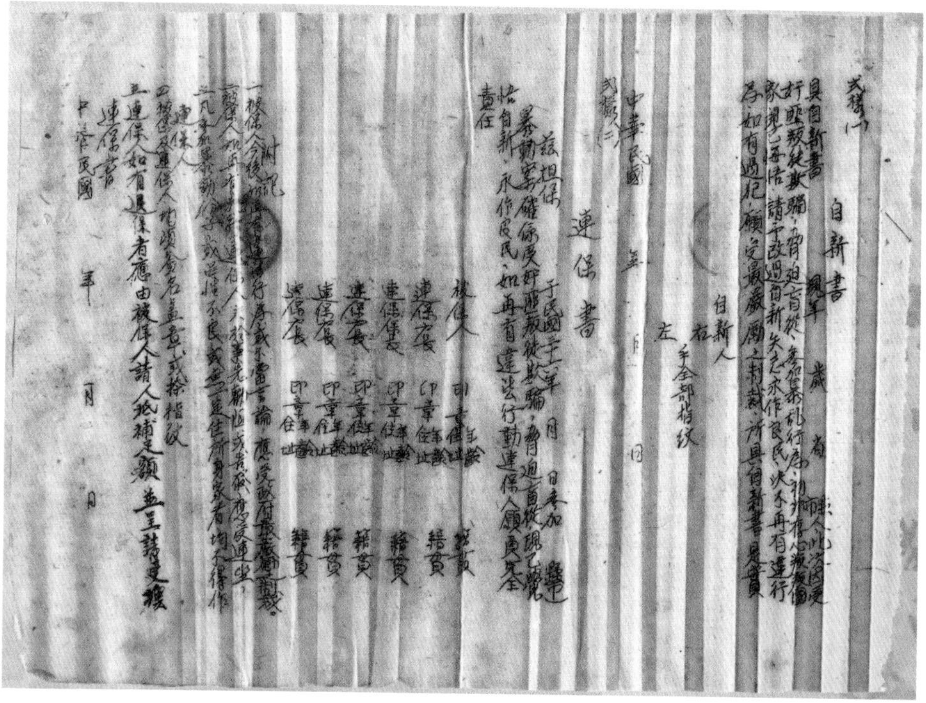
式樣(一)
自新書
式樣(二)
連保書
附記

9-5-1
自新者需有五人連保，若再有「違法」行動，連保人需負完全責任。

二二八事件是台灣人民集體參與的事件，如此方式，無異將逮捕及殺戮極大化。

勒索頻傳

多少以搜查武器之名，行搶劫之實；以逮捕參與者之名，行勒索之實。軍隊以搜查私槍名義，恣意搜刮民財；或到處拘捕良善人民，藉以勒索鉅款，事件層出不窮。

保密局台灣站站長林頂立「二二八事變報告書」中記載：

三月九日有要塞司令部士兵十餘名，至蘇石城米店，藉搜查私槍名義，乘機劫去黃金飾物六件（三兩）及現款八萬。然後將衣袋中之手榴彈陰藏該店櫃內，誣以私藏軍械之名，將其全家捕去……又騙去台幣三十萬。

閩台監察使楊亮功也指出，柯遠芬先是要求板橋林家花園主人林宗賢寫悔過書「承認參與暴動」，之後再據此勒索鉅款。國民參政員林宗賢一開始遭軍法審判，處刑十年，後改為三年六個月，最後准予自新，飽受金錢勒索與折磨。

中研院台史所許雪姬教授，主持國防部保密局檔案研究時，發現立法院已故前院長劉闊才，在二二八事件中被捕，遭國民黨政府高層官員，索賄五百萬元，其中警備總部參謀長柯遠芬收賄一百五十萬台幣。

9-5-2

1947.01.05 國民參政會台灣省參政員合影。林宗賢（後排中）在二二八事件後遭逮捕及勒索。（台北二二八紀念館 提供）

9-5-3
黃西川（1922-）
屏東公業學校英文教師
（黃西川提供）

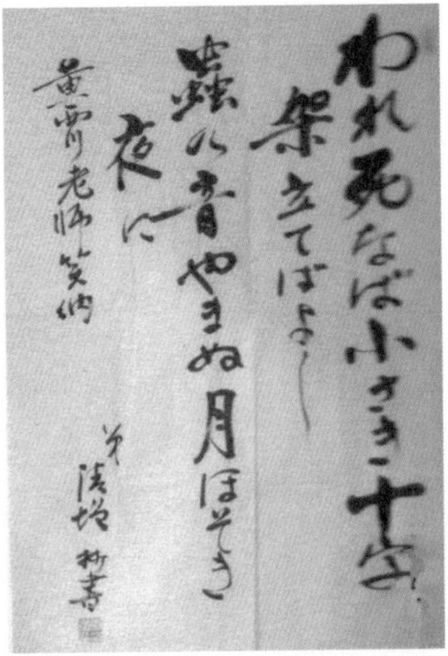

9-5-4
黃西川瀕死前留下遺書
（黃西川提供）

瀕死之淩虐

當時關心時局的人，無不湧入各地中山堂，了解處委會及政治改革的動態。屏東工業學校英文老師黃西川，也因關心時局，前去聆聽議員議政。四月十四日遭軍方逮捕，誣指他藏匿器械，遭極端刑求，導致大腿至臀部幾近糜爛，從此不良於行。他承受巨大身體痛楚，不認遭羅織之罪，但軍方仍以「率眾持械，意圖顛覆政府」判他死刑。9-5-3

他在獄中留下訣別詩句：「**我死時請架起小小的十字架，在月夜裡讓蟲鳴伴我**」。直至九月才因事實未明取消原判，十二月獲不起訴釋放。但身體所受的折磨及瀕死的壓力，讓他出現精神恐慌。9-5-4

而當時官員散逃、流氓蠢動，何處不成立自衛隊與治安隊？護衛鄉里的治安隊員，此時無不蒙受巨大壓力。

葉風鼓，三十九歲，資深警員，代理走避的警察課長羅大偉，任宜蘭處委會保安組長，遭槍決。柯水發醫師，在旗山鎮陷入無政府狀態時，組織臨時治安會，並將外省人集中保護。結果被冠以「首謀暴動方法顛覆政府」罪名，判處無期徒刑。在囚禁一年多後，當局才以「事實未明，撤銷原判」釋放。9-5-5

三月初，時局紛亂，由於需要武器維安，自衛隊便誠實出具武器借條。這是許多地方普遍的現象，但這樣的借據，卻被當局引為叛亂證據。溪湖自衛隊隊長林才壽，向溪湖糖廠、台中空軍三廠借取槍枝、子彈、車輛，所立下的借據被法庭當作罪證，判處三次死刑，直到三審時遇到念其年輕，且理解緣由的法官，才輕判釋放。

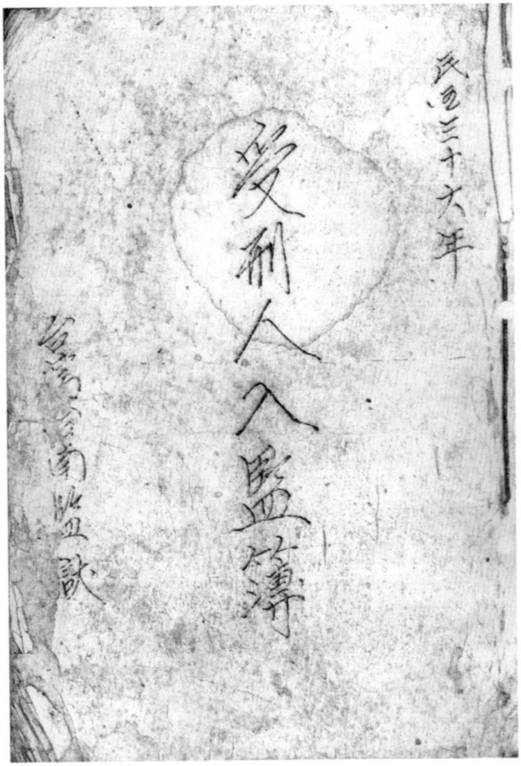

民國三十六年
受刑人入監簿
臺灣台南監獄

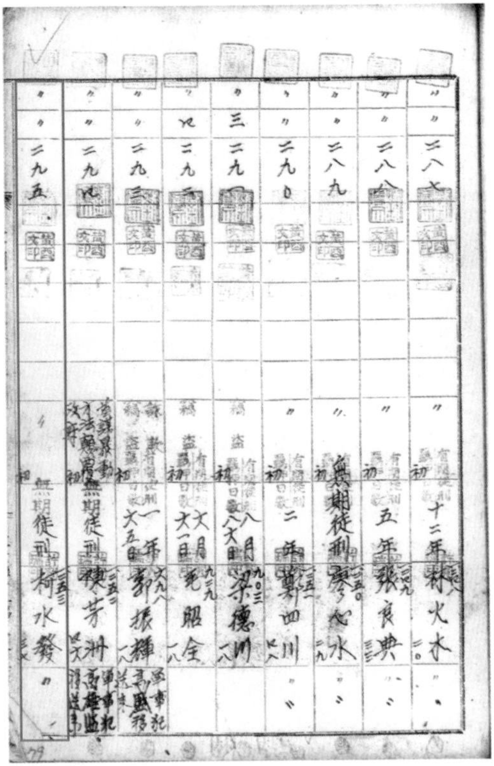

■ 9-5-2
1947 年台南監獄受刑人入監簿，柯水發醫師，一度遭處無期徒刑。（引自《沉冤．真相．責任展覽專輯》）

誘騙人民自新

政府鼓勵涉及二二八事件者，辦理自新。一樣的，又要五個身家清白的人連保，如果再有「違法」行動，連保人需負完全責任。

連保連坐的統治手法，讓人民監視彼此，成為製造恐怖的利器。這套統治手法，綿延台灣之久，所有白色恐怖時期的政治犯，即便出獄，仍要受此箍套。就算刑期服完，若無人連保，還是無法出獄。而幫忙連保的人，必須負責監視你，再有任何問題，他們亦要受處置。

政府要求各政府機關、警察單位、國營事業及學校，都必須呈報自新名冊，執行範圍相當廣泛，綿綿密密滲透到每一個社會單位中。

在嘉義市政府工作的祕書林玉樹說，本省籍職員無論有沒有參加二二八，一律必須辦理自新連保，非常沒有道理。

而在檔案中，我們看到田中第二國民學校校長陳百年，因不願自新，竟被警局提報，建議判處無期徒刑。什麼是不願被屈辱的靈魂？向陳百年校長致敬！也讓我們再一次理解，何以二二八事件時，警察局成為人民攻擊對象。

至於出來辦理自新的民眾，經警察機關調查、偵訊、列冊、記錄參與事件的情形後，才決定是否可以給予自新，但多數人卻以為只要自新就可以沒事。響應嘉義水上機場戰役的楊厲，台南縣人，前去自新，遭關押十五年。

……他們要配槍給我，我告訴他們我不會用槍，所以就叫我去送開水、送飯。那時雙方打

得很激烈，四處都是槍砲聲，槍子（子彈）從頭頂上咻咻飛過。我去了幾天就嚇得從後山大埔，一面走、一面匿，走了四、五天才回來。

……後來政府說二二八的要去報到，我就去新營報到（自新），咱是老實跟他們說有這個事，但是咱並沒有承認有拿槍參加戰役。……他們就對我灌茶壺水……我被關了十五年又二十天才回來……

醫師吳新榮，參與台南縣二二八處委會，軍隊來台後，台南數十位名士已遭逮捕，湯德章遭酷刑槍殺的消息也傳開。他避匿鄉間，但警局卻以逮捕他父親的方式，逼他出面，他遂決定辦理自新。五月八日他被繩索捆綁，押上車帶往台北憲兵第四團，當時僅十坪左右的囚房，竟關押一百多名二二八人犯，房內陰濕幽暗、臭氣衝鼻、污穢難忍。吳新榮遭關押近百日，在獄中留下詩作：

草虱一跳起，三尺有餘高。吸盡人間血，滿腹而不歌。
廿八事變起，三台意氣高，流盡青年血，滿監革命歌。

毫無疑問地，從二二八屠殺開始，白色恐怖便開始了。這樣嚴密的社會監視網，使台灣社會如同一座大監獄。而清鄉期間產出的大量名冊，成為蔣介石政權來台後，繼續監控的對象。一九四九年十一月二十八日，二二八事件結束已二年多，國家安全局仍重新造報二二八事件參與份子名冊，成為當事人及家屬不知終於何日的磨難。

第十章 畫像

二二八的殉難者，都想留給我們一個更美好的台灣，不是如此的話，他們不會犧牲。畫像，也是塑像，以他們的精神，以他們的話語，也以他們留下的事蹟。

生於一八九五年以前的台灣人，到二二八發生時，已經歷三個國籍：大清國、日本國、中華民國。如此快速地被改換國家，透過醫師張七郎與台大文學院代理院長林茂生的故事，我們更能懂得那一時代人的處境，以及他們企圖改變命運的努力。他們的故事，不只是個人，也是時代；他們的顛簸、昂揚，乃致殉難，說著台灣曾經苦痛的歷史，也反照著統治者所犯下的違反人道罪。

而二戰一結束，為日本政府作戰的台灣人，是誰的子民？他們在各地成為「棄民」，醫師施江南，走入這急需人道救援的領域，擁抱被兩個國家拋棄的人。他的殉難，至今不知遺體在何方，連「罪名」都沒有。轉型正義豈可如天邊雲朵，而不回答真相？而當密裁張七郎的人已昭然若揭時，民主政府又為何始終沉默不語？

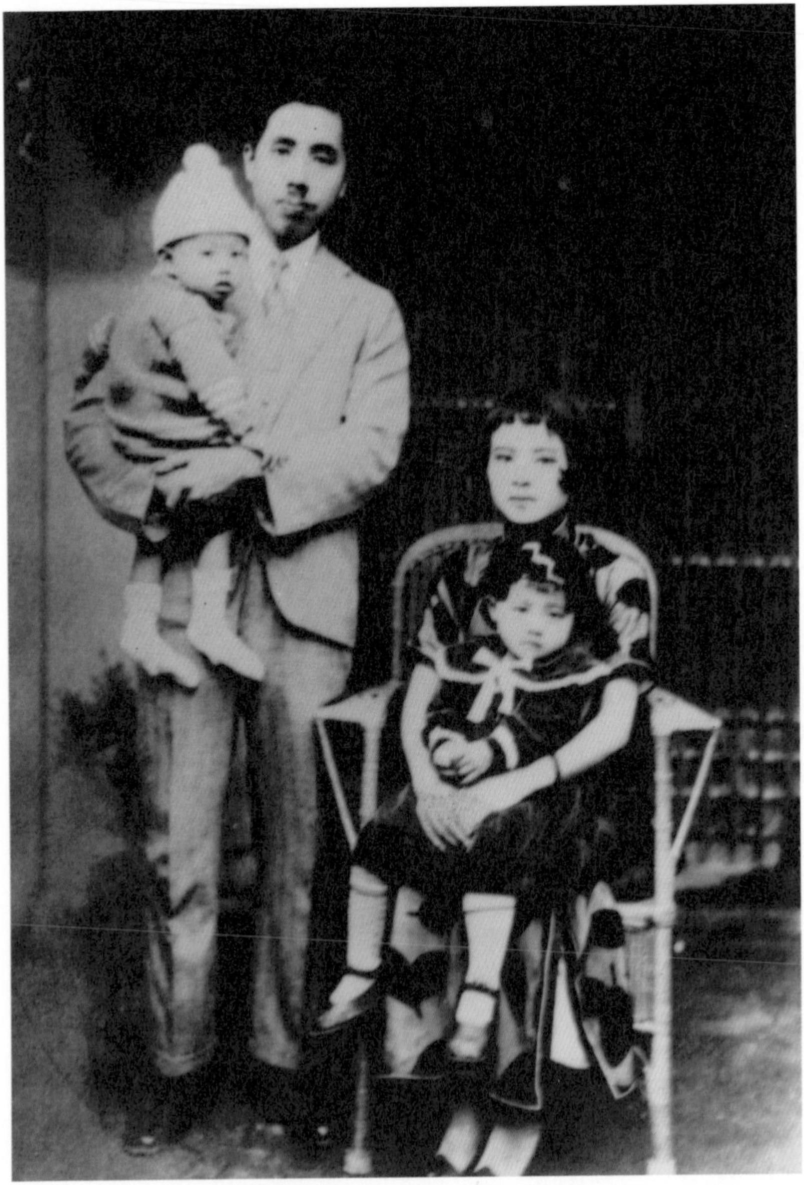

施江南醫師家庭照（吳三連台灣史料基金會提供）

擁抱被兩個國家拋棄的人——施江南

歷史對我們莞爾一笑，確有不可承受之重。二戰結束後，留在日本的台灣人，是誰的國民？在海外為日本作戰的台灣人，是誰的國民？日本一敗塗地，能多關心這群已被送入旋轉門的人嗎？還會繼續發薪水給他們嗎？而國民政府又如何看待他們，特別當他們曾是為日本軍隊工作的人。

多少台灣子弟，處於夾縫中。

戰後，尚在海外的台籍日本兵，甚至學生兵，有多少？其處境何其尷尬，對日本政府而言，台灣人被視為戰爭工具，現在戰敗了，台灣不再屬於日本。而對中華民國政府而言，台灣人應該是他要照顧的子民，但二戰期間台灣人為日本軍隊服務，敵對意識尚存，在戰後百廢待舉的狀況中，是千不願萬不願優先處理他們的遣返與安置的。但這群人有錯嗎？他們只是身陷兩個曾經敵對的國家，而變成夾縫中的人。他們流落海外，回不了台灣，甚至失去國家的保護，成為「棄民」，多少人處在飢餓與疾病無法醫治的死亡邊緣。此時，可以想見家人的焦慮。

我們看到施江南的步履，走入這急需政府協助與人道救援的地方。他去拜訪輪船工會，希望透過民間救濟，把懸垂在海外的台灣人接回來，他發起「省外台胞送還促進會」，不斷集結社會之力與政府溝通。

終於首次搭載台胞的船，在一九四五年十二月二十三日抵達基隆。《民報》在翌日以整版報導，多少人的眼淚濕了報紙。當基隆到台北的火車抵達時，月台上湧起「到了！到了！」的聲浪，叫著自己孩子名字的聲音，此起彼落。歷經戰爭，不死而生，得已再見，立於月台的親人，淚溢眼眶。而此時有多少人的孩子，多少人的丈夫與父親，還歸不得，這一批返台的不過二五九人，主要是在日本的海軍員工及學生。

在基隆碼頭，施江南很溫暖的告訴大家，已幫忙籌到讓大家回家鄉的旅費及部分的生活津貼了。

「台胞送還促進會」也在碼頭擺攤，一位在日本陸軍擔任看護婦的吳湘子，來到聯絡處，她說在菲律賓馬尼拉戰爭時台胞有十二萬，在戰爭中戰死、病死及失蹤的很多，戰後還有很多殘存者，目前處於餓死、患病且無藥可醫的狀況。

另一位在馬尼拉水交社當辦事員的黃鳳女士說，她的同伴中有三人餓死，大家以草根樹皮度日。

那此時在中國大陸上的台灣人呢？從一則「請國民政府善待各地台灣人」的呼求中，可以看到台胞受到該地不良公務人員的逮捕、威脅與敲詐，官員放縱當地民眾對台胞強佔迫遷，種種壓迫接踵而至，生命財產陷入危險之境，失業無家者更難生存。

聞各省官民待同胞如仇敵，台省民眾大失所望。特地組了「省外同胞送還促進會」，同屬兄弟，拋棄前非，勿相仇視。盼國民政府使各地長官，促使台胞早日送還，並釋放無辜被捕者。

10-1-1
施江南（1902-1947）
京都帝大醫學博士、四方醫院院長、人民自由保障委員會常務委員（施陳焦桐提供）

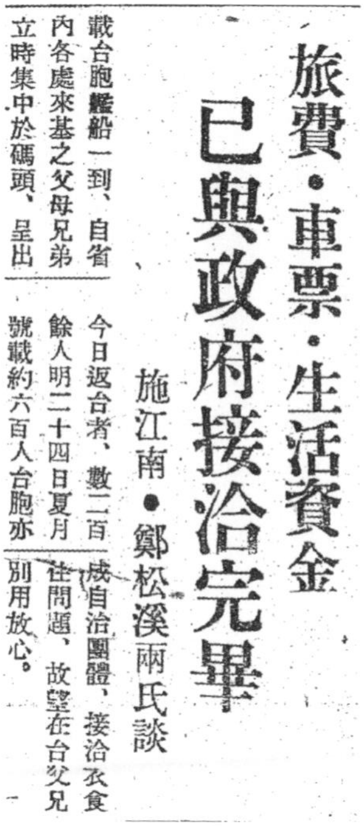

旅費・車票・生活資金
已與政府接洽完畢
施江南・鄭松溪兩氏談

戴台胞艦船一到、自省內各處來基之父母兄弟立時集中於碼頭、呈出

今日返台者、數二百餘人明二十四日夏月號載約六百人台胞亦

感自治團體、接洽衣食住問題、故望在台父兄別用放心。

10-1-2
《民報》1945.11.24 一版
（國立公共資訊圖書館提供）

促進會每次開會，會議記錄中都是各地的台胞人數及所需要的救濟金額，廈門八千人，救濟金二十四萬；廣東五千五百人，救濟金十六萬……看來施江南要為募款之事憂心，肩上的擔子委實沉重，國家及政府該做的事，落在民間。

在妻子施陳焦桐的回憶中，二二八事件後，當武裝軍人要把施江南帶走時，她拿出家中的四十萬現金，要他們放人，他們不肯。原來是施江南「**為了籌款幫助海外的台灣兵早日有船回來，剛賣掉雙城街附近兩百坪的土地，所以家裡正好有四十萬元的現金。**」

施江南到底在忙什麼？妻子不見得知道，做妻子的只希望他好好作醫生就好，久了施江南回家也不多說什麼了。有天帽子掉了，也只好如實告訴妻子，他去找陳儀談台灣兵的問題，要政府趕快調船讓他們回故鄉，回來後安排他們白天工作，晚上學北京話。

妻子認為帽子掉了是「壞彩頭」，要他別管這些事。施江南回她：「**你太怕死了，台灣人若都像你這麼怕死，怎麼辦呢？**」

施江南只是因為是醫學博士，所以個個組織都要他掛名，以彰顯社會說服力嗎？顯然不是。他加入政建協會，發起「台北市人民自由保障委員會」，這組織的成立，他著力甚深。戰後軍警對人民生命自由的侵害，日益嚴重，如何集結民間力量擋住崩潰的法治，是有識之士共同的努力。而員林事件被警察打傷因而提告的鹿港醫生施江西，正是施江南的二哥，施江南對警察的違法亂紀，只是更感同身受。王育霖檢察官在一九四六年九月被迫離開新竹地院後，台北市人民自由保障委員會委託他撰寫《提審法解說》。只要人民被法院以外的任何機關逮捕，不管是被警察或軍人拘捕，都可以在二十四小時內聲請發動司法權，解送司法機關審問，而不是任由軍警凌踏。人民需要知道自己的人身自由是受法律保障的，「非依法律不得逮捕拘禁審查處罰」。

二二八事件期間施江南得了瘧疾，忽冷忽熱，杜聰明及劉明一直到家裡來找他，要他務必到處委會開會。他抱病前去公會堂開了一次會，再也沒出門。

三月十一日晚上八點左右，有人敲門，說要看病，結果正裝軍人四名、便衣兩名進來，說是長官要問話，就把人帶走了，從此家人與台灣社會，再也無法有施江南的任何訊息。

為什麼陳儀非要殺施江南不可呢？施江南被列在陳儀三月十一日給蔣介石的密裁名單上，兩天後陳儀在每個人身上都安了「罪跡」，唯獨施江南，他寫不出任何理由。

殘忍背後，其實是統治者自己的恐懼。我認為陳儀害怕的是原台籍日本兵被組織起來，因這股力量只要武裝起來，有領導，就有辦法對他的政權造成威脅，而施江南是救護他們的人，具有絕對的影響力。

施江南，一個擁抱被兩個國家拋棄的人，在二二八事件後遭暗殺，至今不知遺體何方。是社會無情，還是政府無義，我們從未感念為我們付出的人，而何其荒謬，我們甚至不知道他為什麼消失於人間……

在他妻子的口述訪談裡，我看到一種至痛後的冷然：

……施江南死後，我從沒哭過。大嫂說：「奇怪，妳怎麼都不哭？」是的，我是不哭的。自從他被捉，我只想眼前要做這、做那，還有五個女兒要養，哭也沒有用。以前我並不堅強，什麼都不會，現在一切都不同了。……關於二二八的種種，無論是道歉、賠償、紀念碑或公佈歷史真相，我都不太相信，我不相信他們。

10-1-1
施江南妻施陳焦桐（潘小俠攝）

滿腔熱血洒郊原——張七郎

「**滿腔熱血洒郊原，兩個小兒為伴侶**」，這是花蓮醫師張七郎墓碑上刻寫的字。有一種熱情，為更美好的家國而奔流，但在仍然戮力前進的路上，生命不知將盡卻已絕。

靜謐的墓園，在亞熱帶特有的檳榔樹林裡，滿地鮮花綻放，彷彿熱血仍脈脈流著，墓碑字字搖撼人心、帶出歷史之疑：「**張七郎、張宗仁、張果仁父子遭難之墓，民國三十六年四月四日夜屈死。**」

他們是花蓮鳳林的三位醫師、是父子三人，古代的滅門血案發生在二十世紀的台灣，那年一九四七。墓碑之文如詩，字字不屈。

三個國籍的人

張七郎生於一八八八年（光緒十四年），他的一生經歷三個國籍：大清國、日本國、中華民國。日本人來時，他八歲，該是受教育的年齡了，但卻有另一種兵荒馬亂遞延著，武裝抗日不絕如縷，不在遠方，卻在咫尺。一八九五年日軍一度受阻於他的家鄉——新竹湖口，鄰鄉北埔的姜紹祖，「豈可偷生降敵夷」，二十歲殉難於不受日人統治的浴血之戰。

父親張仁壽是漢醫，教他習漢字、讀古書，十三歲時，送他到廈門讀了三年書。從馬偕醫師為他父母所拍的照片中，張仁壽那梳理的有如英國紳士的捲翹鬍鬚，是與西方相遇的印記。

10-2-1

10-2-2

10-2-1
張七郎（1888-1947）
醫師、花蓮縣參議會議長、制憲國大代表
（張安滿提供）

10-2-2
張七郎之父張仁壽（左）
（張安滿提供）

一八九四年父親已在湖口創立教會，漢意識與西方基督信仰，是家族留在他身上的強悍印記。十六歲時他回到台灣，入新埔公學校。但武裝抗日過去了嗎？沒有。客家人再一次起身戰鬥，北埔人聯合賽夏族人攻打日警，台灣總督府派兵鎮壓，這一年他二十歲。淒厲的北埔事件，百餘人受刑，許多客家人遭密裁。

為反抗日人剝削統治，乃至受難的血痕，刻在張七郎的成長中。

走入偏鄉的醫者

他和蔣渭水是醫學校同班同學，一九一五年（大正四年）一起畢業於總督府醫學校（今台大醫學院）。這一年台灣武裝抗日結束，時代換了一幕，大正民主時代來臨，他們的人生正要開始。蔣渭水籌組台灣文化協會，成為議會請願運動的戰將，但張七郎選擇走入偏鄉。

基督信仰是他精神力量蘊沉之處，一九一六年行醫於淡水時，見馬偕博士之子偕叡廉傳教之餘又創設淡江中學，對他們能到生活條件較差的異地，誠心為不認識的土地與人群服務，張七郎深感佩服，也埋下他前往偏鄉行醫的心緒。一九二二年，張七郎三十四歲，在兄長召喚下東遷至花蓮鳳林，開始服務這裡的居民。

他有夢，他帶著他的夢來到鳳林，以父之名，創設「仁壽醫院」，也創辦了鳳林基督教會，在一個還是零的地方，起步。妻子詹金枝是助產士，探望原住民、走訪山地部落，他們以客家人「晴耕雨讀」的節奏過生活。

殖民之痛

一九四〇年時他想辦學校，鳳林就一所小學，張七郎想辦初中，但被日本政府拒絕了。一九三五年開始報紙不斷報導台灣人入中學擠破頭的情形，我們已有逐步邁入中、高等教育的需要，但日本政府卻無意配合。因發動戰爭箭在弦上，日本需要的是可以協助生產整備的「農校」，所以一九四一年只允許地方人士捐助成立「花蓮港農業職業學校」。

二戰期間皇民化政策只是越行激烈，花蓮的鄭成功廟被搗毀、先烈像被燒。孩童們逐漸不認得漢字，也不會說母語，對張七郎而言，這無異文化浩劫。

翻看張七郎的遺物，工整的毛筆字，寫處方箋、寫病例表，更寫漢詩。妻子詹金枝說，他在日本時代事事與日人作對，日人甚至以間諜相待，每次他前往中國，便派人跟蹤監視。甚至在日軍節節敗退時，被點名若聯軍上岸，日警可先殺掉他。無從多知曉張七郎與日人的鬥爭，但他想保有漢人的志節是鮮明的，他的認同也是清晰的，我們可以想知一個漢意識如此濃烈的人，在日本統治底下的痛苦，甚至讓自己陷入相當程度的危險。

他的一生如此走過，日本戰敗那一刻，對這位已然走過半百，時值五十七歲的先生而言，心中有多麼激動。他的練字本重複寫著「歡迎、歡迎再歡迎」，一句「五十一年奴僕垂死重生」道出他壓抑在心中的起伏，光復對他竟有著垂死重生的悸動。

10-2-3
1946.04.17 花蓮縣參議會合照，議長張七郎於前排正中。（張安滿提供）

迎接新生

他在極大的狂喜之中，翹首期盼祖國政府的到來，更寫信給在瀋陽擔任醫師的長子張宗仁，要他快快回台灣。張宗仁此時三十一歲，已是省立遼寧醫學院的教授及所屬醫院的婦科部長。張七郎要他回台灣，「享受治理自己國度的歡欣」。

回歸祖國對張七郎而言，就是意謂著：「我們不再是僕人，我們自己當主人。」

他沒一刻不想著幫新政府的忙，日本在八月十五日投降，國民政府遲未來台，權力真空下，他出面組織暫時自治會，將人心及社會穩住。他也想著政府官員將到，該有盛大的歡迎儀式，耗巨資搭建磚造城門，裝飾得有如赤崁樓般，工或有巧拙，但誠意非凡。門聯寫著「萬眾回春，事事須把握現在；一元復始，處處要策勵將來」，是勉勵眾人，更像鞭策自己。

行政長官陳儀在一九四五年十月二十四日抵台，這時既非元旦，也非春天。但對張七郎、對許多希望脫離殖民統治的台灣人而言，有如一元復始，萬象更新。沒錯，一個新時代確實開始，但當時的人，何嘗知道那旗正飄飄，踩踏而來的隊伍會是什麼？

想幫忙政府的心如此熱切，「事無大小，工不計難易」，妻子看著他一頭栽入協助新政府的大小事，看著他已置本業於不顧……而這時張七郎確實行走在建設新台灣的大道上，激情與共。

一開始，他是政府重要的協力者，縣長張文成一九四六年二月二十六日的派令，請他代理鳳林農業職業學校校長並負責接收。但張七郎的夢不是這樣，張七郎對鳳林的診斷也不是這樣，他仍力主、力爭設立「鳳林初中」。為什麼？若無中等學校，鳳林人是沒有階梯可以往上的，若只能受小學教育，是不會有知識的翅膀可以翱翔他方的。張七郎確實因學校設置之事與縣長有相當多的爭執，後來教育處也以他資格不合農校校長為由，不予此職。

日本人走了，對張七郎而言，此時不再有民族的對立、不再有文化的分立，與統治者之間的緊張關係，也可以卸下了。那他所期待的治理自己的國度呢？

實際的狀況是，台灣人還是沒有獲得登用的機會。不只政治權力如此，遍及法院、警察局、各縣市政府、各個由政府所接收的工廠都是如此，政府用人的省籍偏差，使台灣人依舊是「被統治者」。這與張七郎的期待，顯然有嚴重落差。唯一被開放的政治參與之路是——選舉民意代表，對公共事務的關心，讓張七郎投入花蓮縣參議員選舉，又被推選為議長。

面對政治惡劣的局面，張七郎的腳步沒有更慢，只有更急。一九四六年十月，張七郎參選制憲國大代表，高票當選，為他所相信的「治世三民無慚國父，共和五族一樣弟兄」，啟程前往南京。

歷史輪軸似乎往更好的方向走了，不是嗎？但人民卻已在飢寒交替間。台灣是產米之地，從未聞有米糧缺乏的，但新政府卻無能處理商人居奇囤貨，導致有錢都買不到米。花蓮傳出縣長張文成走私米糧出口，而同一時間，當地民眾因無米可食自縊。

人民的怒火是止不住了。

二二八事件發生時，陳儀迫於全台民眾奮起強烈要求縣市長直接民選，在三月六日透過廣播告知：各縣市長如不稱職，可逕自選出三位，由長官做最後圈選。花蓮地區選出的第一高票就是張七郎。

就算沒有這一提前的推舉，陳儀也允諾將在七月一日舉行縣市長民選。毫無疑問地，張七郎會是人民選票託付的對象。

但民主的承諾卻轉成子彈，穿過胸膛。二二八處委會被政府宣布為非法團體，此時一切的抗爭與主張都被視為叛亂。張七郎在二二八中有積極主張與作為嗎？目前檔案並不清楚。清楚的是，張家人沒有懷疑過他們所相信的祖國政府，軍隊來到花蓮後，張七郎因身體不舒服，一九四七年四月四日請長子張宗仁代表出席宴請軍方的餐會。晚間八點，張七郎見軍人進門，伸出手欲握手寒暄時卻遭反綁，在家的二兒子張依仁同被帶走。餐會後回到家的長子張宗仁及三子張果仁，也在仁壽醫院被押走。

隔日詹金枝準備四個便當送至警察所時，退回來三個。她心中一沉，發動全村地毯式尋人，在花蓮公墓旁找到薄土覆蓋二穴。

張七郎，子彈從後面貫穿前胸二彈殞命。

張宗仁，眼眶層層密密的刀刺傷痕、右手腕骨折，前胸受兩槍而亡。

張果仁，子彈從後面貫穿前胸二彈殞命。

附近居民，四月四日夜間十一時左右聽聞哀嚎之聲，繼之轟然六響歸於寂靜。

詹金枝的訴冤狀裡說：**攪亂世界和平的禍首東條英機，尚在國際法庭，一而三而四而五，迄今猶未終審，以道德國自詡者是如此，但為何這個說自己擁有五千年文化，且位列四強的國家是如此**……

張七郎一家只剩女人。黑夜始終厚重，無法喘息。而真相，歷經解嚴民主化後多年卻仍不可得。直到二〇〇九年報紙披露，中研院台史所發現重要情治單位檔案，出現在文物買賣市場，購回研究後發現，張七郎究竟何人殺害？「**據報，死因為花蓮縣長張文成，挾怨報請廿一師獨立團第五連連長董志成，於鳳林鎮郊外番社執行密裁。**」

10-2-4
張七郎家庭照，於仁壽醫院前。右起張七郎、長子張宗仁、次子張依仁、三子張果仁。（張安滿提供）

張七郎是被當年縣長張文成下令殺害的。

依照陳儀在三月六日所廣播的內容，再過三個月就會舉行縣市長民選，到時會當選的人是張七郎，不會是張文成。

現任的縣長害怕民主的到來自己將失去權力，妄殺張七郎，卻又以滅門方式，將民選時可能的假想對手——張宗仁及張果仁醫師槍殺。

有一個人因著自己權力及利益的私欲，濫用公權力殺死了他人，卻無罪，這是國家的不義。而當年統治階層的集體沉默，怎麼可以如此恆久？而今天當加害者具陳於面前時，民主政府又為何沉默不語？

張七郎的墓園，鮮花滿園，是土地有情，為我們一直紀念他流淌的熱血。

為台灣人的心靈定音——林茂生

「咱贏了！咱贏了！」當日本天皇宣布投降的聲音從收音機傳出時，年近六十的林茂生雀躍如孩童。到底這欣雀背後的感知是什麼，而支撐此刻蹦跳開心的情緒，又曾經歷什麼樣的人生？何等榮耀，一九二九年林茂生取得哥倫比亞大學教育學院哲學博士，是台灣史上第一人。他人在紐約，站在世界尖端，親炙帶動思想風潮的杜威博士。他浸潤在杜威以民主為本的教育哲學中，寫台灣人在殖民統治下的教育問題。

說林茂生是台灣首席知識份子，並不為過，但回台灣後，他的處境是什麼？他不是在大學教書、不是教授他伏案晶聚的學術智慧，而是在台南工業學校教德文與英文，他領的薪水只日本人的一半。

什麼是二等公民，是很酸楚的。

而更使人格碎裂的是皇民化運動的到來。林茂生誕生於一八八七年，生時為清朝人，父親林燕臣是前清秀才，教授漢學且為牧道者。在漢、和文化交錯時，不被離亂的是這個家庭以基督信仰為中心。當日本政府要求各級學校必須前往神社參拜時，他怎會不陷入信仰與學校利益的掙扎？林宗義記得：「家父基於基督徒教育家的立場，斷然反對長榮中學師生參拜神社。但校方懾於殖民政府的威勢，以及校方的生存問題，批奉命遵行，家父為此堅辭理事長。」

10-3-1
林茂生（1887-1947）
《民報》社長、台大文學院代理院長（吳三連台灣史料基金會提供）

當軍國主義席捲一切時，台灣人得交出什麼？不要說家中的金銀銅鐵都得供出，結婚的金戒指也得拔下來、交出去。還得把家中的祖先牌位收起來，換上日本人供奉的神祇，如果你想要多些收入與補給，讓妻兒過好一點的生活，最好改成日本姓氏。報紙的漢文版也關了，禁說中文。一九三七年後出生的台灣孩童，恐怕是連母語都不太會講了，因為高壓的語言政策在此時展開，只能說日文。這樣還不夠，如果你是動見觀瞻的知名人士，那更要當眾表態、宣誓忠誠。一九四一年林茂生成為皇民奉公會文化部長。

皇民化的創傷

戰後，在給廖文毅所辦的《前鋒》雜誌寫祝詞時，這位表述事理、總煥發著黑格爾三段論的智者說出「**在帝國主義之下，我不是人，我不是自然之人**」的沉痛之語。他說人有人格，但我們卻被當作機械，被當作帝國主義擴展的工具及手段，為了生存起見，我們被迫拋卻記憶、歷史、語言、文化與宗教。我們的人格不得不分裂，而人有過去、現在及未來，我們卻成為沒有過去的人。

他的分析，留下皇民化運動在台灣人身上的創傷。而日本戰敗這一刻，他如此欣悅，因為他以為從此以後一民族、一歷史、一語言、一國家，他的人格、他的社會及國家，終於可以不再分裂、悖反而對立。他的身上不需再承受文化的清洗，他所屬的社會也不再是兩利相反的社會。而他可以有一個真正的國家，不會在明天突然消失或被迫改變。這一刻，所有因殖民統治而爆裂在台灣人身上的扭曲、衝突與對立，可以就此解消。

在兩個時代的接縫上，林茂生如此深刻地剖析了台灣人，也是一個知識份子的心靈處境。這時他尚不知新臨統治者的面貌，但受日本殖民的經驗，讓他渴求可以不需要再作一個分裂的人。

無自由　無光復

光復節時，他代表台灣人說話，振臂疾呼：「**我們做自己主人翁的時代，已經到了！**」

這句話是那時代人的心情，張七郎不也這樣以為嗎？這句話，更有著殖民統治後抑之深、揚之厲的激動，台灣人可以不用再作「被統治者」了，從此不會再有屈辱人的差別待遇了。是啊，我們真的以為是這樣。但新來的統治者怎麼想？這一刻台灣人何嘗知道。

他接著陳儀之後致詞，他說：「**光復的事業已經完成了嗎？沒有！光復的事業是從今天才開始的，光復的最終階段在回復完全的自由，因此光復尚未成功，同志仍需努力。**」

「光復尚未成功」，林茂生在挑戰「光復」這個說法嗎？在挑戰中國政府的合法性嗎？這個時間點恐怕不是，這位以為擺脫異族統治、極權統治後，可以「欲啼則啼，欲笑則笑，無所顧忌，無所拘束」的人，只是展現他知識份子的風采，講真話、說真理、直指本質。

光復的最終階段在於「回復完全的自由」，這句話不也指引我們看待這個戰後來到台灣的政權嗎？

以人道精神轉換時代

在時代崩解重組之際，有多少困境試驗著人心、人性。當台籍日本兵在各地成為棄民時，林茂生受「省外台胞送還促進會」託負，前往東京營救。啟程之際，他期勉台灣人：我們雖然受到日本的壓迫、剝削與侮辱，但對於在台灣的六十萬日本人，我們應該抱著「憎其罪、不憎其人」的風度，尤其我們還有十萬子弟在日本，對於目前的一切問題，我們都要以「勿使母親哭」的態度，慎重說話、慎重做事。

人心該如何安放？所有我們承受過的侮辱，都不要再加諸別人身上。不要做、不要說讓對方母親流淚的行為。此刻台灣的母親不也淚流，不知自己的孩子何方，不知那戰爭遺留的仇恨是否正凌遲著他的孩子……

時代可否安然度過或轉換，有時更需要的是人道、是哲學，而不是以牙還牙的報復。林茂生作為台籍知識份子的代表，他描寫台灣人的心靈處境，更在混濁的時代，給人們心靈依靠。而什麼是戰勝國？林茂生展現的才是一個戰勝國國民該有的風度。

自由之路

戰後，他和杜聰明同為台灣大學接收委員會的一員，並成為台大文學院的代理院長。和各地方法院院長一樣，本地菁英只在青黃不接、外省籍主管尚未抵台前，暫時代理。

而為何他出面籌辦《民報》？有比思想言論自由更重要的事嗎，那不總是解放威權的起始式。被壓抑的輿論力量是等不及要重新出發了，《民報》在一九四五年十月十日創刊，早於政府的《台灣新生報》。

戰後報紙大多有黨政軍背景，三大報中《台灣新生報》社長李萬居、《人民導報》社長宋斐如，都是隨國民政府回台的台灣人，不在日本時代台灣自治運動的脈絡裡。只有林茂生的《民報》接續台灣解放運動的脈絡，對台灣人心緒的傳達、價值理念的表述，有著從歷史長出的根基。

一九三〇年《台灣民報》改組為《台灣新民報》，這台灣人唯一的喉舌，與日本政府苦鬥已逾十載。林茂生致詞時，批判日本官方媒體，「**不是專制政治的擴聲機，便是特權階級的護身符，無怪乎民意壅塞不通，民心叛離**」。

戰後他成為《民報》社長，繼承的還是這樣的批判精神，是「不許離卻崗位說官話的」、「是富貴不能淫、威武不能屈」的。但不是已脫離殖民統治了嗎？為何重提日本時代反殖民的精神？

一九四六年五月三十日，他的次子林宗義醫師自日本返台，是父子在戰爭隔離下第一次見面，留下那一時間點林茂生的心境轉折。他記得父親吸著水菸，臉在水菸背後，眉頭鎖得很深、很深。

這幾個月來，每時每刻，所見所聞，都是壞的徵兆，都是新的痛苦……，他們中國人口口聲聲說我們是「同胞」，事實上，比日本人對待我們還不如。所有的官位，所有的權勢，所有的好處，樣樣都霸占，把台灣人當工具，當奴隸，認為台灣人卑賤……過去我們在日本殖民統治之下，縱有千般苦處，總是人民守法，軍人守紀，秩序井然。現在的中國軍隊，好像戰勝國君臨戰敗國，想做什麼，就做什麼，搶東西、搶房屋、搶女人……，無所不用其極。他們的上司不但無意制止，反而縱容屬下胡作非為。

林茂生所期待的「作自己國家的主人翁」，是徹底碎裂了，日本時代台灣人所受的屈辱，並未改變。想不到的是軍人明目張膽霸凌，人民的尊嚴、生命及財產，陷入新的恐懼與再剝奪。

他們中國人不但沒有建設台灣的計畫，也沒有能力管理台灣。製糖會社的總經理，竟然不知甘蔗為何物，只知把糖包一船一船運往福州、上海去。就是這樣，他們成羣結隊，蜂擁來到台灣，利用職權，轉賣公物，侍候自己的肚皮，裝滿家裡的行囊。到處都是，到處都是這種人，這種情況。

事情若再放任惡化，比日本時代還要壞，我日夜擔心、憂慮……尤其我任民報社長，壞消息時刻而來，好消息遙遙無期……。

而語言只是語言而已嗎？

台灣人沒有社會地位，又沒有機會參與政治。政府下令禁止在公共場合使用台灣話，一切交談必須講「國語」。才短短幾個月的時間，要台灣人怎麼學會講國語？他們完全不考慮台灣人的心情，藉口說「因為你們台灣人不會講國語，所以不能當行政官僚或教員。」

這不是戰爭的屠殺，是語言的屠殺。有一大群人隱沒了、消失了，因為在公共場域失去發言的基本能力。或說這一群人從來沒有機會在公共場域發聲，因為始終不熟悉統治者的語言。而他們的人生，一再失去起始點的平等。若台灣人變成無話、無聲，哪還有言論自由？哪還有民主可言？

林茂生曾將日本時代的問題歸因為異族統治，他以為文化的軍國主義，會隨日本戰敗而去，但其實不是如此，新的問題與對立，只是不斷地到來。

以退為風采

一九四六年八月十六日，他參與了最高民意代表——國民參政員的選舉，就在選舉出現爭議、暫時無法發布結果時，陳儀選在這個節骨眼上，於八月二十一日宣布，日本時代擔任皇民奉公會幹部的人，不得出任公職人員。陳儀這個動作，針對性十足，林茂生怎會沒有壓力？

他會參選，表示還有期待，但這個政府直接將手上的權力如拳頭般舉起，揮向他。此時，他能不做抉擇嗎？由於杜聰明、林茂生、廖文毅、吳鴻森、陳逸松，這五位同票數，必須以抽籤方式決定四位，於是林茂生主動聲明退出。

他以退為風采。

他認為五位選四位，只要他退出就無需抽籤決定了，一來選舉可圓滿結束，二來廖文毅也可以當選。其實倡議「聯省自治」的廖文毅本來就是當選的，只因民政局長周一鶚將一張票以汙漬為由判為廢票，導致廖文毅也必須一起抽籤決定。

但林茂生錯了，陳儀政府無視他的退出聲明，還是以抽籤決定，而唯一沒抽中的就是廖文毅，陳儀還是宣布林茂生當選，但林茂生仍決定兌現承諾，辭去參政員。而此時所有人必然以為廖文毅可以遞補上，但，並沒有。

一九四七年一月五日，一張國民參政員台灣代表的合照，回答了這個問題。原本中央核定的名額是八名，但這張照片只有七人，沒有廖文毅。

參選參政員，是林茂生所做的最大跨越，也是最大的挫折。在他六十歲之際，他所認的這個祖國並不相信他。他身上曾有的皇民奉公會印記，那道遭軍事統治劃下的傷疤，新臨的統治者並不打算理解，反而視為足以威脅其政權的勢力。對歷經日本高壓統治的台灣菁英，傷口尚未癒合，另一個政權的暴力已再次衝擊其人生。

或許在林茂生有機會獲得政治參與，卻決定放棄（或被迫放棄）的這一刻，心中已無懸念。一九四六年十月以後的台灣，有更多衝擊來臨。日本時代自治運動的成員、政建協會與《民報》更加緊密結合，反殖民的力量在「光復」後重新開戰。因陳儀打算延遲縣市長直接民選，此時輿論全力反擊，《民報》成為推動民主進程的主力。

《民報》的社論是一部台灣戰後知識份子的躍動史，也充滿掙扎於兩個時代的心靈刻痕。他們真誠說出台灣人的處境與心聲，那樣熱情的希望新臨的統治者能聽進去、能作為施政的參考，但結果是非常令人失望的。

我們對政府感到挫折

二二八事件期間，林宗義記得每晚在餐桌上的討論。二月二十七日發生緝菸血案，林茂生在報社，很晚才回到家，心中無限憂慮。他理解大家實在都對政府感到挫折，也同情這些民眾，但台灣人對重大的動亂毫無準備，他希望事件不要蔓延才好。

但他擔心的事還是發生了，二月二十八日因軍警對示威民眾開槍，全台如遭電流通電，民眾紛紛湧至平日欺壓人的警察局與官員住宅，不少地方有毆打外省人及官員的行為。林宗義回憶說：「當晚，父親遲歸，看來比前一天更為疲倦、憂愁。……晚餐後，他問起我們這一天的見聞。我們兄弟的報告，大多是毆打事件的描述，以及民眾攻擊警察局的風聞等等。談話的重點是：台灣人現在已經覺悟到要告訴大陸人，把我們當作二等公民或未受教育的村夫看待，我們已經受夠了。而且，自一九四五年十月戰爭結束以來，我們已經受夠貪汙與獨裁統治了。」

這一天林茂生的形象是很清晰的，很完整的陳述了他的看法。

他了解今天出現的暴力是人民對政府的極端憤怒、是幻滅與挫折的表現，因為已經沒有其他方式可以表達了。但這種對大陸人不分青紅皂白的暴力，是沒有用的，不只無法作為有效的政治行動，甚至會導致嚴重後果。

身為《民報》社長，他嘆：「為什麼政府不會聽我們的。不論我們在報紙、在會議上，做了多少批評，他們的貪汙與暴政的統治方式一點也不會改變。」二二八這天，台灣人身上都被注入了一股動力，林茂生也是，他說：「我們一定要想辦法迫使他們改變這種惡政。」

他分析台灣人「朝內無臣」、「身無寸鐵」，是無組織的「烏合之眾」，所以只要暴力越擴張，台灣人的犧牲就會越大。眼前重要的還是冷靜下來，想辦法找到和平方法，以改革政府並獲得平等待遇為目標。

那林茂生的方法是什麼？

當時的領導菁英，基本上都是自治的概念。事件期間年輕人不願撤退，要武裝起義，但能作為台灣人的領袖且在事件前已不斷組織群眾運動的台灣省政治建設協會，為首的蔣渭川甚至是相信陳儀的人，相信可以用協商方式取得民主。二二八處委會的台籍民意代表也是一樣的想法。

林茂生有不一樣嗎？

二二八與台灣前途

一九四七年三月四日，林茂生參加了兩個會議，他對處委會的看法是：「群龍無首。多的是有能力與熱心的人，但似乎沒有人能夠負責。」對台大的會議，他認為：「秀才造反。在中國歷史上，秀才造反，從未成功。他們只會講，只會計劃起義，卻不能使計畫付諸實現，因為缺乏經驗、勇氣，也缺乏軍事力量的支持。」

林茂生似乎對這兩場會議都不抱希望，不認為是能成事的。

三月七日，二二八處委會通過《三十二條處理大綱》，後又匆匆加上十條，對此，林茂生認為：「台灣人一定會被消滅，我不知道如何防止這事發生。台灣人實在把事鬧大了，政府與大陸人都想報復。」

林茂生擔心局勢，有一種看著它惡化，卻不知如何是好的焦慮。這時他是否起而行，想請美國介入、阻止「台灣人被消滅」？

他被捕前兩天（一九四七年三月九日）和兒子林宗義討論二二八事件及台灣前途，林茂生說：「美國干涉的可能性極小，但是一個不能忽視的事實是，台灣合法受到聯軍最高統帥麥克阿瑟的統轄。陳儀只是來此監督日本軍隊與殖民統治的投降。當然，中國人並不認為、也不擔任麥克阿瑟的隨從。可以確定的，要是有人提起他們政治的合法性，以及他們在台灣的錯誤，他們就會很痛恨，儘管如此，在想到或計劃台灣的前途時，就不能忽略這點。」

這段「台灣地位未定論」的分析，確實是一九五二年中日和約簽定前台灣的狀態，是林茂生所處的時代，只是當時大家淹沒在「回歸祖國」的熱浪中，但不表示二二八世代的人，當他們自覺身陷再殖民時，沒有這樣的討論或想法。

那林茂生是政治觀察家，還是政治行動者？我們聽見的是他的分析與主張，而且是私底下的，但取走他生命的人呢？

戰後以為「從此南鵲欣脫卻」，從此可以退休的林茂生，卻捲入比日本統治時代更激烈的壓迫中。三月十一日，陳儀給蔣介石的公文，親筆寫上：「林茂生——台灣大學，叛亂首要。」當天林茂生被祕密警察帶走，至今不知遺體何方。

兩天後，陳儀呈報〈辦理人犯姓名調查表〉安上各種罪名，指控林茂生「**陰謀叛亂，鼓動該校學生暴亂；強力接收台灣大學；接近美國領事館，企圖由國際干涉，妄想台灣獨立。**」

三月十七日蔣經國來台灣，一張便條紙上寫著：「**林茂生、廖文毅與喬治柯爾談託管論，要求武器與錢，美國答應錢。**」

統治者的恐懼

真相是什麼？

透過官方檔案，我們只能知道統治者害怕什麼。

廖文毅在二二八事件期間根本不在台灣，至於託管論，反而是美國駐台副領事喬治柯爾的重要想法。閩台監察使楊亮功在〈二二八事變奉命查辦之經過〉一文回憶：「三月十六日……我**去見陳公洽（陳儀），詢問林（茂生）的被捕，陳公洽卻說林是因搞獨立運動被捕，他並**

對我講了些林怎樣搞獨立運動的話。但並未答覆我處理林茂生的辦法。我回到監察使署辦公處後，再掛電話找陳公洽的顧問沈仲九，要他們慎重處理林茂生的案子，沈亦含糊答覆。後來才知道當我查問時，林已被處決了。」

陳儀說林茂生主張台灣獨立，給蔣經國情報的人說林茂生找美國人談「託管論」。說這些話時，林茂生都已經被暗殺了，聽起來更像官方殺人的遁詞。

了解二二八的困境是，受難者太年輕就過世了，孩子還在襁褓中，根本不知父親的努力是什麼，妻子亦不見得知道丈夫在外奔波是為何。林宗義很不一樣，這年他已經二十八歲，已從東京帝大醫學院畢業，也在日本及台北行醫，林茂生可以同他暢談國事、分析局勢。

當時台灣菁英一心想回到母親懷抱，卻發現不過是換了另一個殖民政府時，他們心中的確是相當惶惑的。林茂生看著韓國有李承晚，跟盟軍、跟聯合國、跟美國杜魯門總統要求朝鮮獨立，這些新聞總被放在《民報》頭版的右下方。

朝鮮與台灣同被日本殖民，但在戰後，卻有不一樣的命運。林茂生看著朝鮮走向獨立之路，台灣卻對政府的腐敗束手無策，他心中不免沉痛：「台灣少了一個李承晚。」

尾聲

怎會想起林茂生遠在紐約，在哥倫比亞大學寫論文時的心情呢？「這個島嶼在地圖上的形狀，令人覺得是在洶湧太平洋裡的一葉輕舟。如同船需要一位有智慧、遠見的舵手去導航……」

林茂生攝於書房（吳三連台灣史料基金會提供）

他寫著，在台灣民主國敗北後，日人建立軍事政府，「這時混亂與恐懼主宰了一切。台灣人不瞭解新統治者。他們懼怕新政權。他們任由殘兵變盜匪。這使島上失去許多仕紳，因為富有的人盡其所能捲其錢財跨過海峽，而那些留下來的，卻失去一向引領他們命運的嚮導。」

林茂生筆下一八九五年台灣有過的命運，一九四七年又來到。當林茂生及各界菁英的生命被新臨的國民政府取走後，「那些留下來的，再一次失去一向引領他們命運的嚮導……」。

我沒有辦法想像林茂生被關押、被槍決，當槍對著他時，要如何承受這一刻。台灣社會對他的死亡，曾無聲無息地過了四、五十年。

什麼是一代知識份子的精神與愛，我們在他留下的文字及話語中領受。在王育霖妻子的夢境裡，王育霖來到夢中告訴她，「林茂生是我們的隊長……」是的，他是依靠，在魂魄離亂地在屍堆中尋覓親人的受難家屬中，他仍是依靠。

林茂生，台灣人深層心靈靠岸的所在。

何時國家才會向台灣英烈致敬？

施明德（人權工作者，前民進黨主席）

一九九九年底，美麗島事件二十週年前夕，新台灣研究文教基金會（現施明德文化基金會）美麗島事件口述歷史編輯小組，在黃惠君女士召集下，經歷四年完成了六百多萬字口述文稿，編輯成六十萬字的四大冊《珍藏美麗島》。當時我以〈英靈與冤魂〉為題寫了一篇序文，略述台灣從一六二四年荷蘭人佔領台灣起，到一九四五年中國以二次大戰勝利國之姿又軍事佔領台灣，台灣已經歷六次外來統治，事先未徵求台灣人民同意，事後也沒有獲得台灣人民的追認，三百多年的殖民地命運已鑄造了台灣人民的某種奴隸性格，其中我寫下如次文字：

「一九四五年，台灣再度被中國占領，本來對中國和台灣，都是一次難得的歷史性機緣，可以縫合裂痕和生疏。童年的我，印象深刻地記得，台灣人沿著高雄港到火車站，夾道歡呼，鑼鼓喧天，爆竹聲不絕於耳！可惜僅僅兩年不到，台灣人『回歸祖國美夢』乍然驚醒。發現除了台灣之外，台灣人沒有別的祖國。」

中國接收政府的暴政，引爆了台灣人民的抗暴，抗暴招致中國統治者無情的鎮暴。

「暴政，抗暴，鎮暴」，這就是「二二八事件」的三部曲，也是人類發展史中屢見不鮮的軌跡。

「二二八事件」是影響我一生極深的因素之一。

那年，我已七歲，住在高雄火車站前，親眼目睹抗暴的台灣青年端著槍進攻火車站，和國民黨軍進行槍戰。反抗者前仆後繼的英勇，歷歷在目；事件後，多次肅立家門口，向行刑前高呼「台灣萬歲」的反抗者致敬。這些，和後來在警備總部軍法處又看到的就義者，都鑄造了台灣的英靈形象。

一個國族，如果只有悲情，只有苦難的象徵，而沒有英靈的形象，我不相信這種國族會長存於世，更不相信這種國族能傲然獨立。

很遺憾的是，台灣人並不珍視台灣英靈，台灣社會也沒有建構起奉養台灣英靈的沃土。近幾年，「二二八事件」已獲得相當平反，遺族們和社會各界也可以毫無忌憚地談述「二二八事件」的種種。可惜，不管從遺族們或學術機構（包括中央研究院所撰述的「口述歷史」），我們所聽到的或看到的絕大多數是「冤魂的悲泣」——「我的父親（或兄長）為了調解雙方衝突，也被當作暴徒殺了」，「我的父親（或兄長）是當時的社會菁英，無緣無故被抓走了（或失蹤了），一去不返，迄今連埋骨何處都不知道」……。

我知道，在國民黨鎮暴時期，一定有些人士無端受到株連，成為冤魂。但，「二二八事件」中，絕對不只是僅僅有「冤魂」，確確實實還有許多反抗國民黨暴政的英靈！我清楚，在白色恐怖時代，把自己的父兄塑造成「冤魂」是比較能避免當權者的反彈。但，面對歷史，我們都該做個誠實的小孩。何況，冤魂只能贏得憐憫，一掬同情之淚；英靈，應該得到禮敬，謳歌和崇拜！沒有英靈的國族，如同一隻無脊椎動物。

漫長的生命中，在面對兩次死刑的審判，在苦刑中，在漫漫苦牢裡，在誘惑和壓力下，給我智慧，給我能力，給我膽識，給我能量的，不是冤魂的聲音，而是那些還不知名、還沒迎入忠烈祠的英靈形象！這些從兒時便烙上心頭的英靈，總在我軟弱、我孤單、我徬徨、我動搖時，像一盞明燈，像一柱火把，領引我堅持下去。

台灣歷史，只撰述悲情，少刻畫英勇；台灣歷史，只有冤魂，少有英靈。這就是被統治者的集體人格特徵，這也就是台灣人難於掙脫被統治命運的基因之一。

在「二二八事件」的歷史論述中，我們大多只看到了「冤魂論」，少有「英靈論」。台灣人的這種人格特質，在論述「美麗島事件」時，又借屍還陽。這些年來，我看到、聽到黨外人士、民進黨人乃至美麗島受難人，在談「美麗島事件」時，幾乎已同一口徑：「那是國民黨設一個陷阱，讓美麗島人士在那裡打軍警，使國民黨有合理理由抓人，可憐的美麗島人士落進了陷阱。」這種「陷阱論」和「二二八事件」的「冤魂論」同一氣質，也許在事件發生後有利於黨外和民進黨人爭取社會同情，換來選票，卻是對歷史的不忠。這種不忠的特質，將會使台灣人民因小失大，永遠擺脫不了被統治的命運。台灣人必須走出自居為歷史的棄婦、怨女、童養媳的角色，才有機會坦然歌舞於世界舞台。」（出自《珍藏美麗島》）

〈英靈與冤魂〉寫完迄今已快二十年，而且台灣人民已依自由意志選出李登輝、陳水扁、馬英九、蔡英文四位總統了，但是一提到「二二八事件」和「美麗島事件」，仍然是冤魂論掛帥。台灣的英雄烈士仍然被視為亂臣賊子，仍然是叛亂犯。

二二八和平紀念公園仍以「和平」的偽詞掩飾，不敢公然向抗暴烈士致敬，年年仍以哭調仔博人淚水；政客到了選舉就以二二八受難遺族爭取認同。看到桃園吳志揚以吳鴻麒烈士的遺族哭訴，我不禁悲憤中燃！當年吳鴻麒殉道後，其兄弟吳鴻麟一房是如何對待吳鴻麒的屍體及遺孀，又是如何阿諛奉承國民黨政權享受榮華富貴！如今情變勢遷為了選舉卻想一手遮天，篡改史蹟，騙取選票。看到柯文哲的祖父僅僅被「囚禁半個月」，就讓三代人都驚嚇到不敢參與社會公義之追求。等到柯要選市長，也能以受難者的後代，嚎哭訴苦，要討取選票。當選後的二二八，柯文哲就快樂地「一日雙塔」，攻佔媒體版面。不禁令人搖頭嘆息！

綠島「垂淚碑」訴說的仍是委屈和冤情，英魂不存！

總統府前的「白色恐怖紀念碑」也是以悲訴為主題，英靈不在！

國、民兩黨政府所揭碑的政治犯監獄變成普羅旺斯之地或政治犯控訴苦難之所。處處把英烈貶為冤魂、懦夫、可憐蟲。

烈士、英雄、反抗者的精神完完全全在政府文書中失蹤，學術論述恐觸怒當權，亦少見反抗者的身影。

轉型正義被高高舉起已近二十年，國家檔案迄今仍以各種藉口不敢赤裸裸公諸於世！

台灣人是一個遇錢必拜、逢權必跪，不敬拜英雄、烈士，卻同情弱者的民族。每次天災地變，捐款、愛心大量湧入，但是，到今天台灣人敬拜的烈士仍然是外來統治者欽定的英雄！數百年來為台灣奉獻生命的烈士、英靈在台灣仍是孤魂野鬼，那個國族不祭拜自己的先賢先烈？這是台灣人的無情無義。這樣的民族性還奢談什麼獨立建國？不敢或不肯尊奉台灣烈士，是當今掌權者們企圖攬下爭自由的全部功勞？或怕在烈士之前洩露了自己在戒嚴統治下的懦弱或不堪的身影？

黃惠君女士繼《珍藏美麗島》之後，又把多年研究的二二八史實編寫成書，讓台灣人，讓二二八遺族反省：他們不全是冤魂，他們很多是英靈！不是我們用淚水同情的對象，是應該肅然禮敬的先賢英烈！

自由永遠是反抗者的戰利品，絕對不是統治者的恩賜物。只有冤魂，沒有英靈的國族，是一個無脊椎動物民族，絕不可能長存於世。

參考書目

《人民導報》，一九四六—一九四七年。
《口述歷史期刊》，第三期（二二八事件專號之一），台北市：中央研院近代史研究所，一九九二。
《口述歷史期刊》，第四期（二二八事件專號之二），台北市：中央研院近代史研究所，一九九三。
《中華日報》，一九四七年。
《台灣評論》，台北市：傳文文化公司復刻版，一九九八。
《台灣新生報》，一九四五年—一九四七年。
《民報》，一九四五年—一九四七年。
《前鋒》，台北市：傳文文化公司復刻版，一九九四。
《政經報》，台北市：傳文文化公司復刻版，一九九八。
《新知識》，台北市：傳文文化公司復刻版，一九九八。
《新新》，台北市：傳文文化公司復刻版，一九九四。
George H. Kerr 著，陳榮成譯，《被出賣的台灣》，台北市：前衛出版社，二〇〇三。
中央研究院近代史研究所編，《二二八事件資料選輯（一）—（二）》，台北市：中央研究院近代史研究所，一九九二。

中央研究院近代史研究所編，《二二八事件資料選輯（三）—（四）》，台北市：中央研究院近代史研究所，一九九三。

中央研究院近代史研究所編，《二二八事件資料選輯（五）—（六）》，台北市：中央研究院近代史研究所，一九九七。

王克雄、王克紹，《期待明天的人——二二八消失的檢察官王育霖》，新北市：遠足文化，二○一七。

王育德，《王育德全集（十）——我生命中的心靈紀事》，台北市：前衛出版社，二○○二。

丘念台，《嶺海微飆》，台北市：海峽學術出版社，二○○二。

台灣省行政長官公署宣傳委員會編印，《陳長官治台言論》第一輯，台北：台灣省行政長官公署宣傳委員會，一九四六。

任拓書，《中華民國律師考試制度》，台北縣：正中書局，一九八四。

江榮森，《時空錯置的新聞》，嘉義市：財團法人嘉義市二二八紀念文教基金會，二○○六。

行政院研究二二八事件小組，賴澤涵總主筆，《二二八事件研究報告》，台北市：時報文化，一九九四。

何義麟，〈戰後初期台灣報紙之保存現況與史料價值〉，《台灣史料研究》第八號，台北市：吳三連台灣史料基金會，一九九六年八月。

何義麟，〈台灣省政治建設協會與二二八事件〉，收入張炎憲、陳美蓉、楊雅慧編，《二二八事件研究論文集》，台北市：吳三連台灣史料基金會，一九九八。

何義麟，〈「國語」轉換過程中台灣人族群特質之政治化（中譯版）〉，收入若林正丈、吳密察主編，《台灣重層近代化論文集》，台北市：播種者文化，二○○○。

何義麟，〈自治的理想與實踐——戰後初期台灣自治運動之轉折（1945-1950）〉收入國史館主編，《二十世紀台灣民主發展——第七屆中華民國史專題論文集》，台北縣：國史館，二〇〇四。
吳新榮著，張良澤總編纂，《吳新榮日記全集》，台南市：國立台灣文學館，二〇〇七—二〇〇八。
吳濁流，《黎明前的台灣》，台北市：遠行，一九八〇。
吳濁流，《無花果——台灣七十年的回憶》，台北市：前衛，一九九三。
吳鴻麒，《吳鴻麒日記》，一九四五—一九四七年，未刊本，台北二二八紀念館典藏。
呂東熹，《二二八記者劫》，台北市：玉山社，二〇一六。
呂興忠，《彰化縣二二八事件檔案彙編》，彰化縣：彰化縣政府文化局，一九九六。
李文環，〈戰後初期台灣走私問題之研究（一九四五—一九四九）〉，《高雄師大學報》，高雄市：國立高雄師範大學，二〇一〇。
李敖編著，《二二八研究續集》，台北市：李敖出版社，一九八九。
李筱峰，《台灣戰後初期的民意代表》，台北市：自立晚報，一九八六。
李筱峰，《二二八消失的台灣菁英》，台北市：自立晚報，一九九〇。
李筱峰，《林茂生、陳炘和他們的時代》，台北市：玉山社，一九九六。
李翼中，〈帽簷述事〉，收於中央研究院近代史研究所編《二二八事件資料選輯（二）》，台北市：中央研究院近代史研究所，一九九二。
沈秀華，《查某人的二二八》，台北市：玉山社，一九九七。
阮美姝，《幽暗角落的泣聲——尋訪二二八散落的遺族》，台北市：前衛，一九九二。

周青，〈「二二八」暴動的原始形態〉，《台聲》，第三十一期，北京：台聲雜誌編輯部，一九八七年二月。
周婉窈，《日據時代的台灣議會設置請願運動》，台北市：自立晚報，一九八九。
周婉窈，《台灣歷史圖說》，台北市：聯經，一九九八。
林元輝編註，《二二八事件台灣本地新聞史料彙編》，台北市：財團法人二二八事件紀念基金會，二〇〇九。
林茂生，《日本統治下台灣的學校教育》，台北市：新自然主義股份有限公司，二〇〇〇。
林獻堂著，許雪姬等註，《灌園先生日記（十八）一九四六年》，台北市：中央研究院台灣史研究所，二〇一〇。
施明德，《囚室之春》，台北市：寶瓶文化，二〇〇六。
柯遠芬，〈二二八事件之真相〉，收於中央研究院近代史研究所編《二二八事件資料選輯（一）》，台北市：中央研究院近代史研究所，一九九二。
胡慧玲，《島嶼愛戀》，台北市：玉山社，一九九五。
涂淑君，《南瀛二二八誌》，台南縣：台南縣文化局，二〇〇六。
財團法人新台灣研究文教基金會，《走向美麗島——戰後反對意識的萌芽》，台北市：時報文化，一九九九。
張炎憲主編，《王添灯紀念輯》，台北市：吳三連台灣史料基金會，二〇〇五。
張炎憲主編，《二二八事件辭典》，台北市、台北縣：國史館、財團法人二二八事件紀念基金會，二〇〇八。
張炎憲、胡慧玲、高淑媛採訪記錄，《悲情車站二二八》，台北市：自立晚報，一九九三。

張炎憲、胡慧玲、黎中光採訪記錄，《台北南港二二八》，台北市：吳三連台灣史料基金會，一九九五。
張炎憲、陳美蓉、楊雅慧編，《二二八事件研究論文集》，台北市：吳三連台灣史料基金會，一九九八。
張炎憲、王逸石、王昭文、高淑媛採訪記錄，《嘉義驛前二二八》，台北市：吳三連台灣史料基金會，二〇〇五。
張炎憲、胡慧玲、黎澄貴採訪記錄，《台北都會二二八》，台北市：吳三連台灣史料基金會，二〇〇六。
張炎憲、王逸石、王昭文、高淑媛採訪記錄，《嘉雲平野二二八》，台北市：吳三連台灣史料基金會，二〇一一。
張炎憲、王逸石、王昭文、高淑媛採訪記錄，《嘉義北回二二八》，台北市：吳三連台灣史料基金會，二〇一一。
張炎憲、王逸石、王昭文、高淑媛採訪記錄，《諸羅山城二二八》，台北市：吳三連台灣史料基金會，二〇一一。
張炎憲、胡慧玲、高淑媛採訪記錄，《基隆雨港二二八》，台北市：吳三連台灣史料基金會，二〇一一。
張耀仁，〈建構「台灣」──以台灣省行政長官公署宣傳委員之宣傳策略與論述為例〉，中華傳播學會年會研討會，二〇〇七。
莊永明，《自覺的年代：台灣民眾黨紀念特展專輯》，台北市：台北市政府文化局，二〇〇三。
莫渝編輯、翻譯，《王白淵荊棘之道》，台中市：晨星出版，二〇〇八。

許曹德，《許曹德回憶錄》，台北市：前衛，一九九五。

許雪姬，〈台灣光復初期的語言問題——以二二八事件前後為例〉，收入中華民國台灣史蹟研究中心編，《史聯雜誌》，台北市：中華民國台灣史蹟研究中心，一九九一。

許雪姬、方惠芳訪問，吳美慧、丘慧君、曾金蘭、林世青、蔡說麗紀錄，《高雄市二二八相關人物訪問紀錄（上）》，台北市：中央研究院近代史研究所，一九九五。

許雪姬、方惠芳訪問，吳美慧、丘慧君、曾金蘭、林世青、蔡說麗紀錄，《高雄市二二八相關人物訪問紀錄（中）》，台北市：中央研究院近代史研究所，一九九五。

許雪姬、方惠芳訪問，吳美慧、丘慧君、曾金蘭、林世青、蔡說麗紀錄，《高雄市二二八相關人物訪問紀錄（下）》，台北市：中央研究院近代史研究所，一九九五。

許雪姬，〈皇民奉公會的研究——以林獻堂的參與為例〉，《中央研究院近代史研究所集刊》第三十一期，台北市：中央研究院近代史研究所，一九九九。

許雪姬，〈二二八事件中的林獻堂〉，收於胡健國主編，《二十世紀台灣歷史與人物——第六屆中華民國史專題論文集》，台北縣：國史館，二〇〇二。

許雪姬，《黃旺成日記（一）—（十六）》，台北市：中央研究院台灣史研究所，二〇〇八—二〇一六。

許雪姬主編，《保密局台灣站二二八史料彙編（一）》，台北市：中央研究院台灣史研究所，二〇一五。

許雪姬主編，《保密局台灣站二二八史料彙編（二）》，台北市：中央研究院台灣史研究所，二〇一六。

許雪姬主編，《保密局台灣站二二八史料彙編（三）》，台北市：中央研究院台灣史研究所，二〇一六。
許雪姬主編，《二二八事件期間上海、南京、台灣報紙資料選輯（上）》，台北：中央研究院台灣史研究所，二〇一六。
陳其寅，《懷德樓文稿》，基隆市：基隆市文化基金會，一九九二。
陳芳明，《鞭傷之島》，台北市：自立晚報，一九八九。
陳芳明編，《二二八事件學術論文集》，台北市：前衛，一九九五。
陳芳明編，《蔣渭川和他的時代》，台北市：前衛，一九九六。
陳祈伍，〈激越與戰慄——台南地區的文化發展：以龍瑛宗、葉石濤、吳新榮、莊松林為例（一九三七—一九四九）〉，台北市：中國文化大學史學系研究所博士班論文，二〇一一。
陳逸松口述，吳君瑩紀錄，林忠勝撰，《陳逸松回憶錄——太陽旗下風滿樓》，台北市：前衛，一九九四。
陳翠蓮，《派系政治與權謀鬥爭——二二八悲劇的另一面相》，台北市：時報文化，一九九五。
陳翠蓮，〈去殖民與再殖民的對抗——以一九四六年「台人奴化」論戰為焦點〉，《台灣史研究》，第九卷第二期，台北市：中央研究院台灣史研究所，二〇〇二年十二月。
陳翠蓮，〈「祖國」的政治試煉——陳逸松、劉明與軍統局〉，《台灣史研究》，第二十一卷第三期，台北市：中央研究院台灣史研究所，二〇一四年九月。
陳翠蓮，《二二八事件與青年學生特展專刊》，台北市：台北市政府文化局，二〇一二。
陳翠蓮，《百年追求（卷一）——自治的夢想》，新北市：衛城，二〇一三。
陳鳴鐘、陳興唐，《台灣光復和光復後五年省情》，南京：南京出版社，一九八九。

彭孟緝，〈台灣省「二二八」事件回憶錄〉，收於中央研究院近代史研究所編《二二八事件資料選輯（一）》，台北市：中央研究院近代史研究所，一九九二。
曾文亮、王泰升合著，〈被併吞的滋味——戰後初期台灣在地法律人才的處境與遭遇〉，收於薛月順編，《台灣一九五〇—一九六〇年代的歷史省思》，台北縣：國史館，二〇〇七。
曾健民，《一九四五光復新聲——台灣光復詩文集》，台北市：印刻，二〇〇五。
黃旺成，《黃旺成日記》，一九四七年，未刊本，中央研究院台灣史研究所典藏。
黃富三，《二二八事件的鎮壓與救卹——二二八事件檔案專題專輯》，台北市：國家發展委員會檔案管理局，二〇〇八。
黃富三，《林獻堂傳》，南投市：國史館台灣文獻館，二〇〇六。
黃惠君，《二二八事件外省人受難者史料調查研究報告書》，台北二二八紀念館委託研究案，二〇一三。
黃惠君，《記憶底層的黑暗板塊——中部二二八事件檔案特展》，台北市：台北市政府文化局，二〇〇六。
黃惠君，《陳澄波與蒲添生紀念特展專刊》，台北市：台北市政府文化局，二〇一〇。
黃惠君編著，《公與義的堅持——二二八事件司法人員紀念特展》，台北市：台北市政府文化局，二〇一二。
黃惠君編著，《沉冤．真相．責任展覽專輯》，台北市：財團法人二二八事件紀念基金會，二〇一四。
黃惠君，《光與灰燼——林連宗和他的時代》，台北市：北市文化局，二〇一九。
黃惠君，《二二八消失的政黨——台灣省政治建設協會》，台北市：北市文化局，二〇二一。

楊金虎，《七十回憶》，台北市：龍文，一九九〇。

楊亮功，〈二二八事變奉命查辦之經過〉，《楊亮功先生年譜》，台北市：聯經，一九八八。

楊肇嘉，《楊肇嘉回憶錄》，台北市：三民，二〇〇四。

葉石濤，《一個台灣老朽作家的五〇年代》，台北市：前衛，二〇〇五。

葉榮鐘，《台灣人物群像》，台北市：時報文化，一九九五。

葉榮鐘，《日據下台灣政治社會運動史（上）（下）》，台中市：晨星，二〇〇〇。

廖振富，〈與「二二八事件」相關之台灣古典詩析論——以詩人作品集為討論範圍〉，收入國立台灣文學館編，《台灣文學研究學報》，第一期，台南市：國立台灣文學館，二〇〇五。

劉恆妏，〈日治與國治政權交替前後台籍法律人之研究——以取得終戰前之日本法曹資格者為中心〉，收於林山田教授退休祝賀論文編輯委員會編，《戰鬥的法律人——林山田教授退休祝賀論文集》，台北市：林山田教授退休祝賀論文編輯委員會，二〇〇四。

鄭梓，《戰後台灣議會運動史之研究》，台中市：鄭梓，一九九三。

鄭澤文，〈長官公署為何失敗？以一九四五——一九四七年的糧食政策為例〉，新竹市：國立清華大學社會學研究所碩士論文，二〇〇六。

賴澤涵、馬若孟、魏萼著，羅珞珈譯，《悲劇性的開端——台灣二二八事變》，台北市：時報文化，一九九三。

龍瑛宗著，陳萬益編輯代表，《龍瑛宗全集（五）》，台南市：國立台灣文學館，二〇〇八。

謝冠生，《戰時司法紀要》重印版，台北市：司法院秘書處，一九七一。

鍾謙順，《煉獄餘生錄：坐獄二十七年回憶錄》，台北市：前衛，一九九九。

簡笙簧主編，《二二八事件檔案彙編（一）（二）（四）（八）（九）（十二）》，台北縣：

國史館，二〇〇二。

簡笙簧主編，《二二八事件檔案彙編（十六）》，台北縣：國史館，二〇〇四。

簡笙簧主編，《二二八事件檔案彙編（十七）》，台北縣：國史館，二〇〇八。

顏娟英，《台灣美術全集（一）——陳澄波》，台北市：藝術家，一九九二。

顏清梅，〈光復初期台灣米荒問題初探〉，收入賴澤涵主編，《台灣光復初期歷史》，台北市：中央研究院中山人文社會科學研究所，一九九三。

蘇瑤崇，〈葛超智（George H. Kerr）、託管論與二二八事件之關係〉，《國史館學術集刊》，第四期，二〇〇四年九月。

蘇瑤崇，《聯合國善後救濟總署在台活動資料集》，台北市：台北市政府文化局，二〇〇六。

蘇瑤崇，〈戰後殖民體制變革的虛與實——論台灣省行政長官公署的制度〉，第二屆「台灣民主政治的興起與變遷」學術研討會，二〇〇七。

蘇瑤崇，〈託管論與二二八事件——兼論葛超智（George H. Kerr）先生與二二八事件〉，《現代學術研究》專刊，二〇一一年十二月。

國家圖書館出版品預行編目資料

二二八反抗運動：臺灣爭取民主之路/黃惠君作. -- 初版. -- 新北市：遠足文化事業股份有限公司, 2022.02
面；　公分
二二八事件75週年增訂版
ISBN 978-986-508-129-4(平裝)

1.CST: 二二八事件 2.CST: 臺灣史

733.2913　　111001329

黑體文化　讀者回函

紀臺灣

二二八反抗運動：臺灣爭取民主之路（二二八事件75週年增訂版）

作者．黃惠君｜**責任編輯**．龍傑娣｜**美術設計**．林宜賢｜**出版**．遠足文化 第二編輯部｜**圖片協力**．柯庭如｜**社長**．郭重興｜**總編輯**．龍傑娣｜**發行人**．曾大福｜**發行**．遠足文化事業股份有限公司　231新北市新店區民權路108-2號9樓　電話：(02)2218-1417　傳真：(02)2218-1851　客服專線：0800-221-029　e-mail：service@sinobooks.com.tw　官方網站：http://www.bookrep.com.tw｜**法律顧問**．華洋國際專利商標事務所　蘇文生律師｜**印刷**．凱林彩印股份有限公司｜**二版 3 刷**．2024年2月｜**定價**．500 元｜ISBN．978-986-508-129-4｜